Hermes
the origin of messages and media

Hermes 014

我是公民也是媒體
太陽花與新媒體實踐

企畫：國立台灣大學新聞研究所
主編：洪貞玲
審訂：徐元春
撰文：洪貞玲、張錦華、陳順孝、徐元春、
吳柏緯、郭浩田、 吳淑鈴、邱圓庭、陳睿哲、邱柏鈞、鄭婷宇、
徐乙喬、林安儒、陳品潔、蕭汎如、許雅婷
責任編輯：冼懿穎
封面設計：顏一立
美術編輯：Beatniks
校對：簡淑媛

法律顧問：全理法律事務所董安丹律師
出版者：英屬蓋曼群島商網路與書股份有限公司台灣分公司
發行：大塊文化出版股份有限公司
台北市 10550 南京東路四段 25 號 11 樓
www.locuspublishing.com
TEL：（02）8712-3898　　FAX：（02）8712-3897
讀者服務專線：0800-006689
郵撥帳號：18955675　　戶名：大塊文化出版股份有限公司

總經銷：大和書報圖書股份有限公司
地址：新北市新莊區五工五路 2 號
TEL：（02）8990-2588　FAX：（02）2290-1658
製版：瑞豐實業股份有限公司

初版一刷：2015 年 5 月
定價：新台幣 350 元
ISBN：978-986-6841-64-4

太陽花與新媒體實踐

我是公民也是媒體

Sunflower Movement, New Citizenry, and New Media

企畫／國立台灣大學新聞研究所

主編／洪貞玲

審訂／徐元春

撰文／洪貞玲　張錦華　陳順孝　徐元春

吳柏緯　郭浩田　吳淑鈴　邱圓庭

陳睿哲　邱柏鈞　鄭婷宇　徐乙喬

林安儒　陳品潔　蕭汎如　許雅婷

目　次

序
PREFACE

07 ······ 打造數位傳播公地的關鍵報告　　　　　　　　　胡元輝

12 ······ 一場知識改革的起點　　　　　　　　　　　　　郝明義

導論
INTRO

16 ······ 化憤怒為希望　　　　　　　　　　　　　　　　洪貞玲

　　　　　反服貿運動中新媒體實踐及意義

專文
ESSAY

38 ······ 從太陽花運動談新媒體、新公民、新民主　　　　張錦華

58 ······ 網路公民行動的集體演化　　　　　　　　　　　陳順孝

　　　　　從搶救樂生院、野草莓運動到太陽花運動

82 ······ 站在一條湍急的河流當中　　　　　　　　　　　徐元春

　　　　　一個舊媒體人的太陽花震撼

專題
報導
REPORT

CASE 1　沃草　　　　　　　　　　　　　　　　吳柏緯、郭浩田

102 ······ 降低公民參政門檻　沃草要讓監督政治變有趣

116 ······ PEOPLE 1 年輕醫生呼喚25萬　超級英雄

　　　　　柳林瑋創沃草走上意外人生路

124 ······ PEOPLE 2 台北林先生　奔波在公民運動的漫漫長路上

CASE 2 新聞e論壇　　　　　　　　　　吳淑鈴、邱圓庭

132······ **20多天、80多人　1234則新聞**

　　　　承載傳統倫理的新媒體

144······ PEOPLE 3 找到一起孤單的夥伴　彭筱婷的新聞實踐之旅

150······ PEOPLE 4 凌晨兩點　花蓮往台北的慢車

　　　　　　　　　吳宗泰重做新聞人

156······ PEOPLE 5 我是陸生　毛怡玫在台灣追求新聞的真實與自由

162······ PEOPLE 6 從立法院到金鐘　啟動劉芷彤對香港的懷鄉情緒

CASE 3 社運影音直擊　　　　　　　　　　陳睿哲

168······ **主流媒體不報　公民自己報**

　　　　攝護線、公庫社運現場全記錄

178······ PEOPLE 7 大腸花罵出名　音地大帝懷抱獨立音樂人直播夢

184······ PEOPLE 8 我在現場　楊鵑如從抗爭者變成記錄者

CASE 4 零時政府　　　　　　　　　　　邱柏鈞、鄭婷宇

190······ **不想再被當白痴**

　　　　零時政府要做透明、開源的先鋒

202······ PEOPLE 9 最溫柔的暴民瞿筱葳　科技宅男圈中的人文女孩

210······ PEOPLE 10 相信網路　開放透明的力量

　　　　　　　　　唐鳳跨越高牆活出希望

徐乙喬、林安儒

CASE 5 **PTT**

216······ **PTT 寫下網路世界台灣奇蹟　鄉民婉君站出來**

236······ PEOPLE 11 我是站長也是鄉民　okcool見證PTT飆速十年

242······ PEOPLE 12 三小時募資693萬

林大涵驚奇發現3621鄉民力量

陳品潔

CASE 6 **太陽花國際部**

250······ **125人 14國語言　太陽花國際部向世界發聲**

268······ PEOPLE 13 魁北克獨立公投　民主洗禮

加拿大成長經驗啟蒙王年愷社運路

274······ PEOPLE 14 夥伴憶瑞光　小王子先回他的星球去了

蕭汎如、許雅婷

CASE 7 **海外330行動**

282 ······ **跨國串聯　無時差聲援太陽花**

旅外台人好想為台灣做些什麼！

296 ······ PEOPLE 15 倫敦地鐵的焦慮記憶　318引爆衝動不羈的謝璇

302 ······ PEOPLE 16 走上街頭　政治系女孩才開始理解政治

308 ······ PEOPLE 17 天生叛逆的**Oddis**　找尋真相的**V**怪客

314 ······ PEOPLE 18 我不想當個只能說謝謝的那個人

打造數位傳播公地的
關　鍵　報　告

文／ 胡元輝（國立中正大學傳播學系副教授、優質新聞發展協會理事長）

　　且讓我們共同回溯 318 運動發生的那一刻。

　　2014 年 3 月 18 日晚，針對立法院審查《海峽兩岸服務貿易協議》的荒謬性，一群以年輕世代為主體的群眾衝進立院議場，藉此表達強烈的抗議與不滿。雖然衝入議場的抗議者第一時間就堆疊桌椅，封鎖出入口，試圖阻擋警察清場攻勢，但事後諸多說法均證實，這場突襲展開之前，沒有人料到抗議行動會如此「勢如破竹」，致使一場原可能以驅離收場的短命抗議，竟演變成長達 24 天的議場佔領行動。

　　但，這場史無前例的佔領行動純屬「運氣」的產物？答案顯然是否定的。318 佔領立院行動發生之後，不僅立即攫取國人的「目光」，更深深震撼國人的「腦袋」。面對此一形式與影響都迥異以往經驗法則的抗議行動，社會大

眾不只急切的想「知道」行動的進展，更焦慮的想要「評價」行動的意義，因為既有的認知與詮釋架構似乎都難以適用了。

傳統大眾媒體至今仍是頗多國人，特別是年長者重要的資訊來源，但事件發生之後，許多傳統「主流媒體」被認為出現嚴重的「資訊落／偏差」，在運動訊息的掌握上不是「回不了神」，就是被「網路大神」拖著跑，渴求資訊的社會大眾只得奔向各種新興媒體，尋求第一手或另類資訊，甚至藉助新興傳播科技直接參與資訊的產製與傳布，成為不折不扣的「生產性消費者」（prosumer）或「生產性使用者」（produser）。

時隔一年之後，318 運動的傳播意涵顯得益發鮮明。

此一運動之所以能澎湃洶湧，蔚為風潮，絕不僅是眾多學生與民眾的身體衝撞所致，更相當程度源自於一場數位傳播的資訊鬥爭。借用義大利思想家葛蘭西（Antonio Gramsci）的用語，318 運動不只是一場佔領立法院的社會運動，更是一場反文化霸權論述的陣地戰（war of position）。沒有陣地戰的鞏固，就不可能有 318 運動的後續發展與結果。然而，又是誰在這場陣地戰中衝鋒陷陣、搖旗吶喊？毫無疑問，本書所記錄與分析的各類型新興媒體、另類媒體、獨立媒體與公民媒體，都是其中的要角。

近 20、30 年來，傳播生態面臨極大變革，但始終有人懷疑，這場傳播革命只是新瓶裝舊酒，並無本質上的變化。318 佔領國會運動的出現與演變，適足以讓此一懷疑變成歷史陳跡，它具體而明確的告訴我們：傳播生態的變化不只是科技形式的翻新，更代表著社會文化的變遷。正如學者卡斯提爾（Manuel Castells）所言，網路與智慧型手機不只是工具，還是組織運作、文化表達與政治自主的平台。

更具意義的是，藉由新傳播科技不斷開拓的媒體新世界，不只讓主流媒體得到擴張事業版圖、牟取商業利益的機會，也讓非主流聲音得到自主發聲、抗衡主流的嶄新契機。新媒體研究者李夫羅（Leah A. Lievrouw）便直截指出：在媒體閱聽人與消費者同時也是使用者及參與者的新興新媒體生態系統下，行動主義者、藝術工作者乃至其他政治與文化團體都得到了史無前例的表達及互動機會。

除了社會運動的積極行動者得以繞過新聞組織的中介，直接與大眾展開「去中介」型態的溝通，一般大眾同樣也可以透過各種新興數位工具，直接與運動倡議者或其他個人、社群展開對話。這正是台灣從搶救樂生院等各類型社運以來所不斷積累與開展的媒體與社運新關係，318 佔領立院運動當然不是旱地拔蔥、突如其來的特例，但不容否認，318 運動在媒體與社運關係的演化上不只集其大成，而且推陳出新。

新媒體與傳播科技不只是傳送訊息的管道，事實上也建構（constitute）了群眾行動與社會運動。我們在 318 運動中既看到了透過組織協調所展現的傳統型「集體行動」（collective action），亦看到了透過新媒體網絡所形成的「連結行動」（connective action），而且在此種連結式的社會運動型態中，除了組織仍發揮相當串聯作用的行動之外，更已發展出各種群眾自行串聯的行動。學者貝內特（W. Lance Bennett）與席格伯格（Alexandra Segerberg）特別將這兩種新時代的群體行動區別為「組織驅動」（organizationally enabled）與「群眾驅動」（crowd-enabled）兩類型連結行動，並認為它們既豐富了社會運動的型態，亦改變了傳播在社會運動中的角色。

媒體與社會運動間的新關係已經在全球近年來的許多社會運動上得到驗證，從茉莉花革命、佔領華爾街運動到包

括我國 318 運動在內的國內外社會運動，都讓我們清楚的看到：傳播作為人類社會的溝通機制，雖然可能遭到少數商業與政治力量的操控，讓媒體極大程度受制於商業邏輯與工具理性。但包容多元聲音、追求社會正義的傳播公地（communication commons）仍有可能存在，而且具有反制媒體圈地（media enclosure）現象的高度潛能。

數位公地（digital commons）是多元資訊能夠暢通傳布的場域，是異議聲音得以平等發聲的陣地，是不同意見可以理性論辯的空間，也是不同個體可以集智協作的平台。作為一個追求社會正義的社會運動，318 運動當然有其決策運作與行動策略面的缺陷值得檢討；同樣的，作為一場追尋傳播正義的社會運動，318 運動在打造數位公地的表現上亦自然存在理想與現實間的差距，有待更多的改進。但經此一役，數位公地已非遙不可及、力不能至的夢想。透過台大新聞研究所洪貞玲教授等師生的努力，我們不僅在這本書中看到 318 運動在打造數位公地上所留下的珍貴痕跡，也在這些珍貴的實驗中看到數位公地的多重可能面貌。就此而言，本書不僅是 318 運動的一個重要見證而已，更是一份台灣邁向數位傳播公地的關鍵報告。

數位原民（digital natives）如今已成為許多人琅琅上口的新生代代名詞，但是在數位原民的稱呼下，我們又似乎可以感受到兩種來自數位移民（digital immigrants）的隱而不顯的指涉。其一是將數位原民與草莓族、水蜜桃族、宅男宅女之類的說法畫上等號，藉以形容數位原民的脆弱與自閉；其二則是將鄉民、村民與酸民之類的意涵加諸於數位原民，用來顯示數位原民的偏執與無知。318 佔領立法院運動無疑已大大改變了許多數位移民對新生代的看法，甚至普遍出現「可以交棒」的心情。

從數位原民到數位公民仍然有許多功夫要修練；同樣

的，從媒體圈地到數位公地亦有許多心血要付出。但反媒體圈地的運動從來就不是一步登天的工作，台灣的民主深化也絕非一蹴可及。318 運動既已為數位傳播公地奠下根基，我們還能不繼續就戰鬥位置嗎？

一本經由眾人集資所完成的 318 運動攝影集《天光》，在結尾處如斯寫道：

更多的人醒來了，更多的人過來了。更多在島嶼上，或不在島嶼上的人們，都因為這座島而緊密了。……
我們都該相信，一切都來得及。
天光初綻，我們繼續向前。

佔領華爾街運動的思想要角格雷伯（David Graeber）亦在回顧該運動時堅定指出：「革命的年代絕對沒有結束，人類的想像力頑固地拒絕死去。」是的，打造數位公地的傳播革命尚未完成，盼望這座島嶼終能建成穩固而成熟的數位公地！只要有心，一切都來得及，我們繼續向前！■

一場知識改革的起點

文／郝明義（大塊文化董事長）

　　2014 年 3 月底，太陽花運動開始了一段時間，有一天我注意到一則新聞，說是有文創廣告業 200 人連署聲援學生，並推派代表到立院議場向學生表達支持。參與者有網路基因、奇禾互動行銷、奧美廣告、智威湯遜、不來梅網路、DDB 廣告、電通國華、雅虎奇摩、樂奇數位等，許多知名廣告、行銷公司的總監、創意指導等人士。他們說：「對不起，我們來晚了。」

　　包括一些國際廣告公司的高階主管都在其中，很讓我好奇。所以我就聯絡他們，約他們一見。

　　我們見面那天是 4 月 1 日。當天白狼號召「反反服貿」遊行，很多人都擔心萬一發生流血衝突、場面失控。那天有七位廣告、行銷，尤其在數位方面的高手出席。會議的結論，是他們回去想一下有什麼可以協助學生的地方，提一個方案。而會議快要開完的時候，上網一看，才知道現場沒有見紅，倒是紅了「來來哥」。大家都很開心。

大約一個星期後，到了續談的日子，來的人只有一位，是網路基因的總經理施俊宇。他跟我解釋，一方面是當時太陽花已經宣布退場日期，運動即將告一段落，但另一方面，更重要的是，他告訴我：他們發現所有他們想到學生應該做的事情，學生都做了。包括「割闌尾」。他說：「他們差的，只是執行的精細程度而已。」

　　由於我在出版業，所以一直很關心知識如何取得與應用。近年來，許多領域的知識都在網路和數位的發動，或者推波助瀾下，快速變化與更新。各種舊有的典範、方法、標準和程序，都在顛覆、重新定義。

　　我從資深音樂人倪重華那裡聽到他們產業一個例子。過去 CD 動輒可以賣到幾十萬張，暢銷的甚至有百萬張，今天的銷量通常只能以幾百張計。音樂工作者的收入轉為以現場演唱會為主。

　　倪重華跟我說，這使得歌手必須面對兩個課題：一是鍛練身體，可以讓自己在舞台上打開身體來演唱；二是要養成良好的生活紀律，讓自己可以適應表演時間大多在晚上，卻又能長時間奔波各地轉場的工作節奏。

　　我又因為和軟體工作者唐鳳的合作，實際體會到另一個例子。

　　軟體工作也有兩個新課題。第一，軟體過去需要針對電腦系統的不同而寫不同的版本，然而今天卻有些新的方法可以打破這些框架的限制；第二，過去你擁有一些軟體的元件是當珍貴的資產看，然而今天卻往往要當負債看，因為各種應用的載體太多，你想要獨自負擔這些軟體元件相對應的更新，在時間和金錢成本上都成了不可負擔之重。

　　以唐鳳為代表的許多人推動「開放源碼」，正是肇因於此。「開放源碼」鼓勵大家把自己寫的軟體元件公開，彼此使用，我本來以為只適用於一些公益活動的領域，卻發

現也是追求各自商業利潤的好解答：你付出把自己軟體元件開放的代價，卻可以換得全世界為你軟體元件進行更新、持續開發的好處。所謂「協作」、「我為人人，人人為我」的精神和收穫，在「開放源碼」做了很好的體現。

因為社會上各種工作典範、方法、標準和程序，都在顛覆、重新定義，所以從學校裡取得的知識有相當大的侷限。

這一方面是因為今天的學校教育把知識領域切分得十分細碎，對應不了社會上許許多多原來不相干、不同領域的工作，日益發生互動和連帶影響的現實；另一方面則是因為知識變化的速度太快和幅度太大，學校教育的更新往往追趕不上。

這使得任何一個進入社會的人，都不可能只是倚賴從學校或課堂上得來的知識。

這也使得沈從文曾經說過的一句話，更加真切。沈從文說：「我讀一本小書，同時又讀一本大書。」他說的大書，就是指社會這個大環境。

人生的知識從來都不是只來自書本，今天尤然，台灣尤然。太陽花運動裡發生的事情，正好給了我們一個很好的例證。

我們都知道台灣應試教育的一個害處。

學生即使進了大學，所選的課系大部分都是成績和分數落點的結果，與自己的志趣關聯不大。更嚴重的是，（至少）中學六年被各種考試壓得難以呼吸之後，一旦終於進了大學，對很多學生來說，「由你玩四年」是最重要的享受。

當學生進入的科系和自己志趣沒有關係，又因為長期考試壓力的後遺症而對吸收知識這件事情所產生的排斥，你再怎麼想要刺激他產生興趣與動力，都可能事倍功半。也

因此，大學教育的意義和價值，成為許多人討論的焦點。

太陽花運動讓我們看到了一個新的可能。

許多年輕人被考試教育所破壞（如果我可以不用「摧毀」這兩個字）的對知識吸收的興趣，因為他們對自己關心的社會議題的熱情，而重新點燃了。

不說太陽花運動期間那麼多學生熱衷於在街頭吸取他們對《服貿》議題、各種民主議題的知識。以新聞 e 論壇為例，全台灣大量學生展現了他們參與「即時協作」（Hackpad、Ustream）、社群媒體經營、群眾募資、互動式視覺圖表報導的知識創造和分享。

社會參與成為追求知識最大的動力。

社會參與成為獲取與實踐知識的場域。

這兩個知識「協作」的精神和重點，透過太陽花運動，在台灣得到實證。許多帶著自己的專業與誠意想要支持學生的廣告、行銷專家，結果發現他們所有想到的事情都被學生做了，只是差一點執行的精細度而已，正是太陽花學生透過社會參與，獲取並實踐知識的實證。

太陽花運動，是台灣許多事務改革的起點。

台灣人，尤其年輕人，因為社會參與而重拾他們追求知識的熱情，因為社會參與而實踐他們的知識，是關鍵的一環。■

化憤怒為希望

反服貿運動中新媒體實踐及意義

文／ 洪貞玲（台大新聞所副教授兼所長）

　　2014 年 3 月 18 日晚間，我與新聞所同事張錦華教授來到立法院濟南路，參加「守護民主之夜」晚會。就在前一天，我們從網路上看到立法院 30 秒通過《服貿協議》的荒謬，憤怒卻也無力。晚會中眾人輪番演講，批評《服貿》黑箱，但是我心裡悲觀默想：這只是眾多社會運動與公眾集會的一個場景，終究無法撼動政府強力通過《服貿協議》的既定立場。稍後回到研究室準備隔天上課資料，竟傳來學生與群眾佔領立法院議場的消息！

　　接下來那個無眠的夜晚，一邊透過 Facebook，看台大新聞所學生透過手機上傳的影音新聞報導；一邊透過網路直播，關注議場內的動態以及警察攻堅的畫面，事後才知那場直播是靠著一個 iPad 以及藍白拖。事後回想，如果沒有網路不斷轉載 30 秒通過《服貿》的畫面，如果沒有 Facebook 平台提供佔領議場的新聞，如果沒有網路直播警

察與佔領者攻防的現場，在議場外的我以及無數的關心者，無從在第一時間得知訊息；也更不會有民眾自發聚集，在議場外徹夜守候、聲援佔領者。

毫無疑問地，這場以佔領國會議場開啟的太陽花運動，除了創造台灣民主及社會運動歷史之外，也將網路社運與媒體創新再推向高峰！長達 24 天的太陽花運動，有各式新媒體平台關注服貿議題、國會運作、政府資訊透明、社會運動新聞報導等等，扮演資訊傳遞、議題辯論、動員參與等功能，在短時間內發揮高度影響力。而有更多的參與者透過科技網絡連結、分享、支持、採取行動，去中心化、自主地參與，卻也共同成就了這場運動。

新媒體實踐作為太陽花運動的重要特色，值得記錄、需要記錄！這就是本書寫作的角度與初衷。一年以來，坊間已經有不少反服貿運動參與者的紀錄以及對於這場運動的分析，但我們發現還欠缺從新媒體實踐的角度的深度書寫。因此台大新聞所結合課程及相關師資，推動專書報導計畫，帶領學生進行反服貿運動中新媒體實踐個案及參與者的報導，並邀請教師針對此議題進行綜觀的分析，完成了十萬餘字的寫作計畫，希望彌補這塊重要的歷史缺口，留下紀錄。

網路社會運動改寫歷史

研究網絡社會的重量級學者卡斯提爾，在其 2012 年著作中聚焦探討網路世代的社會運動[1]。透過對於全球各地網路社運的考察，說明這些運動的形成、他們的動力、價值、期望社會如何改變，卡斯提爾總結指出，「網路有莫大潛能能夠將人民的憤怒轉為希望，因為它能幫助（facilitate）人民採取集體行動而促成改變。」當人們透過網路連結，

得知與自己有相同理念、對社會不平現象懷抱憤怒者比比皆是，便不再感到孤單孤立，願意採取行動，成為改變社會的種子。

的確，網路社運的特質，不同於以往。傳統社運偏重組織連結、菁英領導、資源動員等面向，網路社運卻往往是「沒有領袖」（leaderless）的運動，群眾自主集結，先行動後組織。人們透過網路科技所採取的社會行動，在資訊傳遞、資源動員、互動溝通、賦權影響等面向，已經不同於大眾媒體時代。尤其是社群媒體的興起，改變了人的溝通與行動方式，對於社會運動有極大推波助瀾之效。

知名網路評論家卡文（Andy Carvin）在《遙遠的目擊者──阿拉伯之春記事》（*Distant Witness*）一書中，記錄了社群媒體在中東世界革命的軌跡和影響[2]。他認為，這是顛覆傳統新聞操控的一次驚天動地革命，因為無數的革命參與者使用網路作為抗爭工具，即時提供革命訴求及行動現場的資訊，未經編輯或過濾，任何人只要連上網路都可以直接取得消息並分享。因此卡文樂觀地斷言：「媒體不再能夠壟斷國際新聞的報導：在推特或 YouTube 上，人們就可以直接拼湊出自己選擇的革命。」[3]

當然，社群媒體並非成於一夕之間，而是「那些反映並打造了網際網路的工具，因人們的接受與使用，長期穩定演進而來」。卡文指出，人們使用網路工具，發表生活見聞，合作從事各式瘋狂卻創新的計畫，譬如集公眾之力撰寫百科全書、開發多國公司所無法控制的開放源碼軟體。人們藉此認識得以分享熱情與興趣的人，群體智慧、眾志成城，更相信善用科技可以帶來的改變力量，包括發動革命、推翻獨裁政權。因此，「從最早期的阿拉伯政治部落客，到 2009 年伊朗選舉抗爭的平民記者，星星之火已經點燃，預告了組織阿拉伯之春所使用的方法。」[4]

卡斯提爾與卡文都樂觀看待網路促成社會改變的潛力，他們也強調人類社會使用科技所形成的社群與網絡文化，才是改變的重要條件。而卡斯提爾檢視了近年來的網路革命，從突尼西亞、冰島革命，到阿拉伯世界的茉莉花革命、從美國發起並蔓延全球的「一起佔領」（Occupy Together）運動等等，宏觀地總結當代網路／網絡社運（networked social movement）的幾個特質，這些特質提供了我們很好的分析和比較視野[5]：

一、 以多重形式形成網絡。網絡科技提供意見交流的平台，它是去中心化的多重網絡，由節點（node of points）之間互動，整合及思辨，擴大參與。

二、 佔領都會公共空間，成為運動。透過網路虛擬空間與實體公共空間，參與者得以保有自主空間，自我組織。

三、 運動既是全球的，也是在地的。運動形成自己的時間形式，timeless time，超越歷史形式的時間觀，也超越自身的歷史經驗以及之前被規訓的生活。

四、 運動是立即的（spontaneous），由憤怒所促發。也如病毒般迅速擴散，有示範效果以及跨國影響。

五、 此類運動通常沒有領導者，在自主空間的思辨中，參與者形成自我治理、組織程序，也在網絡中形成集體感（togetherness），克服個體的恐懼。

六、 運動很少是預先設定的（programmatic），運動者通常有多重要求，經過審議而形成共識。運動強調主體的自主，重視直接參與、社群討論，形成新的民主政治。

從卡斯提爾所提出來的面向，檢視太陽花運動。它一方面有實體的佔領，佔領國會議場長達 24 天，挑戰既定的權威與空間符碼。一方面，有多重形式的網絡，透過各式網路平台連結與互動。這場運動由憤怒所引發，因為立法院委員會 30 秒通過《服貿》，引發眾怒，而影片經過網

佔領國會議場的太陽花運動，挑戰既定的權威與空間符碼。（洪貞玲攝影）

路流傳，擴大參與。運動並非由傳統政治人物領導或組織動員，而是面孔清新的青年世代或是 NGO 工作者，參與者多為自主集結。透過運動所形成的自主空間（尤其是議場外部的公共論壇），形成自我治理及組織（例如糾察隊、資源回收、審議民主）。運動期間形成的新的群體與（非）秩序，打破既有規訓生活，而其國際與在地連結，形成新的時間與空間感。佔領議場，初始為少數人所知悉，但運動目標並非預先設定，運動訴求在運動過程中形成與修正，而不同的參與者也會在其間思辨或挑戰運動訴求。

自由開放與共享的網路文化

從網路社運的角度定位太陽花運動之後，延續卡斯提爾的討論，我們關切的是：這場運動中，既存的網路文化為何？多重形式的網絡是什麼？誰在這個多重網絡中參與、連結？如何連結及參與？產生了什麼改變？成為本書重要的叩問與探索課題。

首先，根據文獻資料與訪談結果，本地既存的網路文化可歸納出以下幾項特質：

一、高比例的網路使用人口：根據研考會調查，2013年我國個人上網率為 76.3%，行動上網率為 76.6%。網路

使用人口高度集中於青年世代，15-40歲族群的網路使用率超過97%，41-50歲為84.3%，51-60歲為62.9%，61歲以上的網路使用率只有47.9%[6]。網路使用呈現明顯的世代差異，青年世代的資訊接收和公共討論，多數從網路媒體而來，而非老年世代習以為用的傳統媒體。

二、民主與言論自由環境：台灣從解除戒嚴之後，慢慢轉型為民主國家。言論自由與新聞自由，向來為美國自由之家、無疆界記者組織等評定為「自由」，在亞洲首屈一指。政論節目議論時政、人民熱衷選舉投票、批評政府成為全民運動，這些已成常態。然而，民主的深化與制度的建全，在台灣仍是一項進行中的工程，也因此，在必要時候，人民也會運用其享有的自由參與社會改造。

三、網路公共討論空間：網路作為一種互動媒體，是否成為公共領域？它能促成資訊流通、理性思辨？還是只是在匿名文化下，助長各種謠言和謾罵？這兩種現象，同時存在於網路中。以青年世代十分普及的PTT，曾充斥鄉民、酸民文化，也被視為逸樂消費導向，然而，在有意識的鄉民引發公共議題的討論，鄉民文化也有改變的可能，而且確實慢慢質變，終能在重要的公共議題、歷史事件中，形成大量討論甚至引發行動。

四、開放共享的社群：網際網路另外一點可貴的文化，就是開放共享的精神。國際之間推動多年的開放源碼運動、創用CC授權，意在讓資訊自由流通、技術共享與創新，而非由少數人壟斷作為資本與權力積累的工具。零時政府g0v就是典型例子：一群網路宅男宅女，在虛擬世界中互動、合作之餘，也進一步召集聚會、互相激盪、引發構想專案、付諸實現，憑藉的就是開放共享、資訊流通、群眾智慧等原則。

五、最重要的是，席捲全球的網路社會運動，在台灣也

2014 年反媒體壟斷大遊行，在網路號召下，創下萬人上街頭的媒改記錄。（洪貞玲攝影）

歷經近十年的形成與演化。最早是新莊樂生院議題，年輕人在網路發動辯論與宣傳；2008 年的野草莓運動，開啟運動現場直播、線上討論、集體決策的模式；反國光石化運動的行動者，也擅長運用網路進行宣傳及動員，並迫使政策轉彎；反媒體壟斷運動，是傳統社運與網路社運的結合，原本在傳統社運只能動員 2,000 人能量的遊行，在年輕世代加入及網路號召下，成為史上最大規模的萬人媒改遊行；因為洪仲丘在軍中被虐死而引發的公民 1985 行動，則是經典的網路社運，沒有傳統的政治領袖與動員，由素人在網路上發起號召，竟然有 25 萬人上街頭遊行，並促成《軍事審判法》修改。

　　一次一次的網路社會運動，使用的網路工具與使用形式推陳出新，參與者在歷次行動中累積能力與能量，雖然這些人彼此不一定認識，也無正式組織，卻隨時可能在下一場新的運動中集結發聲，並且號召更廣大的參與。網路社會運動的積累，無疑是太陽花運動中無可忽視的動員基礎。

多重網絡支持太陽花運動

　　太陽花運動中，有多重形式的網絡在其中連結、運作。這些網絡是什麼？他們如何運作？本書透過個案報導的方式呈現，所選取個案大致可區分為以下三類：

一、另類媒體網絡：沃草、新聞 e 論壇、攝護線、公庫；

二、虛擬社群網絡：g0v、PTT；

三、國際行動網絡：太陽花國際部、海外 330 行動。

由公民團體發起的「沃草 Watchout」，以社會企業的形態經營，致力於開發降低公民參與門檻的網路平台。沃草成立國會無雙公民網站，在第一時間發現國民黨立委張慶忠 30 秒通過《服貿協議》，迅速對外發布消息。透過球評、剪輯立委問政畫面等方式，鼓勵公民關注國會運作。

「新聞 e 論壇」，原是台大新聞所的學生習作與交流平台，三名學生在 318 當晚進行反服貿運動的中英文報導之後，陸續吸引跨校傳播科系學生參與，成員來自政大、師大、交大、東華等校。此 Facebook 平台在運動期間全天候提供即時及專題報導，累計新聞量高達 1,234 則，粉絲從 800 人竄升至 13 萬人。

同樣在運動之後形成的另類媒體，有「公民攝影守護民主陣線」(簡稱攝護線)。以直播為主要任務的「攝護線」，延續太陽花運動時大量使用的現場直播，由在運動結束前開關「大腸花論壇」而備受注目的音地大帝號召成立。運動退場後，「攝護線」集結來自各地的志工，透過公民記者架設陳抗現場的網路直播熱點，提供網路上或陳抗現場外圍的民眾可一手掌握各個運動現場。

在 318 運動的現場，有另一個既有的獨立媒體也持續報導，「公民行動影音紀錄資料庫」(簡稱公庫)結合專職記者和公民記者，提供剪輯製作的影像報導，直到運動退場。公庫與「香港獨立媒體」等華人獨媒網絡也有連結，因此，香港民眾也能很快掌握太陽花運動的進展。公庫從 2007 年八月起，透過運動現場的影像拍攝和訪談，紀錄台灣公民行動的身影，至今已經累積超過 2,900 則的報導。

而既有的網路社群，已經形成開放的討論與合作模式。「零時政府」（g0v）是一個致力於打造資訊透明化的社群，成員以開放原始碼的精神溝通協作，參與黑客松活動，提出監督中央政府總預算、政治人物獻金等專案。早在群眾佔領國會之前，g0v 已經開始架設網站，提供監督《兩岸服貿協議》的資訊。也因為在 318 守護民主晚會上協助直播，g0v 意外記錄佔領立法院議場的實況，並留駐現場協助處理網路及轉播問題，保持資訊暢通。

台灣特有的 PTT，在服貿議題的討論與動員上，也發揮高度影響。成立於 1995 年的「PTT 批踢踢實業坊」，註冊人數超過兩百萬人，是台灣最大的網路討論論壇。PTT 提供免費、自由與開放的言論空間，太陽花運動期間，「八卦板」、「服貿板」討論激烈。值得一提的是，PTT 鄉民第一次發起集資募款，三小時內就由 3,621 位公民集資 693 萬，買下了《紐約時報》國際版的全版廣告，向國際宣示太陽花運動的訴求。

社會運動雖然是在地參與，卻也具備國際面向。以太陽花運動而言，佔領國會議場的參與者形成各種組織分工，國際部是運動面對國際媒體的重要窗口；而來自全球各地自主的聲援力量，共同形成 330「全球時差接力大遊行」的聲援行動，提高運動的國際能見度。

318 學生佔領國會議場的行動石破天驚，快速引發國際社會關注，因此運動參與者意識到必須持續提供資訊。太陽花運動的國際部，在 3 月 24 日由具備外語專長的五人小組成立，快速擴張成 140 人的團隊。他們透過 Facebook 進行內部溝通和對外發送訊息，將運動重要資訊翻譯成多國語言，並且成為外媒採訪太陽花運動的主要窗口。

除了本地參與者，海外台灣人並未自外於這場運動。原本，海外台灣人散布在各國各個城市，透過各自的網絡知

悉反服貿運動。佔領行動發生後，有人在 Facebook 發起「海外留學生聲援台灣反服貿運動」專頁，寫著屬於我們世代的三月運動，不能少留學生一份！」「全球 24 小時都有人醒著，陪著現在在立法院奮戰的台灣人」（https://www.facebook.com/twstudentsabroad）。英國、德國和日本三地的台灣人在網絡中連結後，很快地由點到線、由線到面，透過 Facebook、email 等科技工具串成綿密的人際網絡，最後，「330 全球時差接力大遊行」得到全球 19 個國家、50 個城市的台灣人響應。

善用科技　打造新媒體

以上出現的各種形式的網絡，有些可歸類於另類媒體範疇，有些則是運用網路連結的社群或是行動；部分網絡在反服貿運動形成前即已存在，部分則是在佔領議場之後，甚至是運動退場之後開始運作；有些網絡直接與運動的核心組織連結，但更多是自主發起運作的網絡。這些網絡得以運作的共同之處，即是參與者都善於運用網際網路的工具，依據其設定目標行事，得以內部連結，也得以與其他網絡進行連結。

這些網絡對外都有平台，得以讓外界辨識，也可對外傳遞資訊。這個平台可能是入口網站，或者是 Facebook 粉絲頁。除了自身的平台，透過 YouTube、Facebook 的連結和轉載，資訊傳遞的速度和廣度以倍速計。例如沃草有自己的平台，但是善用 YouTube 來擴大資訊的傳播範圍，甚至與主流媒體合作，讓沃草的訊息可在蘋果日報即時新聞中出現。公庫除了將影音新聞上傳 YouTube，也與公廣集團的公民新聞平台合作，只要是公庫的新聞，皆可在 PeoPo 的平台播送。

PTT 是 1995 年即已成立的網路論壇，讓網友交流資訊、討論議題。PTT 除了使用成立初期的 BBS 系統外，也開發相關 App，方便使用者在任何行動載具上使用 PTT，並建立 Facebook 粉絲團，轉貼 PTT 站內文章，藉此將其能見度擴大到非 PTT 的使用者。反服貿運動期間，PTT 最為人樂道的是，鄉民號召到 Flying V 募資平台發起國際媒體廣告募款，順利讓反服貿運動的聲音登上紐約時報。Flying V 這個募資平台，也為諸多反服貿運動相關專案運用，例如沃草、新聞 e 論壇、攝護線等團體，都發動募資。

　　如果說網路平台是這些網絡展現成果的前台，他們還需要後台的不同網路工具，使其網絡內部成員得以溝通、互動、合作、為前台的資訊進行準備。例如內部溝通工具，常見的有 Facebook、email、LINE 等等。以全球串聯聲援反服貿行動而言，這是個跨越城市、國界，動員廣度最大的一場行動，在每個國家或城市參與的台灣人，透過 email、Facebook 或是 Twitter 聯繫，這些工具是參與者原本就習以為常的聯繫管道，善加運用，得以在即時行動上發揮了快速溝通和動員的效果。

　　另類媒體的運作，以新聞 e 論壇產製即時新聞為例，需要文字影音的錄製及編輯工具外，還有 Hackpad 線上編輯軟體供內部進行集體編輯、校稿。以直播來說，一台可拍照的手機、充足的行動電源以及網路，然後搭配直播軟體 Ustream 或 Google+ Hangouts，即可將運動現場的畫面傳達給網友。

太陽花運動中的新媒體比較分析

　　網路傳播工具的便利以及成本低廉，使得青年世代更勇於媒體創新實踐與社群經營，而且只要幾個志同道合者協

太陽花運動中的新媒體比較分析

主題	提供內容	使用網路平台	參與者	重要事蹟及影響
沃草	國會無雙市長給問嗎	自設網站，並連結 YouTube 與主流媒體平台	公民 1985 行動核心參與者	製作國會 30 秒通過服貿影片，網路大量轉載並引發迴響
新聞 e 論壇	太陽花運動即時新聞	FB	跨校新聞傳播科系學生	運動期間提供 1,234 則新聞，粉絲 13 萬人
攝護線	社運現場直播	FB	直播專才、公民記者及志工	直播社運現場，降低參與門檻
公庫	社運影像報導	自設網站、FB，並連結 YouTube 與公視 PeoPo 平台	傳播學教師、具影像能力之青年、公民記者	持續進行社運影像紀錄，八年間累積超過 2900 則報導。
g0v	「你被服貿了嗎？」服貿專案	自設網站、FB 粉絲專頁	科技人、工程師為主	維持運動現場網路暢通、提供服貿資訊
PTT	關於服貿議題之討論（八卦板、服貿板）	學術網路電子布告欄系統（BBS）、FB 粉絲專頁	鄉民	見證 PTT 文化轉型，大量討論造成紫爆（十萬人上線）
太陽花國際部	運動任務編組，將運動訊息翻譯成多國語言	FB	高學歷、具外語專才者	聯繫外媒，提高太陽花運動的國際能見度
海外 330 行動	散布各地的聲援網絡	FB	散布在各國求學或工作的台灣人	發動 330 全球時差接力遊行，壯大國際聲援力量

力分工就可竟功，擺脫傳統媒體需要大資本、高人力的門檻限制。因此，我們所觀察的這些網絡，多數組織扁平化、人力精簡化。以影音報導社運的公庫、直播社運現場的攝護線、監督國會的沃草，專職人員加上志工大約十人，甚至更少。

網絡成員的自主及不穩定性，也是其特色。例如新聞 e 論壇由三名學生開始，全盛期曾有 90 人參與，但運動退

場後又慢慢漸少至十多名核心成員。虛擬的社群網絡 g0v 和 PTT，成員來去自由，參與 g0v 黑客松或是專案推坑者，在數百人之譜；PTT 擁有 200 萬註冊人口，形成百花齊放、開放自由討論的社群。

而跨越國界的國際行動網絡更具彈性，太陽花國際部在短時間內結合 100 多名國內外語言人才，為運動進行國際宣傳；散居各國的台灣人，透過社群媒體串聯出一場集體行動「330 全球時差接力大遊行」，有 19 個國家、50 個城市的台灣人響應，參與人數估計有三萬人之多。

青年參與者特質：信奉民主、自主行動、社會參與、改變賦權

我們在本書中，也試著勾勒新媒體參與者的圖像。反服貿運動，不管是從運動的發起者、核心參與者到支持者的廣大群眾，涉及不同世代與階級，誠然不應以運動的角度來窄化其參與者的多元性。但是，無可否認的，從使用網路科技參與運動的族群而言，確實具備青年世代的特質。本書所訪談的上述網絡的參與者，年紀多在 20 歲至 35 歲之間。

這個世代成長於網路興起的時代，熟悉網路的互動模式。這個世代也成長於台灣民主化的時代，對於民主與自由的價值深信不疑。同時，這個世代成長於台灣從經濟富足轉向依賴流失的轉捩點，就業機會與生活條件前景不明。這個世代成長於台灣主體價值確立，卻面對與中國處在競爭與合作的灰色地帶中，飽受威脅。《兩岸服貿協議》的爭議，觸發了集體憤怒，讓這些青年無法坐視政府無能，必須採取行動捍衛自己的未來。

傳統社運依賴政黨或是政治菁英動員，網路社運則具備

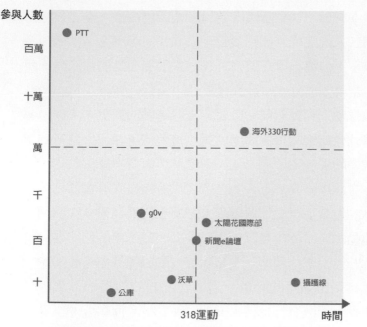

太陽花運動中新媒體成立時間及規模象限圖（洪貞玲構想、繪圖／
廖家慧製圖）

多元特質，參與者來自四面八方，自主參與，甚至刻意與
政黨保持距離，也排斥菁英領導。本書訪談的新媒體參與
者，分享個人生命經驗與想法之餘，也很清楚意識到集體
行動的力量，沒有任何一人能代表這場運動，因此選擇謙
抑，不願意過度凸顯自己。發起新聞e論壇即時報導的毛
怡玫指出，「雖然過程辛苦，但是『夥伴』就是新聞e論
壇可以繼續走下去的力量！」太陽花國際部的鄭凱榕也不
斷強調眾志成城，若沒有眾多無名英雄的幫助，「我們做
不到這麼多事情」。

　　但是，參與者願意加入一場運動，自發地將自己的才能
貢獻給運動或是群眾的需要，通常是因為他們有共同的價

值，在行動中找到意義。以反服貿運動而言，無非是台灣主體、人民主權、政治透明、公共參與等理念。「錢再賺就有了，台灣被賣了就沒了。」太陽花運動國際部的王年愷如是說！「公民需要張開眼睛來監督政府」，這也是林祖儀推動「國會無雙」監督立法院網站的初衷。參與公庫記錄社會運動的楊鵑如則強調，「傳達議題給大眾看到，是我們的責任！」

在這群年輕人身上，一方面可以看到歷次社會運動中所累積的生命經驗的延續，另一方面也可看到第一次參與社會運動的新手，代表青年行動的擴大與積累。例如醫師柳林瑋，從大學時期第一次參與反波蘭醫師學歷認證開始，注意到網路動員的能量，到了公民 1985 行動，以素人之姿發動大規模遊行；到了反服貿運動，其所組成的沃草團隊已經成為重要的媒體。獨立音樂人音地大帝，參與過樂生抗爭，連結社會運動與獨立音樂，也參與野草莓運動，見證社運現場直播；因此在反服貿運動中，他很快掌握直播的重要性，而透過大腸花論壇來消解「運動傷害」，更是引人注目的創舉。

318 運動時，人在日本求學的林彥瑜，大學時期先後參與士林文林苑抗爭、反媒體壟斷運動，先前的運動經驗使她很快地採取行動，運用網絡進行國際串聯。相反地，在運動期間擔任澳洲區總部副總召的 Oddis，在台灣時期不曾參與社會運動，然而，《兩岸服貿協議》的荒謬，讓他開始覺醒，反思與自省，並且努力改變現狀。同樣的情形也發生在英國倫敦皇家學院求學的謝璇身上，擔任 330 海外大串聯總召的她，出國前對於眾多的社會議題只有採取「鍵盤關心」的態度，然而開啟她實際參與的契機，「可以說完完全全是因為 318」！

科技人唐鳳，浸淫在 g0v 社群，相信資訊透明的價值；

在群眾佔領議場之後，她意識到維持議場內外資訊暢通的重要性，與 g0v 夥伴在現場架設網路線。她一再強調，參與運動並非為了反對特定議題，而是更相信正向的資訊透明。PTT 站長 okcool，謹守中立位置，對他而言，維持網路論壇的開放，比起自己表達立場還重要；okcool 並非以參與者身分介入這場運動，但他所用心維護的 PTT 卻成為討論服貿議題的重要平台。

不論是何種形式的參與，經歷這場歷史性的運動，無疑改變了這些參與者。運動期間擔任太陽花國際部英文組組長的王年愷，同時關注反對大巨蛋工程粗暴移植行道樹的議題，運動出關後，便自發協助翻譯長達 20 多頁的陳情書。在太陽花之後，「有什麼樣的地方可能會需要翻譯，我可以主動的去幫忙。」王年愷持續以其語言專業協助社運。

新聞 e 論壇的經驗，讓一群年輕人找到志同道合的夥伴。退場後，他們並未散去，而是忙著募資、舉辦座談會、出書，以及進行九合一選舉專題等；彭筱婷回想，在各地舉辦座談會時，常常遇到有人跟她說「加油，台灣的媒體就靠你了！」這種鼓勵的話反而讓她覺得孤單，因為改變社會，應該不分你我才對。和夥伴們一起經營新聞 e 論壇，讓她深刻體會，「有這麼多人陪著，一起孤單也可以！」

「330 全球時差接力大遊行」結束後，各地參與行動的留學生並未停止對於服貿議題及台灣前途的關注。林彥瑜和東京友人在早稻田大學發起讀書會，吸引台灣留學生、日本人及中國留學生參與，在台灣和中國關係的討論上激起精彩的火花。德國法蘭克福團隊則組成「330 法蘭克福行動組」，舉辦僑團座談會、社運攝影展、太陽花紀錄片巡迴特映會等，吸引更多在德台灣人與歐洲人一起參與討論。各地串聯聲援團隊轉型成讀書會、攝影展、世界公民、網路部落格作家等各種形式，延續在 318 運動期間「想繼

青年參與太陽花運動，展現捍衛民主的信念。（洪貞玲攝影）

續為台灣做些什麼」的念頭。

沃草林祖儀在 410 之後更加忙碌、化身為割闌尾的台北林先生，展開「可割可棄、利大於弊」的罷免立委行動。從公民 1985 行動後積極投身社會運動的林祖儀體認到，改造社會「不需要仰賴某幾位特定的政治明星，而應該通過良好的制度來保證民主的運作」，包括妥善地行使選舉和罷免權。即使罷免立委蔡正元的行動，連過兩關門檻，到了最後罷免投票而功敗垂成，林祖儀清楚指出，「割闌尾活動最大的意義，就在於推動台灣一直沒有被實踐的罷免權。」

沒有任何一個人可以代表這場運動
但每個人都不可或缺

以上所述，太陽花運動期間的多重形式網絡，以及在網絡中連結互動的參與者，他們的故事豐富而具有生命力！本書選取代表性的個案做為報導的主軸，並搭配每個新媒體實踐中的參與者的生命歷程。本書以網路社運的角度書寫與記錄，但是並不迷信科技決定論，毋寧更著重於人與科技的互動，耙梳人類如何使用科技促成個人及社會的改變。這些個案與人物，並不代表太陽花運動中所有新媒體及其參與者的面貌，也不具備壟斷性詮釋的地位。眾志成城，造就一場歷史性運動，而本書中的故事，將有助於讀

者理解新媒體實踐如何在社會運動中發揮資訊傳遞、民主溝通與動員能力，或許也能讓我們在這些年輕人的故事中找到個人生命經驗的對照與反思。

除了專題報導的書寫主體外，本書也邀請學者專家撰文分析太陽花運動與新媒體的關係。台大新聞所張錦華教授〈從太陽花運動談新媒體、新公民、新民主〉一文，提供宏觀的視野，討論新媒體的傳播特質，以及新媒體如何培力青年世代的公民主體特質，並進而討論其對其與社會轉化改革的意義。她指出佔領運動結束後，運動者出關播種、遍地開花的後續影響，已影響香港的民主運動，以及2014年年底的台灣九合一大選結果，「台灣正經歷社會運動學者杜漢（A. Touraine）所指出的『歷史質』改變：一個具有主動力、知訊力、協作力和台灣在地公民意識的新媒體世代已經成型，他／她們有自己的目標和價值，也勇於發聲，並嫻熟新媒體科技，不再甘於既有的政治、經濟和大媒體的控制。」新世代的力量，將如何牽動兩岸三地的社會的轉變，值得觀察和期待。

輔大新聞系陳順孝教授的〈網路公民行動的集體演化〉一文，提供歷史性的縱深，分析從搶救樂生院、野草莓運動到太陽花運動一脈相承的網路社運，他強調，「太陽花運動的能量不是一夕爆發，而是網路公民行動長期奮戰、集體演化的結果。」網路社運集體演化的軌跡，可以從組織形態和決策模式、聚眾參與及社會對話等面向觀察，陳順孝總結，這種以網路作為傳播中樞的公民行動，翻新了社會運動的形態。「在組織決策上，不一定要先組織後行動，而可以先行動再組織，也不再只是由上往下的指揮，而可以水平協調整合；在聚眾參與上，公民不再只是被動員、被指揮的對象，而可以自主參與，並且根據自己的志趣和專長，選擇自己喜歡的位置，自主就位、自主發揮；

在社會對話上，行動者可以建立自己的傳播體系，自行報導新聞、自行轉譯知識。」

負責本書審校的徐元春，從一位資深媒體人的角度看待這場新媒體運動。解嚴前一年進入報界的徐元春，經歷台灣政治社會劇烈轉變，見證舊媒體轉型到新媒體百花齊放，她形容自己「站在一條湍急的河流當中，看著兩岸，既疑惑又驚奇」！她也提出疑問：「如果我們轉動時間按鈕回到 20 年前，發生在舊媒體時代，太陽花還會是太陽花嗎？」答案顯然是否定的。網路媒體的普及與使用，使得 318 運動顛覆了傳統社運的模式，也翻轉了媒體封鎖及偏差的方向；當然，這裡面更重要的是使用新媒體的人及其所秉持的價值與信念。尤其是徐元春也從一位母親的立場出發，近身觀察自己孩子的轉變，因而看到了青年行動主義的發酵──願意為了理念挺身而出，捍衛民主台灣的新世代已然成形！

張錦華、陳順孝兩位學者的專文，為這場公民參與及新媒體實踐提供具有理論意義、社會脈絡與歷史縱深的分析。徐元春的近身觀察，也刻畫出舊媒體到新媒體轉型的軌跡，以及其對社會變遷的影響。

誠然，一場運動，非一人可以成事；一本書的完成，何嘗不是如此！這本書的發想，起自於 2014 年中的一場會議中。與會者有為服貿爭議開第一槍的資深出版人郝明義、退役媒體人徐元春、台大新聞所教授張錦華、林麗雲和我。我們決定延續台大新聞所近年來進行重大社會議題關鍵報告的精神，由我開課帶領學生進行深度報導，並由徐元春協助指導採訪寫作。這堂「公民新聞專題」，結合公民新聞的理論與實作，並以太陽花運動的新媒體實踐作為報導對象。參與的 12 名學生中，有台大新聞所學生、外校傳播科系學生，也有來自政治系、國發所、公衛系的新聞門外

漢，甚至有陸生參
與。元春老師毫無保
留地指導與改稿，學
生也付出了超乎一
般課堂該有的努力，
我們得以共同學習
與探索這場網路社
運的奧祕，並完成這
本記錄專書。

本專書採編團隊合影，前排左起吳柏緯、陳品潔、邱柏鈞、鄭
婷宇、林安儒、邱圓庭，後排左起郭浩田、徐乙喬、陳睿哲、
蕭汎如、吳淑鈴、許雅婷。（洪貞玲攝影）

優質新聞發展協
會對於本書的出版，高度肯定，並將協助推廣宣傳。郝明
義先生在關鍵時刻，督促我們儘快完成，並動員大塊出版
社人員全力協助。大塊出版社編輯冼懿穎以及台大新聞所
學生助理吳淑鈴犧牲春假假期，陪著我們統整文稿、逐字
逐句校對，終於使得這本書能在太陽花運動週年之際面
世。特此註記並感謝！

最後，謹以此書獻給參與這場運動、追求美好社會與民
主價值的每一個人。■

註釋

1. Castells, M. (2012). *Networks of Outrage and Hope: Social movement in the Internet Age*. Cambridge: Polity Press.
2. 鄧伯宸、徐大成（譯）（2013）。《遙遠的目擊者——阿拉伯之春紀事》。台北：立緒。（原著：A. Carvin (2013). *Distant witness: Social media, the Arab Spring and A Journalism Revolution*.）
3. 參見註釋2，第12—13頁。
4. 參見註釋2，第14頁。
5. 參見註釋1，第221—228頁。
6. 資料來自行政院研考會數位落差調查統計報告，引自網路 http://archive. rdec.gov.tw/ct.asp?xItem=4024389&CtNode=12062&mp=100

專　文

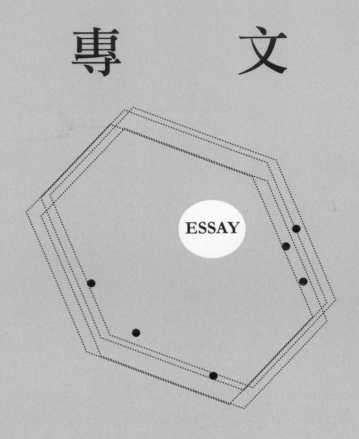

ESSAY

●搶救樂生院

●媒體人

●網路公民

●新民主

●新公民

●新媒體

●集體演化

●太陽花運動

●野草莓運動

●公民行動

從太陽花運動談

新 媒 體、 新 公 民、 新 民 主

文／ 張錦華（台大新聞研究所教授）

＊本文改寫來源請見註釋 1

一、前言

就在 2014 年 3 月反服貿運動爆發的前夕，美國一位知名的政治學者在一份知名雜誌《*National Interest*》三／四月號發表了名為〈向台灣說再見〉（Say Goodby to Taiwan）的文章，指出在中國崛起的強大經濟壓力和美國弱化的國際局勢之下，曾經是充滿活力的民主台灣「無可避免」的將遭到中國巨大的「經濟」力量吞噬，即使這不是「武力」攻擊。這篇文章才刊出沒幾天，台灣就爆發了「太陽花運動」[2]：數百名學生和社運人士佔領了立法院、數千名公民佔領了周邊道路、50 萬人走上街頭要求「退回《服貿》、兩岸協議監督機制法制化」等、網路／社群媒體第一時間傳遍國內外媒體，佔領 24 天後，竟然終於成功的阻止（至少已經延緩）了兩岸貿易協定的簽署。《經濟學人》在運動期間出刊的文章觀察： 馬政府已無力主導，台灣的命運將由「街頭」決定！

走上台灣街頭的公民，確實已向既有的權勢主導力量和似乎無可避免的兩岸關係和台灣命運說 「NO」！最明顯的指標有二，一是影響香港 2014 年 9 月間所爆發的大規模的「公民抗命」，大量抗議者為阻擋警方凶猛的辣椒噴霧紛紛撐起雨傘，因而被媒體稱為「雨傘革命」。據民調統計，高峰期間每晚「佔領」街頭的公民超過 20 萬人。雖然在中國強大的影響力之下力撐 80 天後終被強勢港警驅散，但其所表現的超乎預期的公民自主力量和要求民主的訴求，以及實際上運用新媒體的科技和連結協力，國內外評論者均認為是台灣 318 運動的共鳴力量。

其次，這一年年底的台灣九合一大選，大量年輕世代主動返鄉投票，竟讓執政的國民黨遭到史無前例的重大挫敗，由選前的 4 都 11 縣市，萎縮到 1 都 5 縣，而支持太

陽花運動的民進黨則由選前兩都四縣擴張到四都九縣，甚至還有從無席次的小黨（綠黨和樹黨）各獲得了一至兩席的地方席次。由此可見，太陽花運動已經改變台灣的政治結構和兩岸關係的內涵。

這正是社會運動知名學者杜漢（2002）[3] 所指出，重要的社會運動具有改變「歷史質」的意義，也就是抗議的群體自身的價值和目標，改變了社會既有的經濟／政治／文化等價值和權力群體的關係。而新媒體是培力網路新世代的關鍵力量，知名的網路社會學家卡斯提爾（2012）[4] 認為，網路科技促成了遍及各國的佔領運動，各國的經驗都是肇因於不公不義的政治腐化，民眾的憤怒在網路溝通和連結中擴大，在佔領運動的集結過程中團結，而終能克服恐懼、主動和熱誠的追求改變和新希望。

執政的國民黨也終於開始認真的看待這股網路媒體科技所帶來的轉變，甚至把以往他們印象中的「網軍」請到了行政院為執政高官上課。但很多評論者均指出，關鍵不在於「網路」科技而已，太陽花運動之所以能如此成功的傳播資訊和動員台灣各地民眾，甚至得到國際社會的支持，是同時根源於新媒體科技的先進發展和「參與者」的自主與協力。網路連線和行動媒體的無遠弗屆、製作大量精彩的影音訊息，零時差的廣傳分享，再加上社群網站 Facebook 和部落格等大量貼文和推送，不但挑戰和超越了大眾媒體的限制，更培力了每個網民的資訊能力，建構了具有行動和協力意識的公民主體。

這不僅是太陽花運動的特色，正如同近幾年來震驚世界的北非茉莉花革命，都同樣是新媒體結合社運主體的行動協力，標舉出人民自己的目標與價值，並引領社會風潮。雖然，社會轉型必然是一個痛苦和曲折的過程，大規模集結的社會運動總要退潮，臨時集結而來的群眾並無堅實的

組織，運動中結盟的團體終將分裂，但是新媒體科技的傳播特質，已成功培力出網路世代的主體意識和實踐能力，在越加頻繁和積累的社運經驗中，成功發聲廣傳，或急或緩改變具體政策或制度。

傳播科技和社會改變理論的重鎮麥克魯漢（M. McLuhan）曾說：媒介是人的延伸。當時兼具影像聲音的電視媒體將世界帶進了一個「世界村」，從此以後地球公民聲息相聞。那麼，現在的數位網路媒體時代，已經不是人們坐在客廳中「被動」接收訊息的時代，而是一個人人行動上網，網網相連，不但「自我實現」，更能社群分工、凝結集體智慧，充滿社會轉化潛能的時代。

本文因此將以太陽花運動為例，討論新媒體的傳播特質，以及新媒體如何培力青年世代的公民主體特質，進而討論其對社會轉化的意義。

二、鄉民都來了——新媒體社運時代來臨

318 那一晚，濟南路上正進行著反黑箱服貿民主陣線舉辦的「守護台灣民主之夜」晚會，群情憤慨，批評《服貿》議事程序的荒腔走板、協議內容的黑箱作業，以及《服貿》傷害台灣產業和言論自由的可能性。忽然一陣騷動，上百青年學生衝入了鐵柵門緊閉的立法院，現場數百位民眾隨即加入。而同時間，衝撞佔領的影像立刻手機上傳，社群網路及網路平台即時大量傳輸，數千位民眾接著趕到立法院外聲援，使得警察清場已經不易。而進入議場的學生記者立即發稿上傳 CNN，向國際發聲。隨後才有主流媒體的大幅報導，讓民調已經低靡的政治人物飽受壓力，雖然執政黨透過大眾媒體譴責行動者「違法」、「暴民」，但這一場「公民不服從運動」早已經在網路和媒體中廣傳了

各項有理有據的對抗論述。

此後，現場及周圍道路集結了越來越多堅持不散的學生和民眾，和平進行著各種主題的演講、影片放映、上課和審議討論。不到兩個星期的時間，更成功的號召了 50 萬人在 3 月 30 日走上凱道，「自己的國家自己救」的口號高唱入雲，數十萬隻手機螢光閃爍在向晚的天際，成功迫使執政者思考因應之道，最後在立法院院長王金平做出重審《服貿》等關鍵承諾後 [5]，終在 4 月 10 日和平退場。

雖然太陽花運動是源自台灣近年來的經濟、社會和政治發展的各種亂象，已經累積許多論述和質疑，但這場運動之所以能夠瞬間爆發，持續燃燒 24 天，著實充分展現新媒體的幾個特性：

1 · 即時告知、大量廣傳、 超越傳統大眾媒體

透過新媒體的各種社群傳輸工具，如 Facebook（臉書）、Twitter（推特）、LINE 、PTT 等，即時告知、大量廣傳，正是卡斯提爾所謂的 Mass-self communication。一只鍵盤卻能夠無遠弗屆的說服、串聯、動員，網路傳散的能力令人驚豔。最典型的成功案例是 330 凱道抗議活動，穿上黑衣的鄉民從全台各縣市來到台北街頭，有熱情的網友提供遊覽車，現場插滿各種「PTT 鄉民團」的旗幟，粗估人數達50 萬，成功寫下 e 世代社運新的一頁。

這次 318 運動被視為「官方發言機構」的是「黑色島國青年陣線」（簡稱「黑島青」）粉絲團，Facebook 粉絲人數高達 30 萬人。無論是運動領袖或馬英九總統記者會後，即刻就發布「逐字稿」，讓鄉民們隨即獲得發燙的第一手訊息，完全不用依靠傳統媒體。鄉民自發的建構多個網站，開發手機 App，整合資訊，讓民眾迅速了解場內狀況。

例如，網民利用 Google Maps Engine 的功能，將周邊資訊彙整成地圖，讓民眾能一目了然。隨著反服貿運動持續發酵，越來越多支持者有序的進駐立院內外。

一位 19 歲同學在一則報導中說：「屬於年輕人的社運，我們用自己的方式推動，只要有上網，很難不知道。」

其實，鄉民不僅是青年族群，一位早年曾參與學運、社會運動的林先生（45 歲）則坦言，從前打電話、貼海報、發傳單、奔相走告的動員時代已經過去，如今拜科技進步之賜，「我們不像年輕人掛 PTT，但大多都有用臉書，會去看 YouTube 影片、有時也使用 LINE。」透過這些管道，便不會錯過社會上重要活動的資訊，「所以今天 330 我來了，要和這些年輕人並肩向前走！」[6]

數位媒體時代的來臨，大眾媒體已經無法完全掌控資訊的來源、內容和發布管道。例如，立法院議場內的學生為防止警察攻入，設下相當多障礙物品保持封閉。但為了記錄真實的歷史，並且保護裡面的學生，雲端影像業者 Skywatch 團隊，於 3 月 25 日晚上前往議場，在立法院內外，架設了十台雲端攝影機，建立真實影像資訊傳播的橋梁。

而 330 的 50 萬黑潮集會抗議，為了避免有心人散布錯誤消息，製造現場混亂，該團隊再度免費協助建立起多個「雲端監視器」，幾乎每 300 公尺就設置一個螢幕，隨時掌握各點狀況，每個角落都能同步呈現在大螢幕上，讓指揮中心及參與群眾都能清楚掌握現場狀況，掌控最真實的記錄和發聲權。該團隊發言人表示，這是完全出於自願的支持，「只是想保護這些為國家好的年輕人。」此外，零時政府（g0v）多名網路高手也設定防駭措施，建立嚴密的防火牆，避免其他國家（主要是中國）網軍駭入指揮中心，確保現場的安全。

同樣令人驚豔的是，有一群傳播科系的學生自行組織團隊，24 小時分工輪班採訪並報導現場狀況，「自己的新聞自己報」。她／他們隨著 318 當晚的黑島青成員進入了立法院，從此未曾離開，直到佔領運動結束，這是由台大新聞所學生連結各大專院校傳播科系學生，所建立的現場採訪報導團隊，從 20 幾人的同學集結成為 90 幾人的臨時網路媒體團隊。她／他們發布新聞的「台大新聞 e 論壇」[7]網頁的瀏覽人數從數百人高漲至 12 萬人以上。這個由學生自主建立的新聞平台，沒有大媒體的資金、設備和組織，甚至也不需要任何老師帶領，但卻成功運用網路科技，成為太陽花運動的重要發聲管道，超越大眾媒體的各種偏頗和限制。

　　其中成員之一李映昕就曾表示，e 論壇成員努力報導事實，並且，有意識的拒絕淪為炒作，例如主流媒體大幅報導運動領袖林飛帆的外套時，e 論壇的編輯團隊就決定不跟隨主流媒體這種瑣碎化和八卦化的趨勢[8]。

　　當然，大眾媒體也並未完全缺席。不同政治立場的電視台對 318 運動作了不同立場的報導和炒作，起了各種推波助瀾的作用。但顯然在這場運動中，某些傳統媒體仍然固守其原有的意識形態和政黨立場，甚至引起許多抗議。但他們終究已不再是引領論述的主導和動員者。但也有《蘋果日報》和壹電視等媒體，他們積極的連結網路媒體，例如，《蘋果日報》的網路平台也同時露出如沃草（Watchout）等多個公民媒體或團體的報導，讓另類新媒體平台資訊也可以同時在大眾媒體的網站平台露出，互增影響力。

2 · 監督與抗拒大眾媒體

　　新媒體的即時與大量傳播的能力，不但意味著訊息傳播

和詮釋的主導權已不再為大眾媒體所獨享；同時，具有另類媒體特質的新媒體甚至可以反過來監督和批判大眾媒體！

傳統媒體工作者及社運工作者都曾經歷過大眾媒體壟斷發聲權的年代。當時只有三台的主流媒體，所謂「真實的再現」，「是完全掩蓋掉民眾所發出來的聲音，一般人根本看不到現場是什麼」。例如，威權時代的警民衝突時，主流媒體往往都站在「警察的後面」，所以看到的景象多是「警察被民眾打，這個就是攝影機的角度」[9]。曾在戒嚴時期擔任記者的胡元輝也表示：「1986 年許信良闖關回台引發中正機場事件，身為記者的我，當時在現場，親身見證警察暴力的失控，亦親身見證絕大多數媒體的視而不見。」[10]

太陽花運動中的新媒體不但自己記錄真實，用自己的觀點報新聞，更對於大眾媒體的不實或偏頗的報導，發動集體的批評。例如質疑某些媒體過濾掉行政院現場的警察暴力、舉報某台新聞做假、抗議某台新聞物化太陽花運動女性等等不一而足。監督的對象當然也包括政治人物，例如馬英九記者會的發言，有網友發文糾錯，馬上有數百讀者回應[11]。

3‧整合大量資訊與協力分工

即時而無遠弗屆的網路資訊還發揮了一項任何個別媒體都無法達到的功能，就是整合大量資訊，提供管理上的協力與分工所需，因而能發揮更大的集體力量。其實在近幾年重大災難發生時，鄉民們都曾經明顯發揮整合急難救助資訊和資源的角色。

例如，運動期間，零時政府（g0v）、hackfoldr（黑客

資料夾）、「反黑箱服貿資訊大補帖」（goo.gl/s90r3P），都提供充分多元的資訊。他們建立議場內的網路通訊、網路即時影音上傳、文字轉播及物資需求表等，並讓議場內學生和全球各地聲援反服貿的年輕學生直接視訊對談，同時有助於決策判斷、組織管理和協調合作。

紀錄片重要工作者賀照緹接受訪談時即指出：「我覺得現在的抗爭者好聰明，好厲害，那雙拖鞋就取代了許多主流媒體，有很多的即時報導可以出來。我在相關的報導上看到像是『沃草』、『零時政府g0v』等網站，登入上去看到那些網路介面都非常非常精細，如物資發放的分流和管理實在太厲害了；另外，也看到一些即時報導的畫面有好幾個現場：青島東路、濟南路、立院現場等等，這類的新媒體形式和配套抗爭形式都很厲害 [12]。」

318 運動期間還有一個讓大家津津樂道的集體協力、眾志成城的事件，就是 PTT 鄉民成功發動購買廣告，三小時即募資 693 萬，買下紐約時報等廣告版登上國內外大眾媒體的例子。較詳細的內容將在下一節再討論。

4‧跨國界發聲

網路超越國界的特色，在這次太陽花社運中，也發揮得淋漓盡致。學生反服貿黑箱進佔立法院的當晚，消息已經被網友翻譯成超過 31 種語言向國際發聲。台大法律研究所三年級的陳瑞光，精通英、日、德、法四國語言，在運動期間，曾領導 80 人團隊的外媒小組，翻譯民間版《海峽兩岸協議監督條例》；佔領期間並安排 12 人在議場內輪班，全天候即時發送英、日、德、法、荷、韓、葡萄牙、西班牙及阿拉伯文等國語言新聞稿，並聯繫國外媒體採訪，爭取國際輿論支持 [13]。 此外，網路也讓史無前例的

330 跨時差接力串聯成為可能，全球共有 17 個國家、49 個城市加入聲援；艾未未在北京也傳來支持畫面。

數位媒體時代，資訊不但即時可得，更打破了地域、距離、意識形態等以往難以超越的藩籬，讓人民得以更開放地接觸各種訊息、價值、思想和文化。麥克魯漢所謂的「世界村」更具體的實現，而且是每個公民可以主動參與的時代，其意涵十分深遠，不僅帶來經濟和政治的政策衝擊和改變，也將同時發生公民主體和社會文化的創造性轉化。

三、新媒體運動與培力自主公民

新媒體具有龐大的傳播科技潛力，它不但是工具，更需要理解為公民能力本身的延伸與擴大！當然，原有的公民社會脈絡有其積累的歷史經驗。318 運動鄉民們的時代背景有三點應先行指出。

第一是，在太陽花運動之前，台灣社會早已經歷多次新媒體運動，從 2008 年野草莓運動抗議政府在陳雲林來台期間的維安過當、《集遊法》過度限縮人民人身與言論自由，即開始運用網路直播。到 2012 年反媒體壟斷運動的萬人遊行，以及近年來反大埔圈地、反都市強拆、反核四遊行等等。在新媒體科技環境下，越來越多人開始廣傳並參與這些與環境保護、土地正義、民主自由等相關的公共議題。

其二是，這個世代的年輕人（大約 30 歲以下）生來就在台灣民主多元的自由環境中呼吸和成長，習慣於政黨競爭和政權更迭，對比嚴控言論自由的中共或其他華人社會，對台灣自由民主的制度和文化內涵擁有一份深層的珍惜和驕傲。但這群年輕人對台灣當前的社會現狀充滿焦

慮，包括近幾年來台灣經濟成長的瓶頸、財團炒作房價暴漲、社會貧富差距擴大、青年失業和低薪的危機、地方官商勾結圈地開發、破壞環境和居住正義、中國結合經濟市場和統戰台灣的「中國因素」，再加上國民黨政府迫切推動兩岸經貿市場結合，卻罔顧程序正義的民主失能、以及威脅台灣中小企業和地方產業等各類益發嚴重的問題。

其三是，這些年輕人正是所謂的「網路原住民」，從小就透過網路世界吸收資訊，越來越少人直接接觸報紙或電視等傳統大眾媒體。雖然網路世界中一般仍有約 70% 的經常性資訊來自傳統媒體，但網路世界更多元、更多選擇、更多互動；而且，每個人都透過個人網站或網路社群成為「自媒體」，再加上手機、iPad 等行動裝置，隨時可以拍照打卡、發布訊息，在第一時間分享現場影像和資訊。就如同前面所引述，政府官員（非鄉民世界）可能很晚才知道，學生反服貿黑箱進佔立法院的當晚，消息不但立即發布到了國際媒體，而且已經被網友翻譯成超過 31 種語言上傳全世界了。

這也就是說，太陽花運動是結合著新媒體的傳播科技能威力，以及台灣年輕世代的特有社會背景和危機感所形成。新媒體絕非造就太陽花運動的單一關鍵因素，但是新媒體絕對促成了這個年輕世代擁有更強的訊息資源、發聲能力和自主潛力，而且必將繼續發酵。這顯然是執政者必須面對的事實。例如，在反服貿的抗議行動中，有一位投書《聯合報》的網友說：「我們一個晚上可以看四、五個懶人包、幾十條訊息、專家評析、正反意見、國外報導、《服貿》條文等。白天則在街頭，聽各大專院校老師現場演講，傳著麥克風交流看法。」[14]

這正是網路社會專家卡斯提爾所指出的，網路和佔領運動都不是由掌控傳統權力和傳播管道的人所能控制的，它

們的傳播特質是一種「自主」傳播。以太陽花運動為例，新媒體對於這些網路使用者促成了什麼樣的「自主」培力效果呢？以下分為四點來看：

1 · 自主公民 VS. 被動群眾

傳統大眾媒體的模式中，「閱聽人」基本上是被動的資訊接收者；但網路使用者則是主動的資訊蒐集者、產製者。目前台灣家戶網路普及率已有 85%，使用智慧型手機普及率已近 60%。據統計，台灣網民使用 Facebook 的人次每天高達近千萬人，活躍度為全球第一。這次運動中，堪稱運動官網的「黑色島國青年陣線」Facebook 按讚人次已超過 30 萬；鄉民間主動上網分享各式資訊，也創作各式懶人包、影像訊息或說帖等，或提供《服貿協議》如何影響各行業的細節，或提供各式正反說法、甚至如何說服父母的說帖等等。不但具有「主動」性，而且是一種「自我實現」式的公民特質[15]。這也是當代政治哲學家羅爾斯（J. Rawls）所主張的「積極」公民特質：對社會和道德議題具獨立思考的能力，並主動關心人權問題。

同時值得注意的是，這股自主成形的力量，也絕非傳統的政黨組織所主導，卡斯提爾（2012）在觀察分析多個國家的網路社會運動後指出，幾乎所有運動都拒斥政黨、不信任媒體，甚至並沒有認定哪一個固定的領導人，拒絕所有正式組織，只是依靠網路和在地的群體辯論以及決策。羅文（Rowen, 2014）也指出，太陽花運動並不是一個長期預先規劃的組織和領導人所發起，臨時形成的運動和組織及領導人，也在運動結束後就解散，甚至分裂。反對黨雖然支持此一運動，但確實絕非運動的領導者。

2 · 知／資訊公民 VS. 無知民眾

網路資訊常被質疑為零星瑣碎而真假莫辨，許多極端而情緒性的留言更已成為一般對網民意見的印象。但是，太陽花運動期間鄉民亦顯現出一種主動生產資訊、分享資訊及運用資訊的深層能力，讓我們看到一種「知／資訊公民」的特質。例如，國民黨立委張慶忠 30 秒強行闖關《服貿》、迴避逐條審查三小時後，即有鄉民提供法律「專業」論述，詳細說明其如何「背離法律程序正義」。最近一份研究《服貿》論述的碩士論文即發現，PTT 板上確實仍有許多情緒性謾罵貼文，並遭到版主以刪文或水桶處理，約佔相關文章總數 15%。但受到大量關注和討論的「推爆」文章（推文數超過 99 次以上），則有許多數千字以上的長篇大論、內容深入、人氣超高的精彩文章 [16]。

由此可見，新媒體提供不被大眾媒體篩選過濾的眾多資訊，尤其是批判性的訊息，也讓鄉民得以成為主動生產資訊、閱覽資訊、分享資訊及運用資訊的知／資訊公民，並在網路上形成了當代政治哲學家弗雷塞（N. Fraser）所謂的「抗爭型」公共領域，雖然不一定完全符合哈伯瑪斯（J. Habermas）所謂「理性、客觀」的溝通理性標準，但卻更具有批判性和進步價值 [17]，對抗已被財團和政治操控的主流媒體，也反抗無能腐敗的政策和政客。

新媒體提供的大量資訊經由社群分享聯繫，進一步培力了「審議民主」式的公民參與。太陽花運動期間，一群由學者、社大、年輕學生所組成的團隊發起了「街頭審議」（Deliberation on the Street），這雖然和學理上嚴謹的「審議民主」的要求標準並不完全相同 [18]，但是，運動參與者熱誠而積極的投入審議討論的過程，不甘僅做「冷漠」或「無知」的公民，已走在政府和政黨的前頭，甚至帶動了

某些政治團體也開始倡議「審議民主」，雖有可能只是追趕風潮、收編民意[19]，但知／資訊公民要求參與決策過程的實踐力，實具有深化民主的重大意義。

事實上，茉莉花革命或稱阿拉伯之春運動，同樣是透過社群網路跟資訊通訊科技，集結大量批判政府及社會經濟政策的資訊。知識就是力量，有真實的資訊才有自由的知／資訊公民，同時是生產者／傳播者／抗爭者，才能進而促成社會改變[20]。

3‧行動／協力公民 VS. 冷漠／孤島人民

新媒體提供平台，培力了更主動，更具知／資訊的公民。同樣深具意義的是，在這場運動中，源於對於《兩岸服貿協議》和台灣社會危機的高度關注，網民不再「萬人按讚，一人到場」。他／她們不再僅是「宅」在家的鍵盤公民，更顯示出基於關懷社會正義和自我命運的熱情行動力，走上街頭展現了自願自動的集體合作力。有一篇《聯合報》的讀者投書，寫出了這樣令人動容的心聲：「雖然人多場面會混亂，訴求失焦可能無以為繼。但請擁有主流媒體發言權、政府決策權的人，至少理解我們——與民主和網路一起成長的一代，明明知道天氣這麼冷，晚上鎮暴警察要來，為什麼還是每個晚上留下來？」以及「我想我會永遠記得這個三月，記得突如其來的大雨、記得每個互助的眼神與笑容、記得這種不願再沉默的決心。」[21]

他／她們不只是走出舒適的房間，從白天到黑夜留守在街頭，她／他們更與現場的參與者共同協力，讓佔領運動和平非暴力，並且井然有序。一方面，主要的 318 運動組織黑島青在攻進立院議場後立即協力構築工事、分工編組防禦，並透過網路對外傳達訊息。他們除了經營網路社

群，短時間內動員各方資源，而運動的後勤管理，更讓社會對這群青年代的責任和紀律刮目相看。立法院內外，周邊道路的群眾和學生，集體分工合作、整理管控物資、分類處理垃圾、糾察維持秩序、拉出防線確保救護通暢。外加志願服務的醫師、律師、義工群和民間社團，展現了公民運動的管理與效率，更展示了新媒體時代公民的行動／協力的合作品德。與民意和時代脫節的執政高官堅稱運動為「暴民」，實昧於新媒體時代的公民特質，恐終將為時代所淘汰。

　　新媒體公民的協力運作亮點，更展現在線上集資募款 [22]，在號召刊登廣告到國內外主流媒體以廣布強化運動主旨的訴求下，三小時即有 3,621 位公民捐款 693 萬，成功買下《紐約時報》頭版、《蘋果日報》、《自由時報》等廣告，並用一天時間架設 4am.tw 網站，版面由知名設計師聶永真操刀，主題是：「堅持，直到島嶼天光」宣言，說明太陽花運動發生的目標與始末，讓全民看到太陽花運動的聲音；太陽花退場時也再度刊出一波廣告 [23]。

　　事實上，線上集資的協力捐輸源源不絕，例如，新聞 e 論壇同學們長達 24 天不分日夜的現場即時採訪報導過程，即透過網路募資，在運動過後出版成書《街頭守門人》[24]，並到台灣各地演講分享如何協力、眾志成城，完成公民記者的任務，超越傳統大眾媒體的既有立場和商業局限，實讓人對這場青年世代與新媒體結合的完美協力演出感到讚嘆。

4 · 認同政治 VS. 時代危機感 ：「在地」集體意識的崛起

　　太陽花運動源自台灣當前青年世代深深的焦慮，運動主要領導社團黑島青的宣言中有這樣的字句：「我們正活在

黑色島國之上，我們過往與現在所珍愛的一切，在失控的發展主義狂飆、政策走向短線操作，以及跨國政商集團的利益勾結下，正一步步走向腐敗。」

這份時代的危機感，在新媒體的各式平台發抒、凝聚及串聯，形塑了濃濃的在地公民意識，將自我命運與台灣的未來緊密連結，並積極的付出努力、集體協力，創造改變的可能。

一位太陽花運動工作幹部，也是台大歷史系博士研究生這樣觀察：「這場運動打破了他們過往對街頭運動的負面印象，讓很少關心公共議題、避談統獨、不聞政治的青年來到現場，開始關心《服貿》、關心台灣該如何自主、關心各式各樣的社會議題，甚而第一次在 Facebook 上表態主張台灣獨立，第一次跟長期支持國民黨的父母親爭論馬政府的諸多問題。這些分享，讓我想起在運動過程中，『台灣』成為理所當然的口號與存在，無論是現場各式各樣的藝術裝置，或在大腸花論壇上，甚而是議場內播放《KANO》結束後，全場高呼『台灣加油！』。[25]」

近來的民調中，台灣 20 到 29 歲的網路世代相較於其他年齡層，在國族認同、統獨議題及國際觀，都明顯表現出自主獨立的台灣意識，打破以往的族群界限，也超越既有的政黨屬性。在佔領立院行動長達 24 個夜以繼日、夜以繼日的守候中，網路及現場的論述交集著述說當前的危機和困境感，分析《兩岸服貿》可能對台灣造成的衝擊，從經濟到政治，從社會到媒體，在對抗和抵擋所謂「兩岸政商集團」主導台灣發展的前景時，也在公民自覺和集體協力中，希望奪回對台灣未來的詮釋和行動力。反抗意識也觸動了更多理性和情感的投入，更加關注議題，並提高同舟共濟的互動合作，這可能也是目前民調中，台灣認同已高達七成的原因之一。

新媒體傳播特質所培力的自由自主、群體力量和在地自覺意識，不但隨著太陽花運動發出島嶼天光，正像社會運動學者杜漢所說的，一場改變社會的運動不僅是某項運動訴求的達成，而是整體「社會性」和「歷史質」[26] 的改變。前述台大歷史所博士生周馥儀說明更多的後續行動：

　　這場運動讓歷經戒嚴、長期受黨國體制影響的台灣社會，不再是那麼的「去政治」，「台獨」也逐漸去汙名化，有更多青年關心政治，校園內陸續出現新興異議社團，各地青年自組「割闌尾」（割藍委）罷免立委、小蜜蜂宣講、仿聲鳥，付出行動投入政治改革（作者註：運動參與者有數人參加九合一的選舉——並且已有二人選上地方公職人員！），臉書上不再只有小確幸的生活玩樂，411 聲援公投盟、四月底的反核行動、松菸護樹、國道收費員抗爭、自經區條例、立法院臨時會、王張會……有更多青年關注議題，投入一波又一波的抗爭行動。

　　如此的青年自覺、公民自主，也不只在台北發生，也擴散到各地。太陽花運動告一段落後，我回到彰化，才知道彰化的社區媽媽組織起來，自製反服貿傳單、在社區發送；彰化在地高中生與大學生發起組成「喚醒彰化青年聯盟」，定期舉辦論壇，陸續邀請史明演講台灣獨立、中國作家余杰演講中港台公民運動，更以行動抗爭彰濱工業區將被劃定為自由經濟示範區。這些草根力量，開始介入長期由派系把持的彰化政治，試圖扭轉缺乏青年與公民參與的政治生態。[27]

四、結論：新媒體、新公民、新民主

台灣的太陽花社會運動和香港雨傘革命，以及前幾年的在北非各國發生的茉莉花革命、美國的佔領華爾街運動等等，都同樣見證了數位網路結合社群媒體和行動上網的傳輸技術，在特定的政治經濟和社會條件下，加速也加乘的培力了自主、熱誠、協力、關心公義和在地命運的知／資訊公民，並成功的藉由社會運動（通常是具有網路原住民特質的年輕世代為主）引起國際注目，並促動深層的社會轉型。傳統政黨／財團權力結構以及大眾媒體已失去主導的關鍵力量。

具體來看太陽花運動的論述所造成的社會改變，《兩岸服貿協議》艱深的商業貿易協商條件內容，原本連專家學者都少有認識，但新媒體傳輸平台上的論述，藉著社運的推動，取得了主導權，確實起到喚起民眾，扭轉時勢的作用。民調顯示，學生上街和佔領國會，已獲六至七成民眾支持；針對《服貿》則有五成六不支持簽訂，六成三認為應退回已簽的協議，七成五贊成重新談判，八成同意先立法監督再審查 [28]。顯示馬政府原有的兩岸經貿政策方向已遭到嚴重挑戰和挫敗，必須重新因應民意而有所調整。

其實，新媒體僅僅是工具，使用者才是主體。有了新媒體也不保證每場運動都會成功，新媒體上的資訊也常被質疑為瑣碎無聊、真假難辨、黨同伐異；社群媒體上也出現「刪好友」等違背理性溝通的現象。然而新媒體確實具有龐大的傳播潛力，能讓鄉民成為主體，抗爭腐敗政客和社會不正義，培力傳播知能以及協力行動的公民特質，不容忽視。

雖然，運動浪潮褪去後，社會變革絕非一蹴可幾，更經常是迂迴波折，甚至進一退三；但是，新媒體本身具有的

即時告知、影音創意、廣傳分享、整合協力、及跨國連結的效能，必然強化社會運動的影響力，正在快速推動社會轉化之中。這場運動巧妙的結合了太陽花的特質：追隨陽光、成長茁壯、清除毒素，成為期待良性社會發展的里程碑。在佔領運動結束後，運動者出關播種、遍地開花的後續影響，顯然已影響香港的民主運動，更具體的改變了2014年年底的台灣九合一大選結果！目前更開始朝向2016年的總統和立委選舉推進。台灣正經歷社會運動學者杜漢所指出的「歷史質」改變：一個具有主動力、知訊力、協作力和台灣在地公民意識的新媒體世代已經成型，他／她們有自己的目標和價值，也勇於發聲，並嫻熟新媒體科技，不再甘於既有的政治、經濟和大媒體的控制。而這股力量將如何牽制兩岸三地的深度轉化，值得觀察和期待。■

註釋

1 本文部分改寫自張錦華（2014）〈從太陽花運動談新媒體、新公民、新民主〉。出自鄭文燦（編）《新社會：反抗與台港共鳴》第 32—43 頁。台北：台灣新社會智庫。

2 2014 年 3 月 18 日至 4 月 10 日發生的「太陽花運動」，主要由學生發起，佔領立法院及周邊道路二十四天，抗議國會通過《兩岸服貿協議》的程序不正義以及民主代議體制失靈。該運動雖以學生為核心，但結盟眾多社運團體、學者、律師、醫師等社會各階層力量，提出「退回服貿協議、兩岸協議監督機制法制化、召開公民憲政會議、朝野承諾先立法再審查」等四大訴求，與馬政府隔空喊話，終於在立法院院長作出承諾後退場。由於民間送來太陽花分送抗議民眾，於是媒體稱其為「太陽花」運動，參與者其實包括許多民間社團和各階層人士，稱反服貿社會運動或更與實質意涵接近。

3 Touraine, A.（2002）。行動者的歸來（舒詩偉、許甘霖、蔡宜剛譯）台北：麥田。

4 Castells, M.（2012）。*Networks of Outrage and Hope: Social Movements in the Internet Age*. Malden, MA: Polity.

5 20140331〈網路發威 PTT 鄉民都來了〉。http://www.Appledaily.com.tw/Appledaily/article/headline/20140331/35736573/Applesearch/ 網路發威 PTT 鄉民都來了

6 同上。

7 因為參與的同學其實包括各校同學，因此，這個原來只是課程網站發布平台的「台大新聞 e 論壇」就改稱為「新聞 e 論壇」。

8 鄒柏軒、廖之韻（2014）。採訪台大新聞 e 論壇成員李映昕。出自劉定綱（編）《318佔領立法院》（第 196—204 頁）。台北：奇異果文創。

9 獨媒（2014/4/1）〈媒體不報，我們來報？賀照緹：網路世代，誰能搶奪詮釋權的時

間點？〉http://www.funscreen.com.tw/headline.asp?H_No=508

10 20140331〈焦點評論：風雨同路民主再生〉（胡元輝）。http://www.Appledaily.com.tw/Appledaily/article/headline/20140331/35736107/Applesearch/ 焦點評論：風雨同路民主再生

11 張登皓、李屹（2014）。「革老媽／老子的命」：資訊科技在佔領立法院運動中的角色。318 佔領立法院（頁 180—189）。台北：奇異果文創。

12〈媒體不報，我們來報？賀autoMgr緹：網路世代，誰能搶奪詮釋權的時間點？〉http://www.funscreen.com.tw/headline.asp?H_No=508

13 但陳瑞光不幸於 2014 年 9 月 15 日在宜蘭因車禍身亡，令人深深惋惜 http://zh.wikipedia.org/wiki/%E9%99%B3%E7%91%9E%E5%85%89_（%E8%87%BA%E7%81%A3）

14 簡韻真（20140323）。〈 太陽花學運你們不明白的事當權者請理解民主‧網路世代〉【2014-03-23/《聯合報》/A14 版 / 民意論壇 】。

15 蘇蘅，〈 網路學運媒體走到分水嶺 〉，20140406。https://www.Facebook.com/udnip/posts/678632008869970

16 程晏鈴（2014，即將出版）。《你甘有聽到咱唱歌：海峽兩岸服貿協議批判政治論述分析 》（碩士），台灣大學，台北。

17 Fraser, N.（1990）. *Rethinking the Public Sphere: a Contribution to the Critique of Actually Existing Democracy*. Social Text（25/6）, 56-80.

18「審議民主」一辭作為促進民主政治的溝通和決策過程，針對其過程理性、決策效力和納入多元討論有許多學術界討論，參見：林火旺（2005）。〈審議民主與公民養成〉，出自《 正義與公民：自由主義的觀點 》，第 253 － 297 頁。宜蘭：佛光大學。

19 呂家華（20140901）。〈 318 後，審議民主是顯學？是競選口號？〉。http://www.stormmediagroup.com/opencms/review/detail/7f0d924b-2e98-11e4-94ac-ef2804cba5a1/?uuid=7f0d924b-2e98-11e4-94ac-ef2804cba5a1

20 守鎮照、左正東等（2012）。《茉莉花革命浪潮下的新世紀民主化課題與前景：經濟發展、資訊傳播與政治民主》。台北：五南。

21 20140323〈太陽花學運你們不明白的事當權者請理解民主‧網路世代〉【簡韻真／台大學生（台北市）】【2014-03-23/《聯合報》/A14 版 / 民意論壇 】

22 不過，由於依合約與《創意集資資訊揭露專區使用管理辦法》規定，flyingV 承接此案時未經櫃買中心審核，就在網站揭露並集資，因此經營 flyingV 網站的昂圖公司處五萬元違約金。見：20140325 號召買廣告 3 小時募 670 萬。http://www.Appledaily.com.tw/Appledaily/article/headline/20140325/35723490/Applesearch/ 號召買廣告 3 小時募 670 萬

23 20140410〈太陽花退場宣言〉，見《蘋果》《聯合》《大紀元》。http://www.Appledaily.com.tw/realtimenews/article/politics/20140410/376884/Applesearch/ 太陽花退場宣言 %E3%80%80

24 新聞 e 論壇（2014）。《街頭守門人——台大新聞 e 論壇反黑箱服貿運動報導紀實》台北：衛城。

25 周馥儀，〈覺醒，努力走出光明的路：這場運動在台灣民主歷史經驗的述說中產生跨世代的對話與合作。20140811《新使者雜誌》第 143 期。http://newmsgr.pct.org.tw/Magazine.acpx?otrTID=1&strIGID=140&stiMAGID=M201408I103585

26 Touraine, A.（1988）. *Return of the Actor: Social Theory in Postindustrial Society*. Minnesota, Minneapolis: University of Minnesota Press.

27 周馥儀，〈覺醒，努力走出光明的路：這場運動在台灣民主歷史經驗的述說中產生跨世代的對話與合作〉。20140811《新使者雜誌》第 143 期。http://newmsgr.pct.org.tw/Magazine.aspx?strTID=1&strISID=143&strMAGID=M2014081103585

28 盧世祥（20140330）。《星期專論：太陽花學子感召了台灣人》，http://news.ltn.com.tw/news/politics/paper/766431

網路公民行動的集體演化

從搶救樂生院、野草莓運動到太陽花運動

文／陳順孝（輔仁大學新聞傳播學系副教授）

一、導論

2014 年年底九合一選舉，無黨籍台北市市長候選人柯文哲大勝國民黨對手 24 萬票，他在當選感言中說：「從白衫軍到太陽花運動，公民運動造就了台灣新政治的來臨。」（《中央社》，2014 年 11 月 29 日）；執政縣市從 15 席輸到只剩六席，被迫辭去國民黨主席職務的馬英九總統，也在 2015 年元旦祝詞中說：「去年三月的學生運動，確實為台灣帶來了衝擊。在網路串聯、青年發聲的主旋律之下，整個社會有了一股全新的脈動」（中央社，2015 年 1 月 1 日）。

太陽花運動的能量不是一夕爆發，而是網路公民行動長期奮戰、集體演化的結果。2007 年，樂生青年聯盟與網民力挺痲瘋病友、爭取保留樂生療養院；2008 年，野草莓運動反對警察在中共代表來台時侵害自由人權；2010 年，全國青年反國光石化聯盟力阻國光石化在彰化濕地設廠；2012 年，反媒體巨獸青年聯盟挺身反對媒體集團壟斷；2013 年白衫軍抗議洪仲丘被虐死；同年，學生和公民佔領內政部廣場抗議強徵民地民宅。一波波行動召喚越來越多人加入抗爭，終於在 2014 年太陽花運動大爆發，50 萬人走上街頭，衝擊九合一大選選情、改變台灣政治和社會面貌。

網路公民行動也不是台灣獨有的現象。2007 年，中國廈門民眾「集體散步」反對設置石化廠；2008 年，韓國首爾民眾示威反對進口美國牛肉；2010 年突尼西亞民眾推翻獨裁政權，引爆北非和中東的茉莉花革命；2011 年起，美國民眾佔領華爾街，掀起全球反財團貪婪浪潮；2014 年，香港民眾佔領中環爭取真普選。這些運動對各國的衝擊，不下於太陽花運動對台灣的衝擊。

網路公民行動參與者，大多是熟悉新科技的年輕人。本文聚焦台灣，想要探討的是：新科技提供年輕人什麼樣的改革機緣？年輕人如何在一次次運動中精進科技運用、提升抗爭能力，逐步演化出太陽花能量？這樣的網路公民行動有何局限、未來將往哪裡走？

二、社會科技機緣

　　公民使用網路科技，開創一個眾人參與、跨地連結、即時互動的公民傳播體系，在這個傳播體系裡，只要有共同的目標和默契，散居各地的人就能迅速集結成「無組織的組織」推展行動，這就改變了社會運動組織決策、聚眾參與、社會對話的形態，開啟網路公民行動的時代。

1・公民傳播體系

　　在大眾傳播時代，創辦報紙、電視等大眾媒體動輒需要數億乃至數十億元，能夠創辦和經營者幾乎都是富豪；媒體富豪老闆往往兼營大型企業、或兼任黨政要職，為此常常干預旗下媒體報導走向，站在既得利益一方、打壓社會改革者；民眾無力創立大眾媒體，而且散居各地、難以聯繫，即使有少數改革者打造異議雜誌、影帶、電台，也難以抗衡大眾媒體霸權。

　　網路催生一系列新興傳播工具，包括：BBS（如批踢踢）、社群媒體（如 Facebook）、直播平台（如 Ustream）、網路影音（如 YouTube）、部落格（如 Blogger、WordPress）、微網誌（如 Twitter、Plurk）、電郵群組（如 Google Groups）、網路相簿（如 Flickr）、協作平台（如 Google Sites、Hackpad）、共享書籤（如 HEMiDEMi）等。這些工具全都簡單、免費而

且強大，讓改革者能夠輕鬆地打造自己的媒體、交流彼此的訊息、串聯集體的力量，強有力地挑戰大眾媒體。

公民自此從被動接收大眾媒體訊息的閱聽人，轉而成為一面收訊一面傳訊的創用者（prosumer，創用者英文 prosumer，是 producer 和 consumer 之縮合，亦即參與產品製造的消費者、參與資訊創作的使用者，詳見 Tapscott Williams, 2007／王怡文譯，2007），創用者群起發聲，建構出公民傳播體系。公民傳播體系有三個特色：（一）眾人參與：報導評論不再被媒體老闆、既得利益者壟斷，而是每個上網者都能參與的全民運動；（二）跨地連結：散居各地的人可以突破空間限制，在網路上相識、交流、聚合；（三）即時互動：跨地連結的人們可以零時差地對話、協調、聯手行動（陳順孝，2009）。

2014 年上半年，台灣上網人口超過 1,763 萬人（台灣網路資訊中心，2014），這意味著超過 75% 民眾能夠在網路上跨地連結、即時互動，他們共同形塑的公民傳播體系，足以和大眾媒體分庭抗禮。

2・無組織的組織

公民傳播體系的茁壯，讓散居各地的人能夠上網發聲、對話、串聯，當他們出現共同目標，就可以形成「無組織的組織」。

「無組織的組織」，根據網路觀察者薛基（Clay Shirky）的分析，是「一個值得相信的承諾、一個有效的工具、和用戶可接受的協議的成功融合」。承諾是「為什麼」的問題：為什麼要參加一個群體、為此群體貢獻？例如 Linux 社群的承諾是「讓我們試試看是否能一起做點事」；工具是「怎麼做」的問題：挑選最能實現承諾的工

具，例如維基有助於達成共同決定、電郵比較適合用來討論；協議則是行動規則和默契：你可以預期得到什麼、群體期望你做到哪些，例如維基百科編寫者的協議是確保正確、發現造假內容就刪掉（Shirky, 2009／胡泳、沈滿琳譯，2009：161-180）。

當《服貿協議》在短短 30 秒闖關，公民怒吼「反對黑箱服貿」，這樣的怒吼就是承諾；抗議者用 Ustream 直播現場畫面、用 Facebook 散播訊息、用 Hackpad 協調工作，就是選用最適合的工具來落實承諾；抗議者各盡所能，持續分享、討論、行動，更是隱形的協議。這樣的承諾、工具、協議催生出一個個「無組織的組織」。

3．網路公民行動

「無組織的組織」改變社會運動的樣貌。社會運動——包含學生運動——是有意識、有組織的集體行為，目的在推動或抗拒社會秩序的重大改變（Wilson, 1973；林鶴玲與鄭陸霖，2001）；社會運動由抗議者發動，爭取公眾支持，向當權者施壓（Tilly, 2004／胡利均譯，2009：5）。社會運動需要組織決策：讓散居各地的核心成員能夠有效聯繫、溝通、協調、決議；社運需要聚眾參與：將支持者凝聚起來，分工合作、共同行動；社運還需要社會對話：傳播訴求、爭取支持，回應質疑、消弭阻力（陳順孝，2012）。

網路普及前的社會運動，要做組織決策，需要散居各地的核心成員長途跋涉開會；要聚眾參與，需要奔走各地、建立組織動員系統；要和社會大眾對話，得設法爭取大眾媒體報導，但卻常被大眾媒體封殺或扭曲，即使自辦媒體也難和大眾媒體抗衡。網路普及後，散居各地的成員可以

隨時上網交換訊息、溝通協調、討論決策，也可以藉由社群網站、網路串聯來凝聚和動員支持者，更可以用部落格、微網誌、BBS、網路影音來宣傳理念、引爆熱議，迫使大眾媒體跟進報導（陳順孝，2012）。

這種新型社運，以網路作為傳播中樞，它和傳統社運同樣推動或抗拒社會秩序的重大改變，但參與的人更多元、運動形式更靈活，本文稱之為「網路公民行動」。

本文研究台灣網路公民行動的集體演化。以下將回顧網路公民行動發展歷程，探討台灣的行動者如何在公民傳播體系裡，以「無組織的組織」進行組織決策、聚眾參與、社會對話；又如何在一次又一次的公民行動中，承接前次行動經驗，持續改良、創新出更強的行動形式，終於演化出太陽花運動；太陽花和網路公民行動的當前能耐為何、局限為何、更上層樓的策略為何？

三、網民行動演化

台灣網路公民行動一波接一波，本文為了探討一波波行動如何演化出太陽花運動，特別聚焦在學生組織化參與的公民行動，這些行動包括：2007 年搶救樂生院、2008 年野草莓運動、2010 年反國光石化、2012 年反媒體壟斷，以及 2014 年的太陽花運動。本文以這五個運動為主、其他運動為輔，探討台灣網路公民行動的演化歷程。

1 · 2007 年搶救樂生院

網民擅長運用新科技來發動抗爭。1992 年，台灣第一個全中文化 BBS 誕生，隔年，交通大學學生就透過 BBS 號召數百人在校門口一起吃便當，抗議學校餐廳伙食難吃

（Inertia, 2006）；2002 年年底，網路社群開始在台灣推廣部落格，2005 年，批踢踢鄉民就和部落客串聯，抗議《中國時報》炒作鄉民攻訐女友劈腿的八卦，3,000 多人上網連署要求道歉，還發動一次快閃示威、舉辦三場座談聲討中時，之後又串聯抗議《中時》主管捏造新聞、抗議《聯合新聞網》標題醜化精神病患（陳順孝，2005；終極邊疆，2005 年 12 月 9 日；鄭國威，2006 年 2 月 24 日）。

到了 2007 年，網民群起參與搶救樂生院運動，匯聚的能量首次衝擊政治。

1994 年，政府選擇樂生療養院——台灣第一間痲瘋病院——做為捷運新莊線機廠廠址，2002 年開始第一波拆遷；2004 年，大學生組成樂生青年聯盟（簡稱樂青），隔年樂生院民成立樂生保留自救會，樂青與自救會攜手爭取保留樂生院。2007 年 3 月 5 日，政府限令還住在樂生院的院民在 13 日前搬離，否則將強制執行；樂青和自救會發動抗爭，要求樂生院保留 90%、與捷運共存，網民挺身聲援（蘇品瑄、李勁，2012）。

當時正逢朝野總統候選人初選前夕，部落客瓦礫在 3 月 9 日發起「讓樂生人權決定我們的總統」串聯活動，180 多個部落格響應；接著，豬小草、HOW 訪問學者討論各種保留樂生方案，製作成網路廣播（Podcasting）；14 日，Wenli 和 HOW 手繪工程圖，比較院民主張的保留 90%、政府規劃的保留 41% 兩案；15 日，董福興透過共享書籤 HEMiDEMi 募款，一天募得 400 多人捐獻的 20 萬元，在蘋果日報刊登半版廣告，廣告文案由散居各地的部落客遠距協作完成，引用 Wenli 和 HOW 手繪圖，訴求「保留 90% 樂生能讓捷運與新莊更好」（黃哲斌，2008）。

樂青和自救會的持續抗爭、部落客和民眾的群起響應，終於引起大眾媒體和政治人物的重視，行政院院長蘇貞昌

承諾朝向保留 90% 方向努力（王貝林等，2007 年 4 月 12 日）；為了要求政府兌現承諾，樂青、自救會等上百個團體在 4 月 15 日發動「捍衛樂生」大遊行，超過 5,000 人參加（公視新聞網，2007 年 4 月 16 日），部落客也藉由 HEMiDEMi 集結、高舉「宅」字大旗走上街頭。

此後，政府、學者專家，以及樂青、自救會進入進行漫長的協商、角力，政府同意多保留幾棟樂生建物，但未達到院民希望的保留 90%；樂青和自救會持續抗爭，但網民熱情消退，2008 年年底，政府終於動手強制拆遷。之後，捷運施工導致樂生僅存的院區裂縫變寬，樂青和自救會要求捷運機廠停工、遷址，抗爭至今，但不曾再得到網民的大規模支持（蘇品瑄、李勁，2012）。

總體來看，搶救樂生院運動在組織決策上由實體組織樂青和自救會發動，網民群起聲援；在聚眾參與上，超過 5,000 人到場遊行、超過 400 人捐資登廣告、超過 180 個部落格串聯行動；在社會對話上，網民以公民報導（如網路廣播）、知識轉譯（如工程圖）、廣告來幫助樂青和自救會傳播保留樂生的訊息、觀點和方案。

2・2008 年野草莓運動

2008 年的野草莓運動，則是從網路發起的公民行動。

當年 11 月，中國海協會代表團來台簽署協定，警方維持治安時對抗議者進行盤查、禁制、沒收、拉扯、驅離，甚至拘捕，台大教授李明璁憤而在批踢踢兔個人版發表「抗議警察暴力！捍衛自由人權！」聲明，並與 20 多位學者、學生、文化工作者發起抗爭行動，11 月 6 日，數百位抗議者前往行政院門口靜坐，其中以學生居多，這場抗爭就演變成以學生為主體的「野草莓運動」（陳順孝，

2008）。

　　6 日晚上，部落客 Wenli 到行政院關心學生靜坐情況，他用網路直播軟體 Y!Live，透過筆記型電腦視訊鏡頭和無線網卡，將現場實況即時直播上網，很快吸引數百名網友觀看，包括外國人，Wenli 用中文解說現場情況、徵得一位英文流利的研究生用英文解說，就這樣通宵直播；天亮後，Wenli 要去上班，學生接手直播工作，到了傍晚，鎮暴警察到場抬離學生時，2,300 多位網友透過直播觀看抬離實況（陳順孝，2008 年）。

　　學生被抬離後，轉往自由廣場搭棚靜坐，開始建立組織，成立行政、串聯、財務、主播（網路直播）、媒體、論述、事務、蓋搭、NGO 等小組（郭芝榕等，2008），民眾捐贈物資支援。在此同時，台南、高雄、嘉義、台中、新竹的學生也就地集結抗議，並且同樣採行網路直播，一來向社會大眾宣傳訴求，二來進行跨地協調和決策，「野草莓」這個名稱就是六地學生透過網路連線會議選定的。

　　直播之外，野草莓學生用 Google Groups 建立內部決策群組、用部落格建立官方網站，積極到批踢踢傳播訊息和對話，並且發動網路連署、進行網路貼紙串聯、開放訂閱電子報，同時還將活動影片上傳 YouTube 宣傳，網民小海更創作《野莓之聲》作為運動主題曲；形成一個功能齊全、多路進擊的傳播體系（陳順孝，2008）。

　　野草莓學生持續抗爭一個月，提出的三大訴求——總統和閣揆道歉、警政署長和國安局長下台、立院修改限縮人民權利的《集會遊行法》——未被官方接受，學生在 12 月 7 日發動千人遊行（梁鴻彬，2008）後結束靜坐行動，成立「野莓之家」組織，持續關心《集遊法》修訂等人權議題，許多學生——包括林飛帆、陳為廷、魏揚等人——持續參與之後的社會抗爭。

總之，野草莓運動在組織決策上是網民發動、先行動後組織、各地學生藉由網路協調整合；在聚眾參與上，千人參加遊行、多人捐贈物資；在社會對話上，以 BBS、部落格、電子報、YouTube 影片與網民交流訊息和觀點，並且首度發展出網路直播、運動主題曲。

搶救樂生院和野草莓運動發展出的傳播體系，在其後的公民行動中一再被沿用、改良、創新。例如，2008 年年底開始的反對《農村再生條例》運動，就串聯野草莓電視台、苦勞網、環境資訊中心同步直播《農再條例》辯論會，把直播推向聯播；到了 2010 年，Facebook 台灣用戶激增到 760 萬人（Kirkpatricky, 2010 ／ 李芳齡譯，2011：266），不滿法官輕判性侵幼童案的民眾，就用 Facebook 發起白玫瑰運動，28 萬人連署要求「開除恐龍法官」、將近三萬人走上街頭遊行（何定照，2010 年 9 月 8 日）。

3‧2010 年反國光石化

2010 年的反國光石化運動，學生網下網上兩路並進，與各路人馬分進合擊，終於迫使政府改變政策、停建國光石化。

國光石化設廠地點幾經變更，2008 年 6 月決定轉往彰化芳苑和大城建廠，環保團體隨即展開抗爭，2014 年 4 月，環保團體發起「全民來認股、守護白海豚」行動，號召大眾集資將國光石化預定地、白海豚必經之地——濁水溪口海埔地交付公益信託，三萬人響應認股（台灣環境資訊協會，2010）；2010 年 9 月，參與台灣農村陣線「夏耘農村草根調查」的學生，實地走訪芳苑、大城濕地後，成立全國青年反國光石化聯盟（簡稱全青盟）；2010 年 11 月，反國光石化團體共同發動環保救國大遊行，萬人

走上街頭（陳韋綸，2010）。

　　全青盟學生中有多人曾參與搶救樂生院、野草莓運動，他們兩路並進，在網下實地訪調、參與遊行、校園宣講、監督環評，在網上延續先前運動的科技運用和行動策略，並且加以改良創新（盧沛樺，2012）。

　　全青盟快速建立自己的傳播網絡。他們以 Google Groups 進行內部溝通協調，用部落格建立網站，開設 Facebook 社團讓參與者交流訊息和觀點；他們並且到批踢踢散播運動訊息、製作宣導影片放上 YouTube 傳播，同時發行電子報，用 Google Sites 建構反國光石化資料庫。他們還改良網路直播，將鏡頭從抗爭者轉向監督對象：他們將環評會議的實況直播上網，號召網友共同監督，讓參與決策過程的環評委員面對群眾壓力（盧沛樺，2012；莊豐嘉，2011）。

　　全青盟更引進文化干擾（culture jamming）策略，用模仿、改寫手法，將抗爭訊息植入大眾傳播文本中。他們將電影《阿凡達》中納美人捍衛家園的片段，混搭彰化在地漁民與濕地影像，改編成動員影片「納美人出動」，為環保救國大遊行作宣傳；他們發行「四大蚵報」，仿照《蘋果》、《自由》、《聯合》、《中時》四大報形式，用批踢踢式的戲謔語言預言國光石化撤案，標題包括：「好里卡在有選舉！白海豚不轉 2008 年政府轉」、「感動媽祖 反對國光 BoBee BoBee」、「白海豚駁斥轉彎說，阿豚：我不會轉彎」（朱淑娟，2011）。這些影片、蚵報不僅在網路圈、社運圈廣為流傳，也吸引大眾媒體引用報導、擴大傳播。

　　全青盟的行動，與學界的連署質疑、藝文界的公開批判、在野黨的表態反對，多路並進，加上《公視》推出石化週討論，《商業周刊》和《天下雜誌》推出專題報導質疑國光石化，終於形成輿論、產生壓力，迫使馬英九總統在 2011 年 4 月宣布不支持國光石化到彰化建廠，反國光

石化運動贏得勝利。

　綜合來看，反國光石化運動在組織決策上是全青盟與環保、學界、藝文、在野黨多個領域的分進合擊；在聚眾參與上，三萬人響應認股、上萬人走向街頭；在社會對話上，他們延續 BBS、部落格、電子報的傳播，並將網路直播的鏡頭從抗議者轉向監督對象，他們更採行文化干擾策略，製作出「納美人出動」影片、「四大蚵報」等生動文本。

　此後，網路公民行動依然持續不斷。2012 年 3 月，台北市政府強拆拒絕參與文林苑都市更新計畫的士林王家，許多學生和民眾到場聲援王家，聲援者推出〈「都更釘子戶」背後的關鍵奧祕五分鐘包您看懂士林王家——文林苑都更案懶人包〉來說明源由、澄清質疑（台灣都更受害者聯盟，2012），讓懶人包成為公民行動的利器。

4‧2012 年反媒體壟斷

　2011 年，旺旺中時媒體集團向國家通訊傳播委員會（NCC）申請併購有線電視系統中嘉網路，若獲准，有線電視市佔率將近三成，學者擔心壟斷，連署反對併購；2012 年 7 月 26 日起，旺中動員旗下媒體圍剿反併購的學者黃國昌、學生陳為廷，激起公憤。傳播學者、藝文人士、新聞工作者紛紛譴責旺中，台大、清大、成大、輔大等 28 校學生更組成反媒體巨獸青年聯盟參與抗爭，由林飛帆擔任召集人（生命力新聞，2012）。

　7 月 31 日，聯盟發起「我是學生、我反旺中」遊行，儘管颱風逼近，仍有 700 位學生冒雨包圍旺中媒體集團總部，高喊「媒體不專業，回去做仙貝」、「拒絕媒體巨獸，捍衛新聞自由」、「拒絕寒蟬效應，捍衛言論自由」，創下學生包圍單一媒體的最多人紀錄（生命力新聞，

2012）。

9月1日，台灣記者協會發起「你好大、我不怕！反媒體壟斷大遊行」，多達 9,000 人走上街頭，分成新聞工作者、學生、公民團體三大隊，先到中國時報門口集結抗議，然後步行兩個半小時到 NCC 陳情，要求旺中老闆蔡衍明辭去所有媒體職務、要求媒體維護記者專業自主、要求NCC 立即制定《反媒體壟斷法》；這是台灣歷來最大規模的媒體改革遊行（生命力新聞，2012）。

抗爭期間，反併購學者、記者、公民團體組成 901 反媒體壟斷聯盟，反媒體巨獸聯盟也參與其中，他們不僅反對旺中併購中嘉，也反對蔡衍明等富豪併購壹傳媒，他們要求制定《反媒體壟斷法》，確保新聞自由、言論多元。

簡言之，反媒體壟斷運動在決策上是反媒體巨獸聯盟與學者、記者、公民團體水平協調、合力抗爭；在聚眾參與上，700 名學生、9,000 名公民先後走上街頭；在社會對話上，他們透過 Facebook、部落格、BBS 進行傳播。

之後，網路公民行動升級。2013 年 7 月 4 日，陸軍義務役士官洪仲丘在退伍前夕被送禁閉室「悔過」、慘遭虐死，39 名原本互不相識的網友組成公民 1985 行動聯盟，透過批踢踢和 Facebook 動員，先後發起三萬人著白衣到國防部抗議、25 萬人上凱達格蘭大道示威，掀起白衫軍浪潮，迫使政府修法讓承平時期軍法回歸司法審判（蔡靚萱，2013）；同年 8 月 18 日，為了抗議政府毀諾強拆苗栗大埔民宅，學生和民眾突襲佔領內政部前方廣場，上千人湧入靜坐，警方數度驅離未果，群眾在佔領 20 小時後解散，其間曾將佔領實況直播上網，最多時有數千人同步觀看（胡慕情、鐘聖雄，2013；政治中心，2013）。

5．2014 年太陽花運動

2013 年 6 月，兩岸簽署《兩岸服貿協議》，數十個公民團體質疑黑箱作業，組成反黑箱服貿民主陣線抗爭。2014 年 3 月 17 日，立法院委員會審查《兩岸服貿協議》時，國民黨籍召集委員張慶忠以短短 30 秒宣布完成審查，輿論譁然；3 月 18 日下午，反媒體巨獸聯盟和黑色島國青年陣線學生與公民團體密商佔領立法院，當晚，學生和公民在立法院外舉辦「守護民主之夜」，九點左右，學生發動突襲，數百人衝進立法院，先在議場正門口前集合靜坐，拿出手機號召群眾來援，隨即衝入議場，佔領主席台（小野等，2014；新聞 e 論壇，2014）。

進入議場的學生和民眾，立即對外傳播訊息。台大新聞所學生彭筱婷等人用 Facebook 進行即時影音和文字報導，並把報導譯成英文，上傳 CNN iReport，引起國際媒體注意（新聞 e 論壇，2014）；NGO 工作者張龍僑等人則用拖鞋撐住 iPad，使用 UStream 軟體進行現場直播（黃彥棻，2014），其他個人、團隊和大眾媒體也陸續開始直播；黑客（Hacker）社群 g0v.tw 零時政府成員也到場建置無線網路、協助網路暢通，並且建立 g0v.today 平台，將散居網路各處的直播頻道、線上情報匯聚一處（Atticus，2014；陳瑞霖，2014）。

另一方面，警察幾度驅趕學生無效，群眾湧到立院支援學生，對峙態勢形成，學生和支持者開始組織化，展開長期抗爭。議場內分為媒體組、翻譯外電組、學生議事組、醫療組和物資組；議場外則有物資組、糾察組和醫療組（詹千雁、陸莘、游欣，2014）；超過 1,500 位志工用網路共筆 Hackpad 協調工作（戴廷芳，2014）；他們並且成立九

人小組，由五名學生代表、四名公民團體代表組成，共商決策（林朝億、林雨佑，2014）。

在此前後，公民——特別是各領域專家——也各盡所能、參與運動。大學教授到場開設公民教室；g0v 黑客建立「你被服貿了嗎」互動資訊平台，只要輸入公司行號名稱或營業登記項目，就能查閱《服貿》對這類公司的影響；搖滾樂團滅火器創作〈島嶼天光〉歌曲，成為運動代表音樂；台大經濟系教授鄭秀玲早在 2013 年就上網發布〈兩岸服貿協議對我國的衝擊分析〉（鄭秀玲，2013），許多網民根據她的分析製作懶人包，其中，〈服貿『爭議』懶人包〉點閱數超過 130 萬次，還以國語男聲、國語女聲、閩南語、客家語四種語言版本發行（易查陞，2014）。

此外，批踢踢鄉民透過群眾募資平台 flyingV 募款，短短幾個小時就有 3,600 多人集資 690 萬元，在台灣的《蘋果日報》和《自由時報》、美國《紐約時報》刊登廣告，讓不上網的民眾、以及外國人也能獲悉抗爭訊息；其中，《紐約時報》廣告由知名平面設計師聶永真操刀（自己國家自己救，2014；沃草，2014）。

公民報導、網路直播、群眾募資、刊登廣告、製作懶人包、創作主題曲都是近年公民行動不斷出現的傳播形式，太陽花運動吸引專業人士加入，讓這些傳播形式更專業、更有影響力。這些努力，加上大眾媒體大幅報導、民眾和公民團體群起支持，終於迫使立法院院長王金平接受學生主張，承諾在兩岸協議監督條例完成立法前，不會召集《兩岸服貿協議》相關黨團協商會議；抗議學生在 4 月 10 日退出議場，成立島國前進、民主鬥陣等團體繼續監督《兩岸協議》、推展民主運動。

總之，太陽花運動是台灣網路公民行動的總其大成者。在組織決策上，太陽花是由兼具網路串聯、實體行動經

驗，且在一波波行動中漸漸熟識的學生和公民團體共同發起，水平協商決策；在聚眾參與上，3,600 多人集資登廣告、50 萬人走上街頭、更有難以計數的民眾到場聲援、捐贈物資；在社會對話上，太陽花同樣在 BBS、部落格、Facebook、YouTube 進行傳播，並吸引專業人士參與新聞報導、知識轉譯（懶人包）、廣告、主題曲的製播。

四、結論

回顧一波波的網路公民行動，我們看到集體演化的軌跡。

在組織形態和決策模式方面，搶救樂生院的學生以實體組織（樂青）和網民聯手；野草莓運動則從網路發起，先行動後組織、網路遠距協作；反國光石化運動的全青盟，開始網上網下兩路並進，反媒體壟斷運動亦然；到了太陽花運動，發起的反媒體巨獸聯盟、黑島青都兼具網上和網下運動經驗，他們與其他公民團體也因長期合作而熟識，共同形成的組織既有網路行動的靈活度、也有實體合作的默契，以快速聚合、網路協作、水平協調決策展現集體力量。

在聚眾參與方面，參與遊行的人數從搶救樂生院的 5,000 人、野草莓的千人、反國光石化的萬人、反媒體壟斷的 9,000 人，暴增到太陽花運動的 50 萬人；集資登廣告的人從搶救樂生院的 400 多人激增到太陽花運動的 3,600 多人；民眾參與的形式也從到場聲援、加入遊行、捐贈物資、集資廣告，擴及到貢獻專長，例如 g0v 黑客協助太陽花建構無線網路環境。

在社會對話方面，公民行動使用的傳播工具從 BBS、部落格、YouTube 擴及 Facebook，傳播的形式從公民報導、知識轉譯擴及文化創作。公民報導包括搶救樂生院開始的

網路廣播、野草莓開始的網路直播、以及太陽花運動期間新聞 e 論壇的學生專業團隊報導;知識轉譯包括搶救樂生院的工程圖、太陽花運動的反服貿懶人包;文化創作包括搶救樂生院和太陽花的廣告、野草莓和太陽花的主題曲、反國光石化的四大蚵報等文化干擾。

這種以網路作為傳播中樞的公民行動,翻新了社會運動的形態。在組織決策上,不一定要先組織後行動,而可以先行動再組織,也不再只是由上往下的指揮,而可以水平協調整合;在聚眾參與上,公民不再只是被動員、被指揮的對象,而可以自主參與,並且根據自己的志趣和專長,選擇自己喜歡的位置,自主就位、自主發揮;在社會對話上,行動者可以建立自己的傳播體系,自行報導新聞、自行轉譯知識。

若聚焦太陽花運動,可以發現它的行動模式都非原創,而是在先前行動經驗基礎上更上層樓。例如,佔領立法院可視為 2013 年佔領內政部行動的升級;懶人包在 2012 年的文林苑事件中就發揮作用;創作主題曲,早在 2008 年野草莓運動就出現;集資登廣告,更早在 2007 年的搶救樂生院運動中就執行過;而網路動員、實體行動的模式,也從樂青、野草莓、全青盟、反壟斷一路演進。

網路公民行動的集體演化,可能是兩個因素交互影響的結果。一是公民行動資訊在網路公開傳播,民眾很容易觀看、了解、學習,並在下一波行動中運用;二是許多行動者參與多項運動,能夠將前一波運動經驗帶到下一波運動中,例如太陽花要角林飛帆、陳為廷都參與過野草莓、反壟斷和佔領內政部行動,能夠把這些運動經驗用在太陽花運動上。

換個角度看,這一波波網路公民行動都是核心組織、積極公民、即興鄉民,在公民傳播體系裡,以「無組織的組

網路公民行動的架構與特色。（陳順孝製圖）

織」形態，進行組織決策、聚眾參與、社會對話的行為。

　　核心組織，是行動主要策動者，提供最核心的論述和決策，它可能是發起行動的實體組織（如樂青），也可能是行動後才成立的團隊（如野草莓）；積極公民，在運動中自主就位、貢獻所長，通常會參加不止一場行動，例如在搶救樂生院時畫工程圖、在野草莓運動時首創直播的 wenli；即興鄉民，是一般參與者，人數最多但最不穩定，他們通常被行動訴求所激發，可能到場支援、可能按讚分享，往往在行動熱頭上一擁而上、在熱潮過後一哄而散，但也可能在一次次參與中變成積極公民、甚至參與核心組織。

　　核心組織、積極公民、即興鄉民的力量，在一波波網路公民行動中相加相乘，終於在太陽花運動撼動政局。早在九合一大選前，行政院國家發展委員會主任委員管中閔就坦承：政府過去都跟產業公協會溝通，現在形成另一個（網

路）社群，政府要學習如何跟新社群對話（曾桂香，2014年7月28日）；九合一大選揭曉，行政院院長江宜樺為執政黨慘敗辭職，毛治國繼任閣揆，毛揆一上任就高度重視網路力量，宣示要在半年內運用開放資料（open data）、大數據（big data）與群眾外包（crowd-sourcing），來創造雙向溝通、優化政府施政（林安妮，2014年12月23日）；連馬英九總統都承認：「在網路串聯、青年發聲的主旋律之下，整個社會有了一股全新的脈動」。

不過，網路公民行動發展僅僅20年，儘管展現驚人能量，但仍有網民不夠穩定、組織不夠扎實、參與不夠徹底等問題。

一、網民不夠穩定：網民通常基於義憤參與抗爭、一擁而上，但在激情過後又容易一哄而散，例如：搶救樂生院在高潮時有5,000人走上街頭聲援，但高潮過後只剩樂青成員持續行動，2014年捷運機廠施工導致樂生僅存的院舍裂縫擴大，樂青擔心有走山危機，決定到台北市政府請命，但這場抗爭只剩百人參加（公庫，2014）。在網民忽來忽去的背景下，公民行動要持續進行，高度依賴核心組織成員的堅持。

二、組織不夠扎實：美國學者圖費克奇（Zeynep Tufekci）指出：「在互聯網出現之前，繞過審查或者組織抗議活動需要做一些單調乏味的組織工作，而這些工作也幫助建立了決策機制，和讓勢頭持續下去的戰略。如今，各種運動可以直接跳過這個步驟，但這通常對他們有害無益。」（轉引自Friedman, T. L., 2014, May 21／王湛譯，2014年5月21日）。換言之，網路能夠讓一群有共同目標和默契的人，快速集結成「無組織的組織」來推展行動，但「無組織的組織」常常只是自由來去的臨時組合，難以形成具有革命情感、能夠長期規劃的扎實組織。

三、參與不夠徹底：美國學者納伊姆（Moisés Naím）說：「在大規模的街頭抗議活動的背後，很少有着一個運轉良好的、更加長期的組織，能夠跟進抗議者的訴求，承擔複雜的、面對面的、枯燥的政治工作，而這些工作才會為政府帶來真正的改變。」（轉引自 Friedman, T. L., 2014, May 21 ／王湛譯，2014 年 5 月 21 日）。以台灣為例，抗爭者的訴求即使被當政者接受，最終仍得在政府的行政和立法體系內落實，可是政府正是當初問題的製造者，若沒有長期組織監督政府，抗爭訴求不可能真正實現、政府不可能真正改變。

所幸，網路公民行動者注意到這些問題，越來越多人願意投入「複雜的、面對面的、枯燥的政治工作」。

一來，許多既有組織，本來就積極投入實體政治抗爭，例如 2004 年創立的樂青。

二來，網路公民行動也催生了新興組織在實體世界奮戰，例如在 2013 年掀起白衫軍浪潮的公民 1985 行動聯盟要角另行成立「沃草」社會企業，投入國會監督等工作；又如 2014 年太陽花運動的參與者，分別成立島國前進、民主鬥陣等組織，持續推動兩岸協議監督機制、公民參與憲政改革等訴求。

三來，部分公民行動者甚至投入新政黨的創建工作，例如 2015 年 1 月成立的時代力量黨、3 月成立的社會民主黨。

展望未來的網路公民行動，可望走向網上靈活、網下踏實的虛實整合路線，若能穩健發展，將能越來越強力地撼動社會、改變政治、落實改革。■

參考書目

Atticus（2014）。〈原來 短時間我們如此強悍：太陽花運動科技應用創新總整理〉，《癮科技》。上網日期：2015年2月10日，取自 http://www.cool3c.com/article/78266

Inertia（2006）。〈青年文化十年記：網路文化〉。上網日期：2012年1月15日，取自 http://wiki.heterotopias.org/index.php?title=青年文化十年記：網路文化

小野、柯一正、范雲、余永寬（2014）。《從我們的眼睛看見島嶼天光：太陽花運動，我來，我看見》。台北市：有鹿文化。

中央社（2014年11月29日）。〈柯文哲當選台北市市長感言全文〉，《中央社》。上網日期：2015年1月30日，取自 http://www.cna.com.tw/news/firstnews/201411295021-1.aspx

中央社（2015年1月1日）。〈促朝野合作 馬總統：所有不滿到我為止〉，《中央社》。上網日期：2015年1月30日，取自 http://www.cna.com.tw/news/firstnews/201501010074-1.aspx

公庫（2014）。〈護樂生要求新莊機廠停工、遷址 百人徒步17公里至北市府〉，《公民行動影音紀錄資料庫》，上網日期：2015年2月15日，取自 http://www.civilmedia.tw/archives/18426

公視新聞網（2007年4月16日）。〈保樂生大遊行 上百社團行動支持〉，《公視新聞網》。上網日期：2015年2月14日，取自 http://news.pts.org.tw/detail.php?NEENO=76703

王貝林、曾德峰、項程鎮、林志青（2007年4月12日）。〈蘇揆：16日不拆樂生 力保90%〉，《自由時報》。上網日期：2015年1月14日，取自 http://www.libertytimes.com.tw/2007/new/apr/12/today-life4.htm

王怡文譯(2007)。《維基經濟學：改變人類世界的集體協作模式》第五章〈生產性消費者〉，頁176—209。台北：商智。（原書 Tapscott, D. & Williams, A. [2006]. *Wikinomics: How Mass Collaboration Change Everything*. New York : Portfolio）

王湛譯（2014年5月21日）。〈「廣場人」怎樣從顛覆走向重建〉，《紐約時報中文網》。上網日期：2015年2月15日，取自 http://cn.nytimes.com/opinion/20140521/c21friedman/zh-hant/。（原文 Friedman, T. L. [2014, May 21]. The Square People, Part 2. Retrieved from http://cn.nytimes.com/opinion/20140521/c21friedman/en-us/）

台灣都更受害者聯盟（2012）。〈「都更釘子戶」背後的關鍵奧秘 5分鐘包您看懂士林王家——文林苑都更案懶人包〉，《辣俱成灰眼屎乾》。上網日期：2015年2月15日，取自 https://katinkr.wordpress.com/2012/03/17/「都更釘子戶」背後的關鍵奧秘——5分鐘包您看懂士/

台灣網路資訊中心（2014）。〈2014年「台灣寬頻網路使用調查」結果公布上網的社交功能大於獲取資訊 超過八成網民下載免費App〉，《台灣網路資訊中心》。上網日期：2015年1月30日，取自 http://www.twnic.net.tw/NEWS4/135.pdf

台灣環境資訊協會（2010）。〈全民來認股 守護濁水溪行動〉，《台灣環境資訊協會》。上網日期：2015年2月15日，取自 http://www.e-info.org.tw/zh-hant/env-trust/action/19

生命力新聞（2012）。〈媒體集團圍剿學者 激起反壟斷遊行〉，《生命力新聞》。上網日期：2015 年 1 月 28 日，取自 http://www.vita.tw/2012/09/blog-post.html

自己國家自己救（2014）。〈【集資廣告】台灣，這次妳一定要撐下去〉，《flyingV》。上網日期：2015 年 2 月 15 日，取自 https://www.flyingv.cc/project/2648

朱淑娟（2011）。〈四大蚵報：否決國光石化！〉，《環境報導》。上網日期：2015 年 2 月 15 日，取自 http://shuchuan7.blogspot.com/2011/04/blog-post_19.html

何定照（2010 年 9 月 8 日）。〈白玫瑰 925 上街 3 萬人連署促速立法〉，《聯合報》。上網日期：2015 年 2 月 5 日，取自 http://city.udn.com/54532/4162413

李芳齡譯（2011）。《Facebook 臉書效應：從 0 到 7 億的串聯》，台北：天下雜誌。（原書 David Kirkpatricky [2010]. *The Facebook Effect: The Inside Story of the Company That is Connecting the World*. US: Simon & Schuster）

沃草（2014）。〈全球力量串聯，「太陽花學運」英文網站一天拚上線！〉，《蘋果即時》。上網日期：2015 年 2 月 15 日，取自 http://www.Appledaily.com.tw/realtimenews/article/new/20140329/369121/

易查陞（2014）。〈服貿「爭議」懶人包〉。上網日期：2015 年 2 月 10 日，取自 http://youtu.be/cYV6os906Xo?list=PLHJvwap3yOmcvCe3gQ9EK1CcG_hBJPcdp

林安妮（2014 年 12 月 23 日）。〈毛揆「科技三箭」半年翻轉政府〉，《經濟日報》。上網日期：2015 年 2 月 15 日，取自 http://udn.com/NEWS/NATIONAL/NAT1/9145964.shtml

林朝億、林雨佑（2014）。〈9 人決策小組成立 太陽花學運再出發〉，《新頭殼》。上網日期：2015 年 2 月 10 日，取自 http://www.coolloud.org.tw/node/78044

林鶴玲、鄭陸霖（2001）。〈台灣社運的網路經驗初探—— 一個探索性的研究〉，《台灣社會學刊》2001，25 期。

政治中心（2013）。〈佔領內政部！818 晚會學生「聲東擊西」警察也傻眼〉，《ETtoday》。上網日期，2015 年 2 月 15 日，取自 http://www.ettoday.net/news/20130819/258613.htm

胡利均譯（2009）。《社會運動：1768-2004》。上海：上海人民出版社。（原書 Tilly, C. [2004]. *Social Movements: 1768-2004*. Paradigm Publisher, I LC.

胡泳、沈滿琳譯（2009）。《未來是濕的》。北京：中國人民大學出版社。（原書 Shirky, C. (2009). *Here Comes Everybody: The Power of Organizing Without Organizations*. Penguin Group USA）

胡慕情、鐘聖雄（2013）。〈「818 拆政府」民眾佔領內政部〉，《PNN 公視新聞議題中心》。上網日期：2015 年 2 月 15 日，取自 http://pnn.pts.org.tw/main/2013/08/19/%E6%8B%86%E6%94%BF%E5%BA%9C%EF%BC%81%E6%B0%91%E7%9C%BE%E4%BD%94%E9%A0%98%E5%85%A7%E6%94%BF%E9%83%A8/

梁鴻彬（2008）。〈千人和平遊行 野草莓學運落幕〉，《苦勞網》。上網日期：2015 年 2 月 1 日，取自 http://www.coolloud.org.tw/node/31531

終極邊疆（2005）。〈砍掉不用重練最快：看吳清和報導作假事件〉，《終極邊疆 BLOG》。上網日期：2015 年 1 月 14 日，取自 http://blog.

serv.idv.tw/2005/11/09/354/

郭芝榕、許躍儒、孫有蓉、黃湄評、陳誼珊、蕭遠、王玨玥、陳也禎
（2008）。〈野草莓人物採訪〉，《台大意識報》。上網日期：2015
年 1 月 14 日，取自 http://cpaper-blog.blogspot.tw/2008/12/blog-
post.html

莊豐嘉（2011）。〈台灣公民新聞崛起對公共政策之衝擊：從樂生、大埔
到反國光石化事件之比較分析〉。台北：台大政治所碩士論文。

陳韋綸（2010）。〈【1113 環保救國大遊行】萬人相挺彰化漁民 遊行拒
絕石化亡國政策〉，《環境資訊中心》。上網日期：2015 年 2 月 15 日，
取自 http://e-info.org.tw/node/60998

陳順孝（2005）。〈劈腿事件與劈腿媒體〉，《打造自己的媒體》。上網
日期：2015 年 1 月 14 日，取自 http://www.ashaw.org/2005/03/blog-
post_04.html

陳順孝（2008）。〈野草莓運動的傳播分析（草稿）〉，《打造自己的媒體》。
上網日期：2015 年 1 月 14 日，取自 http://www.ashaw.org/2008/12/
blog-post.html

陳順孝（2009）。〈台灣網路公民媒體的發展與挑戰〉。收錄在卓越新聞
獎基金會編《台灣傳媒再解構》，第 239—276 頁。台北：巨流圖書公司。

陳順孝（2012）。〈網路社會動員的繼往開來：反國光石化運動中的社會
科技基礎和行動策略演化〉。《傳播研究與實踐》第二卷第一期：頁
19—34。

陳瑞霖（2014）。〈激情抗爭！佔領立法院背後的科技支援運用〉，《科
技新報》。上網日期：2015 年 2 月 15 日，取自 http://technews.
tw/2014/03/20/the-technogloyy-behind-the-occupied-taiwan-parliament-
protest/

曾桂香（2014 年 7 月 28 日）。〈社群時代的財經大拜拜〉，《聯合晚
報》。上網日期：2015 年 2 月 15 日，取自 http://blog.udn.com/
geshela/14887023

黃彥棻（2014）。〈苦撐直播 30 小時 讓立院實況第一時間對外公開〉，
《iThome》。上網日期：2015 年 2 月 10 日，取自 http://www.ithome.
com.tw/news/86183

黃哲斌（2008）。〈公民新聞的網路實踐——以樂生療養院事件為例〉。
台北：政大新聞研究所碩士論文。

新聞 e 論壇（2014）。《街頭守門人：台大新聞 e 論壇反黑箱服貿運動報
導紀實》。新北市：衛城出版。

詹千雁、陸荸、游欣（2014）。〈太陽花學運 立法院內外分工有序〉，《生
命力新聞》。上網日期：2015 年 2 月 1 日，取自 http://www.vita.
tw/2014/03/blog-post_7497.html

蔡靚萱（2013）。〈揭開白衫軍素人軍團神秘面紗 我 19 歲 那一夜負責
25 萬人的秩序〉，《商業周刊》。上網日期：2015 年 2 月 15 日，取
自 http://www.businessweekly.com.tw/KArticle.aspx?id=51380

鄭秀玲（2013）。〈兩岸服貿協議對我國的衝擊分析〉。上網日期：2015
年 2 月 10 日，取自 http://www.slideshare.net/hungchengtu/ss-24730814

鄭國威（2006 年 2 月 24 日）。〈聯合報請向精神病患道歉（Portnoy 有
事相求，拜託大家！）〉，《龜去來嘻》。上網日期：2015 年 1 月
15 日，取自 http://www.bigsound.org/portnoy/weblog/001465.html

盧沛樺（2012）。〈鄉民全都「讚」出來：初探反國光石化運動的青年網
路實踐〉。台北：政大新聞所碩士論文。

戴廷芳（2014）。〈協調 1500 學運志工背後的關鍵工具：Hackpad 共筆服務〉，《iThome》。上網日期：2015 年 2 月 9 日，取自 http://www.ithome.com.tw/news/86022

蘇品瑄、李勁（2012）。〈樂生運動保留史〉，《廣場》。上網日期：2015 年 2 月 14 日，取自 http://ntusocsquare.blogspot.tw/2012/11/blog-post_4310.html

Wilson, J. (1973). *Introduction to Social Movements*. New York: Basic Books.

站在一條湍急的
河 流 當 中

一個舊媒體人的太陽花震撼

文／徐元春（資深媒體人）

離開台大快 30 年，沒想到再度回到校園，是因為太陽花！

離開這裡時，我一無所有，但是天不怕地不怕，自信自己一定可以闖出個名堂。這次再回到台大的教室裡，身分已經變成「資深媒體人」，一個聽起來有點門道，卻不知所以的稱號。唯一可以確定的是，資深代表了相當的資歷，也就是年紀！

這是台灣大學新聞研究所開的一門「公民新聞」專題課程。新聞所所長洪貞玲老師交給我的任務是，一起帶領課程中的 12 位學生，以參與太陽花運動中的各式新媒體為採訪對象，協助學生們採訪寫作，最後目標是集結成書、留下紀錄。

由於過去的工作經驗以及和新聞所老師們的情誼，對於這個邀約，我一口答應，沒想太多。當時沒有料到，這將是個讓我回顧過去 20 多年新聞工作，充滿激動、感傷、對話又讓人微笑的過程。

這 12 位學生來自不同科系、背景，其中甚至包括一位來自北京人民大學的交換學生。課程重點既然是新媒體，當然難免談到舊媒體。於是，我開始用自己親身經歷的媒體生涯經驗，向學生描繪舊媒體，一種從來沒有存在於他們世界的東西。

一邊講故事，這才發現，從舊媒體到新媒體，期間不過短短 20 年！我從那一頭活到這一頭，自己不覺得變老，但時代已經以光速轉動，從我眼前瞬時掠過。我像站在一條湍急的河流當中，看著兩岸，既疑惑又驚奇！

那是解嚴前的最後一年，1987 年，我剛跨出校門，進入隔年就要面對開放黨禁、報禁的媒體業，渾然不覺台灣

即將展開一段驚天動地的社會翻轉。

從小就喜歡寫作的我，很快就發現，自己找到了一個極其有趣又容易有成就感的工作。很多年以後，我才驚覺自己是多麼幸運；因為，除了記者工作，我這輩子可能無法做好任何其他事。

為了讓學生了解過去媒體運作的方式，我開始講故事，回憶當年每天讓我興奮不已的工作情況。就像電影裡演的一樣，報社辦公室給人的印象就是亂糟糟、鬧哄哄的。白天大家在外頭衝鋒陷陣跑新聞、搶獨家，傍晚回到報社，精彩的一天才正要開始；白天冷冷清清的報社，一到晚上總是燈火通明直到天色微亮。半夜截稿前的幾個鐘頭，偌大挑空的辦公室擠滿了為數眾多的各路英雄好漢，坐在堆滿文件的辦公桌前，一邊隨手扒幾口便當、一邊眼角瞄著牆上的時鐘，搶寫新聞趕赴深夜的截稿時間。

「那個時代，我們真的是在寫稿！就是用筆，把字寫在一格格的稿紙上！」我看到學生們不可思議的表情。回想起當年的稿子，排列整齊的格子依稀在眼前跳動，那紙張的味道彷彿還聞得到。為了改稿，主管桌上總是放了一把長尺。不滿意記者寫的導言，便「唰」的一聲用長尺把稿子前段導言給撕了，然後自己重寫黏上。因此，每個主管桌上都有一罐濃稠難聞的漿糊，後來膠水出現，才讓我們擺脫那股味道。

當時的報社，為了運作的效率，通常都把印刷廠直接設在地下室。編輯部每處理好一則新聞，就把稿子捲起，塞進一個透明的圓筒中，然後把圓筒丟進沿著牆邊、直通地下室印刷廠的管路中，於是稿子就「咻」的一聲，被扔到地下室揀字員的手上。

講到這裡，我問學生們，「把圓筒丟進管子送稿子，在電影裡看過吧？」有學生猛點頭，又一次露出吃驚的表情。

接著，我說到當年報紙製版的過程。稿子搭著圓筒下到地下室揀字員的手上後，揀字員用飛快的速度，面對牆上密密麻麻的鉛字模板，短短幾分鐘就可以撿出一篇 800 字的新聞稿。揀字員難免偶爾出錯，這時，第二天報紙就會刊登道歉啟示，就是角落的一個小方塊，小小標題寫著「手民誤植」。以前報界有一個最經典的「手民誤植」傳說，就是某報導寫老蔣總統與蔣夫人一起出席活動，蔣夫人手上提著「包皮」！聽說那個揀字員後來就不見了，這故事一直在報界流傳，真實性已不可考，但故事反映了當年白色恐怖文字獄的肅殺氛圍，還有當年鉛字排版揀字員這個已經隱入歷史的昏黃記憶。

當報紙出現錯誤時，「手民誤植」的更正啟示，只能在第二天報紙刊登，和現在網路即時新聞不斷更新的情況有天壤之別。舊媒體時代的訊息傳播，是以「天」為單位的。

我們到現在還總是說報紙的版面如何如何，我說，那時的版面真的是一塊版子，一張張的報紙是用揀字員排好的一塊塊版子印出來的。我問學生，有沒有聽過截稿前臨時出現大新聞，報社緊急「挖版」的說法？那個「挖版」可不是形容詞，是真的把版子其中一塊挖掉，重新填上新的新聞。說到這裡，學生們再次睜大眼睛，露出「哇」的表情，有學生驚呼，「好酷喔！」

站在教室前面，看著年輕學生聽我講故事驚奇的表情，突然感覺自己的記憶像恐龍化石。恐龍已經滅絕幾千萬年，人類只能從化石中去重現當年的怪獸。我菜鳥記者的青春記憶距今才 20 多年，為什麼在年輕人眼中已經是恐龍了？

那段帶著復古情趣的舊時代被強迫推著快速前進，電腦

排版迅速成為主流風潮，揀字員也走入歷史，成為消失的職業，就像不久前被裁撤而到處抗爭的國道收費員。而一向拿筆寫稿的老記者，開始面對人生的最大挑戰──電腦打字。

在網路世代長大的年輕人，自有記憶以來，就在手機、平板、電腦間長大，用鍵盤寫作天經地義。但是，對於一輩子拿筆的老世代來說，學習電腦打字簡直是個惡夢。記得那時，報社從一開始軟性勸導到後來下最後通牒，某月某日開始，除了少數大老級的社論主筆例外，所有記者不用電腦寫稿就準備滾蛋。為了讓一票抗拒新事物的記者盡快上線，報社還積極開設電腦課程，舉辦中文打字輸入比賽。當時最熱門的中文輸入法是「倉頡」和「大易」。各種輸入法雖然都號稱簡單易學，但是，光是記憶各種拆字準則就讓人傷透腦筋。後來，若不是根本不需學習的注音輸入法適時出現救了我，我還真不知如何面對這個歷史推進的過程。

講到過去報社還需要開電腦課教記者用電腦寫稿，同學們都笑了。有個很可愛的女生下課時跑來跟我說，「老師，我覺得你以前的故事好有趣喔！」我微笑了，很高興你們喜歡這個故事！

在網路捲起千堆雪之前，每天一大早出報的報紙，是社會大眾最主要的訊息來源；許多人一早沒看到報紙，就整天全身不對勁。報紙每天深夜截稿，半夜印報，以便趕上送報生清晨將報紙送到家家戶戶，所以人們大約要到早上六點左右，才會開始陸續看到昨天發生的大事。當時的電視新聞，剛剛從台視、中視、華視老三台壟斷的局面中慢慢蛻變，直到 1995 年年底，台灣才出現第一個全天候的 24 小時新聞台 TVBS。在那之前，電視新聞缺乏競爭力，

三台每天就只有早、午、晚三個相同時段、短短的新聞時間，所以社會重要的新聞訊息來源幾乎都是倚賴每天早上的報紙。至於後來出現的晚報，也只是在出報時間上做切割，多了一個中午截稿的報紙版面罷了。

回到今天這個新媒體時代，讓我們想像，如果我們轉動時間按鈕回到 20 年前，發生在舊媒體時代，太陽花還會是太陽花嗎？

我想，事情會是這樣的。

同樣的 3 月 18 日晚上九點多，一樣是微涼的早春，一群人聚集在立法院外舉辦反黑箱服貿晚會。突然，抗議群眾衝進立法院，這時，僅有的三家電視台早已過了晚間新聞時段，各家報社也已經接近當天截稿時間。我猜，總是會有幾個消息靈通的記者，收到緊急線報，在當晚截稿前得知這個突發狀況。只要是個真正的記者，這時肯定會火速衝到立法院現場，希望把握有限的截稿前時間，發出重大事件的短訊。但是，記者在緊急採訪之後，還是得回到報社發稿。因為，即使後來已經開始用電腦打字、排版，但網路那時還沒出現，無法連線。

我還清楚記得，曾經臨時爆發重大新聞，來不及趕回報社發稿，只能在外面匆忙借個電話，近乎歇斯底里地「唸」新聞，讓電話另一端的同事充當臨時抄寫員。那個時代，最先進的通訊工具就是呼叫器了，每當報社呼叫器嗶嗶響起，記者就瘋狂到處找電話，這種情節天天上演，後來甚至成為我夜半惡夢反覆出現的情節；在夢中，我總是在狂撥報社總機那個 2308 開頭的號碼，但那號碼卻不斷循環，讓我怎麼也撥不完！

所以，沒有網路、沒有手機的太陽花會是什麼樣子？

　　最可能的情況是，某些消息靈通的報紙，會趕在印報前緊急挖版，搶最後一刻放上一則簡短的報導。然而還是要直到隔天早上，大家才可能在吃早餐、坐公車或是進到學校、辦公室後，從報紙看到這個消息。沒有即時新聞，民眾自然不知道要在事發當晚相互串聯，群聚現場聲援學生。因此，官方有一整晚的時間，可以好整以暇集結警力，在後續支援群眾趕抵現場之前，就將立法院四周淨空。學生和群眾即使佔領議場，缺乏援兵增援反包圍，抗議群眾很快被一一抬出清場，應該是可以預期的結果。

　　可以這麼說，在過去那個沒有網路、沒有手機的舊媒體時代，318 開不出太陽花！

　　舊媒體與新媒體的主要差異，在於網路的出現。更厲害的是，各式行動裝置，尤其是智慧型手機的普及，使得人人都可以隨時隨地寫新聞，每個人也都可以成為一個傳播訊息的基地台。網路以等比級數的驚人速度傳播訊息，即時訊息彷彿可以穿越時空，傳播威力無遠弗屆，突破了傳統媒體的傳播路徑和模式。即使今天實體的報紙、雜誌還存在，但是，舊媒體世界過去運作的遊戲規則、傳播線圈和影響社會的路徑，已經完全被顛覆了！

　　和我一樣的上一代媒體人，夾在這新舊之間，眼看著湍急河流決絕地從腳下飛奔而過。雖然知道時代在改變，但調整自己很不容易。這聽來似乎沒有道理，但卻是事實。如果有人否認，他八成是在說謊。即使有些上一代媒體人現在也熱衷臉書、寫部落格、甚至辦網站，但是，因為我們是被迫進入這個新世界，我們的腦袋無法離開過去美好的記憶，那些讓我們熟悉安心的環境和感覺，那是我們賴以維生的生存基礎，那一切讓我們自我感覺良好。

一年後的 318，PTT 上出現了一個被推爆的發文：「去年 318 的時候，你在做什麼？」

老一輩的美國人永遠不會忘記 1963 年 11 月 22 日那一天，當他聽到約翰·甘迺迪總統遇刺的那一刻，他在做什麼？對於台灣這一代的年輕人來說，2014 年 3 月 18 日那個晚上，也將會是個畢生難忘的時刻。

318 一週年那天，我在網路上隨意遊走，看到無數人留言，回憶一年前，如何徹夜守在電腦前，不停滑手機，飢渴地尋找任何有關立法院最新消息的蛛絲馬跡，那種激動澎湃又焦慮不安的心情。

其中，一個年輕鄉民這樣寫道：

去年的今天，你在做什麼？我只記得我在瘋狂刷 PTT 八卦板，從來沒有這麼高的頻率在刷新 PTT，只希望能夠多知道一點最新的情況，那樣的亢奮讓人在夜裡輾轉難眠，那樣的焦慮讓人難以停下轉貼的動作，從來不在臉書表態政治傾向的我，終於也破功了。一年後的今天，我們似乎沒有撼動那些阻擋我們擁有真正自由民主的高牆，但我很清楚地知道，從那一天開始，我改變了。而且我也知道，有許多人跟我一樣。

離開第一線媒體工作時，網路世界正風起雲湧。為了保有生活的一點點單純，我暗自做了個讓我自己安心的決定，除了保留 email 以便維持跟外界的必要聯繫外，我遠離社群網站，把自己關在一個小小舒適的高塔裡，遠遠看著網路改變這個世界，也改變台灣。

在這段不算短的時間裡，我拒絕了無名小站、部落格、

網誌、噗浪、PTT，還有過去幾年網路世界最重要的臉書。

許多人問我要臉書帳號，聽到我沒有臉書時，那種「真的？」的怪異表情，總讓我有種小小的得意。許多人說，那你不會覺得無聊嗎？會不會漏掉重要的訊息嗎？

應該這麼說，我並不是完全拒絕網路。現在的我跟大部分年輕人一樣，已經不看紙本的報紙，也不太看電視新聞。但是，我從網路隨時取得我想要的即時新聞和資訊，於是，我還是第一時間知道日本 311 大地震、第一時間知道美國聯邦準備理事會的最新政策、第一時間知道鄭捷在捷運上瘋狂殺人。於是，我沒有錯過 2012 年的反媒體壟斷運動、2013 年的 25 萬白衫軍上凱道送仲丘，當然，我也沒有錯過 2014 年的太陽花。

「去年 318 的時候，我在做什麼？」沒有臉書、不上PTT 的我，回答這問題的答案跟年輕人很不一樣。

在 3 月 17 日，也就是太陽花爆發的前一天，立法院發生30 秒強行通過《服貿》的「半分忠」事件後，我陷入極度沮喪而絕望的情緒之中。因為，我知道，國民黨真的打算一意孤行、蠻幹到底了！對長期在國會佔多數優勢的國民黨而言，立法院其實只是行政部門的橡皮圖章，但為了強行通過半年多前，在上海偷偷摸摸簽下的《兩岸服貿協議》，執政黨已經連國會審查這個最起碼的程序正義都不顧了！

知道 318 晚上立法院前有個反黑箱服貿的晚會，但我並沒有打算參加，「去了又能怎麼樣呢？」那天是星期二，推算立法院的運作模式，最遲那週的星期五，執政黨就會將法案送全院院會強行表決。可以預料，反對黨會強力抗爭，國會殿堂上甚至可能再次爆發肢體衝突，但又如何呢？立法院還是會完成二、三讀，通過《服貿協議》。面對這個無法逆轉，將台灣往統一方向推進一大步，而且，必然將影響台灣未來言論自由、資訊安全、生活方式、文

化走向的重大條約，我，如同每個擔心這一切的台灣人，完全無能為力。

　　那天晚上，我早早回到家裡，餵了咪咪和小橘，我那兩隻每天在家門口等我的流浪貓，然後呆坐在客廳沙發上，等待。其實只是放空，不知在等待什麼。

　　突然，在晚上十點左右，接到一通電話，是個關心社會議題的熱血青年。手機那頭傳來他激動高亢到幾乎失控的聲音，「我們衝進立法院了！」我腦袋空白了好幾秒鐘，才會意過來。在這城市另一頭的國會殿堂發生大事了！當下，我沒有太過興奮，因為，按照過去街頭抗爭的常態，衝進立法院的學生和群眾，一定很快會被清場，不管是被趕出來或是被抬出來。

　　於是，沒有太過期待這個衝撞能改變什麼，只記得當時一再叮嚀年輕人要注意大夥安全。放下手機，趕緊打開電視，轉遍所有新聞台，卻完全看不到任何立法院的最新消息。各台名嘴還是一如以往，喋喋不休，不知在講些什麼。當時，真的感覺這世界是平行的。我坐在電視機前，彷彿回到 20 幾年前的舊媒體時代。我們的國會已經被幾百個年輕人衝進去了，但是，電視新聞卻還是一片寂靜，如火星般遙遠。

　　沒有多久，手機又響起，是遠從美國東岸傳來的簡訊，這回是新聞出版界的老前輩郝明義。他在前一年六月《兩岸服貿協議》簽訂的前一天，寫了一篇〈我們剩不到 24 小時〉的文章，緊急提出《服貿協議》的危險，對《服貿協議》開了第一槍！在那之前，絕大部分台灣人，包括立法院，都渾然不覺我們的政府正準備跟對岸的中國，簽一份對台灣命運影響深遠的協議。在那之後不久，郝明義也

因為諫言未獲總統馬英九具體回應，而辭去國策顧問一職。雖然意見不為當局所重視，他還是沒有放棄，一直不斷積極為對抗黑箱服貿而奔走發聲。

當時人在紐約的郝明義，顯然也已獲悉台灣立法院的突發狀況，隔著太平洋心急如焚，我的手機上不斷傳來他的一連串問號留言，「現在情況怎麼了？」不在現場的我，也只能透過手機，間斷獲得些許消息。「不知道啊！學生好像還在裡面。」出身媒體的他，立刻敏銳的想到，這種情況需要直播畫面。「聽說現在有些年輕人在監督國會，平時立法院不是都有線上直播嗎？趕快開始直播啊！」我一時不解，「什麼線上直播？」想了好一會兒才想到，他提的可能是立法院在開議時，對外提供的網路直播系統IVOD。「大哥，那是立法院官方的網路系統啊，他們不會播吧！」我心中苦笑。

時間過了午夜，突然，郝明義又傳來一則簡訊，「直播在這裡！」原來遠在美國的他先找到了議場內的直播畫面。透過無遠弗屆的海底光纖網路，他比人在台北、近在咫尺的我，更早連上立法院的佔領現場。之後，我們才知道，這應該就是後來在網路爆紅、靠著兩隻藍白拖鞋架起iPad，第一時間送出的立法院佔領即時畫面。那雙藍白拖讓我們見證了網路新媒體的神奇力量！

盯著現場直播直到清晨，不知幾時累極睡去。一早驚醒，趕快查看所有訊息。奇蹟似的，佔領議場內的學生們竟然還在！議場外周邊街道也早已聚集數千名前來聲援的群眾。帶著不可置信的心情往立法院周邊趕去，在立法院大門口，一個身形挺拔、眼神炯亮的大男孩叫住我，他是仁川亞運的國家隊選手，正在左營集訓。「你怎麼在這裡？」「剛好休假，網路上看到消息，很擔心，想說來現場看一下比較安心。」他是個心思單純的大男生，並不特

別熱衷政治，但是，在 319 太陽花開後的第一個早晨，我竟然在立法院抗爭現場遇見他。

之後，太陽花延燒了 24 天，期間發生了無數波折和故事。我幾乎每天都到立法院周邊逛逛，走在蜿蜒圍繞立法院的每一條巷弄中，看到沿著牆邊、空地，四處席地而坐的一張張稚嫩臉龐，跟我的兩個孩子何其相似！那時剛好接近學校的期中考，手上抱著書本 K 書寫作業的學生，就這麼安安靜靜地倚著牆，就著路燈的光源準備考試。問他們：「就要考試了為什麼還在這裡？」他們回答：「不來心裡不安！」

許多年輕人開始在立法院周圍道路靜坐守夜、直到天明。因為挺身對抗黑箱服貿，而被學生封為「護國天使」的台大經濟系主任鄭秀玲老師，回想起佔領行動第一週一個寒流來襲的半夜，天空下起傾盆大雨。她說，當天晚上在家裡被雨聲驚醒，就睜著眼睛到天亮，「那雨下得好大，想到年輕孩子們還在馬路上就睡不著！」

站在街頭，我是個參與者，但媒體人的 DNA 讓我更像個觀察者。心中細細記錄著現場出現的每一張面容，我很清楚知道這不是任何政黨、任何社運明星可以煽動聚集的。這是一場前所未見、完全自發的、鋪天蓋地的公民運動。一位野草莓時代的社運老將告訴我，從 2013 年的 803 凱道送仲丘，到 2014 年 3 月的太陽花，他在現場看到的都是「陌生人」，都不是過去社運熟悉的臉孔，這深深的震撼了他。太陽花完全顛覆了台灣過去社運的框架和模式，許多素人開始參與社會運動，成了統治者的最大夢魘。

我的兩個孩子都有屬於年輕人獨有的正義感，但都不是社運熱血青年，尤其是我那個性溫暖良善如無尾熊的男

孩。803時，他的姊姊和朋友相約上凱道去了，問他要不要也去聲援在軍中被虐死的小兵，「以後你也要當兵喔！」他一臉無辜的找藉口，「喔！聽說人很多啦，不缺我一個……而且……天氣好熱喔！」趁著大夥沒注意，他一溜煙躲進房間繼續打電動。

這個孩子，我從沒想過他有一天會走上街頭。

318太陽花運動爆發，那個週末正逢大學期中考試，他竟然告訴我，「丁丁約我週末回台北到立法院靜坐。」丁丁是他的高中死黨，沉默寡言、好打電動，但聰明過人、自律極佳，在大學唸資工系總是拿書卷獎，在班上被稱為「丁神」。當時無數中南部大學生正發起包租遊覽車北上，準備趕到立法院抗爭現場，「同學們，撐著，甘道夫增援來了！」遠在南台灣的兩個大男孩，也在討論那個週末要不要丟下期中考、殺回台北的立法院。後來，還好因校園聲援靜坐晚會適時出現，讓這兩個宅男得以就近參加、宣洩心情，暫時紓解了非回台北不可的壓力。

之後，丁丁參與了PTT發起的募款登廣告專案，還捐了零用錢。接下來的週末是330大遊行，這兩個大男孩聯繫了其他高中同學，一夥人頭綁布條，上街頭去了！我幫他們拍下照片，記錄這個時刻，還有他們一張張稚嫩純真但堅定的臉龐。這是他們的「成年禮」！

330那天，我和幾個友人被已經塞爆的重重人牆阻隔，完全無法向凱道接近。最後，我們放棄推進，一群人坐在忠孝東路上的監察院牆邊，連續幾個鐘頭數著來往人潮，只見黑衣人一波波不斷從台北車站和捷運站湧出，強烈感覺那天的黑潮湧動絕對不止50萬人。坐在附近有一群打扮如東京銀座常見的時髦年輕人，在離去時把手上裝在美麗瓶

中的太陽花送給我，我笑著謝謝收下、一切盡在不言中。

晚上回家餵流浪貓時間已晚，看見騎樓下坐著一對年輕情侶，正在逗著我那超級可人的流浪貓咪咪玩，女孩手上拿著一枝太陽花。離去時，我跟他們輕聲說「加油！」，他們會意但靦腆的不知如何回應，還沒有完全社會化的他們，只是傻傻的笑著。

很想問問每個人，特別是年輕人，「你為什麼會在這裡？」、「你是怎麼長大的？」、「你的父母知道你在這裡嗎？」「他們支持你嗎？」每一張熱切純真的臉龐，相信背後都有一個獨特而動人的故事。尤其聽到許多因為太陽花而引發的家庭世代衝突，我當時心中暗自許諾，如果有機會，要努力把這些人的故事寫下來，記錄這一切，以免我們以後有一天忘了！

這本書，就是我答應自己的承諾！

我一直都知道，參與、關心太陽花的年輕人，大多不是為了自己而來。他們站出來，是為了保護我們的生活方式和民主價值。經營出版社、跟我一樣是舊媒體人出身的妹妹仲秋，過去總是對台灣的未來悲觀，因為她覺得，「我們這群老人擔心的國家前途，年輕人似乎不在乎！」我走在那抗爭現場，看著以學生、年輕人為主力的街頭游擊隊。他們有的身著奇裝異服，有的一臉酷樣，但面對歷史時刻，他們堅定的站出來，寧願不去看電影、不逛街、不唱 KTV，也不在家打電動，他們夜以繼日、一波波相互支援，守衛著議場每一個大大小小的進出通道，就怕萬一防守疏漏了，佔領的議場會被警察攻堅突破。相信妹妹現在一定覺得，「很高興我錯了，年輕人他們是在乎的！」。

在這過程中，年輕人無所畏懼的熱情和勇氣，也鼓舞了上一世代的我們。在《服貿協議》簽訂後，立法院才在壓力下緊急召開一系列的公聽會。交大資訊工程系特聘教授林盈達在會中，拚命呼籲大家重視服貿對中國開放二類電信的危險，結果完全是狗吠火車。事後證明，執政黨根本不想聽任何意見，早就打算蠻幹、一字不改通過服貿。在太陽花運動落幕後的一場演講中，他說了一句讓我永遠難忘的話：「太陽花學生教會我這個老師一件事，就是，對付這個野蠻的政府，用文明的方法是行不通的！」

在運動期間，林盈達老師和台大電機的林宗男老師、成大電機的李忠憲老師，三位教授一起發起了反對服貿對中國開放二類電信的連署行動。連署的起因，是由於國家通訊委員會（NCC）主委石世豪公開在立法院說：「對中國開放二類電信很安全，只有三個學者反對！」結果，這個行動後來號召了近千位電機資工領域的學者及業界專家熱烈連署。

記得在啟動連署前，我深夜寫信，聯絡人正在日本開會的台大電機系教授陳良基，請他支持這個行動。他是電資學界重量級指標人物，如果他能夠一起發聲，是非常有分量的。但是，因為他同時身兼台大副校長的行政職位，如果他感到為難婉拒，我心中其實是可以諒解的。隔天早上，很快收到他的回信，簡短而堅定，「看過連署內容了，真的很重要，顯然政府官員有人被誤導了……把我的名字加進去吧！」說實話，當我打開那封 email 時，心裡七上八下，不是害怕自己期待落空，而是在那個太陽花綻放如火的季節，多麼希望能讓學生們、年輕人知道，他們在做對的事，許多老師也勇敢的跟他們站在一起。當下，我心中暗自擊掌，「謝謝你，老朋友！」這話一直留在心裡，直到這本書才有機會說出來。

學期結束，我開始修改學生交來的採訪寫作作業，為出書做準備。讀著一篇篇記錄當時年輕人在各個角落為這場運動留下的痕跡，還是忍不住激動。看著 330 那天，各地聲援行動留下來的影片，澳洲伯斯一個年輕台灣女孩對著鏡頭哽咽的託付叮嚀：「你們要加油，好好保護台灣，等我們回去，還是我們的台灣喔！」巴黎艾菲爾鐵塔前，一個說著漂亮法文的斯文台灣男孩，背著擴音器，用溫暖又堅定的法文說道：「我們，作為台灣人，為求改變，我們要抗戰，目的是為，繼續做台灣人！」那是滅火器樂團〈晚安台灣〉中，「想著你的過去，受盡凌辱，甘苦很多年！」只有台灣人才能互相理解的悲傷與苦難。

一年多之後，就在本書截稿前夕，傳來如下最新的新聞：

……為撇清亞投行（亞洲基礎設施投資銀行）決策的黑箱爭議，網路直播主持人行政院發言人孫立群更在訪談中不止一次抨擊服貿協議流程，指「服貿協議是談完、簽好了，硬要台灣人民吞下去」……

……和亞投行的情況完全不同。針對外界質疑台灣加入亞投行決策黑箱，宛如簽署《服貿協議》的過程翻版，國民黨中央政策會執行長賴士葆今（1）日強調，「這跟《服貿》差太多了，《服貿》是一開始簽什麼我們都不知道」……

一年前，他們說學生、年輕人是「暴民」；一年後，政客終於說實話。

站在教室前面，跟年輕學生回憶跨越近 30 年的時間激流，看著自己投入一輩子的媒體，從石器時代光速飛進這個剛剛開始萌芽的網路新媒體時代。當 www 出現時，我們媒體人經常閒聊，假裝自己知道網路就要改變世界，胡亂猜想預言，有一天紙媒、報紙雜誌將會消失，甚至會出現個人媒體。結果，這一切真的發生了，而且新媒體改變世界的力度，遠遠超過我們當初天馬行空的想像。或許因為當初只是瞎說，從沒打從心底真的相信網路的力量，即時親身目睹這一切在眼前發生，看到網路新媒體對台灣造成的衝擊和改變，還是覺得像夢境般不可思議！

　　我跟學生說，當年的我們站在大時代的浪頭上，自己卻渾然不覺。不知道台灣歷經威權統治、白色恐怖近半世紀，在政治上即將要跨進全面民主、政黨輪替的新局面；在經濟上，台灣高科技業即將在世界崛起，成為亞洲科技島，帶動產業結構全面翻新，造就了「亞洲四小龍」的台灣經濟奇蹟。

　　下課後，學生很有感觸，跑來跟我說：「老師，你們當年真的是大時代耶！」我說：「你們現在也站在另一個大時代的浪頭上啊！」記得在〈島嶼天光〉的 MV 影片中，看到一個不知名的太陽花學生，背上貼了一張讓人心驚、強大無比的話：「我們長大以後，都不要變成我們討厭的那種大人！」我默默的在心裡祈禱，「希望你們永遠記住這句話，因為，有一天你們很快也將變成大人。」太陽花就是你們共同的記憶，不要忘了有一年三月，你們堅定吶喊的那句話：「因為我們是，民主的台灣！」從這裡勇敢出發，抬頭挺胸，這是你們自己的大時代！我們就在背後，不要怕！

後記

　太陽花，在這個島國改變了許多人、撼動了許多事；我的兩隻流浪貓，親人的咪咪跟著我回家了，膽小怕生的小橘還在外面流浪，繼續是我每個晚上的牽掛。

　一年了，當初的震撼還在持續，太陽花其實沒有落幕。謹以此與所有親身參與或精神支持太陽花、我所認識或不認識的你們，共同記錄這段過程的歷史與未來。■

專題報導

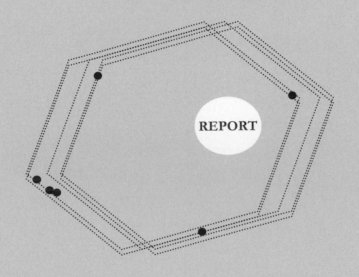

REPORT

●沃草

●新聞 e 論壇

●社運影音直擊：
　公庫、　攝護線

●零時政府 g0v

●PTT

●太陽花國際部

●海外 330 行動

文／吳柏緯、郭浩田

降低公民參政門檻

沃草要讓監督政治變有趣

立委張慶忠強行通過服貿後，沃草以此漫畫諷刺只聽馬意不聽民意的立委，並隨後整理出「黑箱服貿懶人包」。（圖片來源：翻攝自國會無雙網站）

2014 年 3 月 17 日，當天，立法院內政委員會主席是國民黨籍立法委員張慶忠。於委員會裡，他在一團混亂的推擠中，僅用 30 秒的時間就宣布《兩岸服務貿易協議》審查完畢、送院會存查。

這 30 秒、半分鐘，之後被證實是台灣國會歷史上最讓人難忘的一刻！網路上也很快把這離奇的 30 秒戲稱為「半分忠」。隔天，也就是 3 月 18 日，以學生為主的一群民眾，在晚上衝進並隨即佔領立法院，開啟了延燒 24 天的太陽花運動，或稱 318 運動。

在 3 月 17 日當天，「沃草」透過其國會無雙網路平台，立刻將這場委員會的影像上傳並報導。這樣有違國會議事

民主程序的荒誕劇情，立即在網路上引發熱烈討論，「黑箱服貿」與「半分忠」瞬間成為網路上的熱門詞彙。隔天，在太陽花運動爆發前的不到十小時，沃草再接再厲，又在網路上發了一份服貿議題懶人包「台灣民主危機——黑箱服貿 30 秒強行闖關始末」，用簡明的文字，解釋了《服貿》的來龍去脈。這份懶人包最早發布在沃草的粉絲專頁，很快就有超過千人按讚、分享。懶人包很快又刊登在《蘋果日報》的即時新聞網站上，當天就有超過十萬人點閱，這個服貿懶人包很快的在網路世界被瘋傳。

在張慶忠的 30 秒荒唐演出之前，雖然已經有許多學者和民間團體在拚命大聲疾呼《服貿》可能造成的負面效應，實際上，台灣社會對服貿議題的關注是相當少的。沃草在太陽花運動之前，也曾發出多則關於《海峽兩岸服貿協議》的新聞，至今仍可以在國會無雙的網站上找到。但是，在 318 佔領立法院前，這些報導所吸引的民眾關注也並不多。不過，這些先前的觀察、追蹤和報導，在這歷史的關鍵時刻正好派上用場，沃草也才得以在「半分忠」強行闖關《服貿協議》後的短短一天之內，於局勢還在一團混亂的時刻，以最快的速度，提供一般民眾精簡而完整的正確相關資訊。

「我們在這之前就耕耘了好幾個月的時間，像是《服貿》或自經區開過的公聽會以及其他會議的錄影剪輯、戰報，在沃草的網站上都找得到。」沃草的共同創辦人與執行長柳林瑋這麼說。緊緊盯著國會，不要讓立委亂搞，就是沃草這個網路公民參政平台創立的初衷。

被問到沃草這個獨特的公司名稱的來源，柳林瑋一臉認真的解釋，「沃草」兩個字是來自於網站英文名字「Watchout」，中文就是「公民社會的肥沃草原」，「而我們就是要做深耕沃草的農夫」。雖然柳林瑋說起來一本

正經，但是，「沃草」這兩個字唸起來，還是難免讓人聯想到台灣的庶民草根飆罵用語，加上沃草的主視覺 logo 是被戲稱為「草泥馬」的羊駝，這些文字和圖像的連結，更強化了沃草的草根性與在地性。「草泥馬」用字最早源自於中國，是中國網友為了規避網路對於特定詞彙的審查，而發展出來發洩情緒的用語，現在台灣年輕人也廣泛使用這個詞彙。立志作為一個國會監督的媒體，沃草推出這個網路平台，光是名字就讓人記憶深刻。

沃草創立之初，用「草泥馬」的概念設計吉祥物，年輕、幽默的方式獲得年輕人的喜愛。（圖片來源：翻攝自沃草 Facebook）

生活即政治　而且是有趣的政治

以往在台灣，政治往往被視為骯髒、危險的東西。長輩時常告誡年輕人不要碰政治，一方面是因為過往白色恐怖的歷史經驗，另一方面則是對於現今政治的不滿與失望。這也影響許多人在談論任何議題

沃草的吉祥物「阿草」逐漸進化，現在是個可愛、幽默的形象。（圖片來源：翻攝自沃草 Facebook）

時經常會這麼說，「我們今天不要談政治」、「XX歸 XX，政治歸政治」。但是我們的生活真的能與政治清楚分割嗎？柳林瑋說，正是出於對這現實的無奈、不解，才會有沃草的誕生。

「我們的生活，食衣住行育樂都與政治有關。沃草想做的是，讓民眾知道生活即政治，至於要如何讓民眾知道，那就是要降低政治參與的門檻。」柳林瑋說，台灣現行的代議政治，人民往往習慣透過選舉將權力賦予特定的代議士後，就任由這些人玩四年，完全沒有辦法監督，即便有所不滿，也只能等待下一次的選舉。「我認為當民眾知道生活即政治，而且參與政治的門檻變低後，他們就會想要拿回他們政治上的權利！」

根源於對代議政治的不滿、國會失能、人民想要監督卻不

得其門而入等種種失序狀況，沃草在 2013 年年底誕生。立志當一個監督國會的專業媒體，秉持著「趣政治化」與「降低公民參政門檻」的理念，沃草投入了公民意識逐漸覺醒的台灣政治浪潮中。

網絡新媒體與主流媒體合作　爭取曝光率

這群平均年齡不到 30 歲的年輕團隊，很快就面臨了第一個困境。沃草是初來乍到的媒體及網路平台，主要關注的題目又是一般人比較不感興趣的國會監督，不要說降低政治參與門檻的目標了，要如何讓更多人認識並看到沃草的東西，就是一個大問題。

在沃草之前，台灣並非沒有人在做國會監督的工作，包含任何人都可以看到立法院的議事轉播「IVOD」以及「公民監督國會聯盟」的「國會 ONLINE」，也都結合了網路科技，為國會監督做了相當的努力。

如何讓更多人，尤其是年輕人願意去關心，並進而討論國會運作呢？沃草團隊不斷討論，並嘗試各種可能的方法。最後，沃草很快決定與主流媒體合作，第一個合作的對象是蘋果日報。之後沒多久，合作對象更擴大至《Yahoo! 奇摩》、《udn 聯合新聞網》、《自由時報》電子報等。現在，在這些台灣最重要的主流媒體網站上，都看得到沃草報導的新聞和國會報導的各種影片，包括以有趣角度剪輯記錄立委各種表現的「國會無雙」好球、烏龍球，甚至界外球等。

How to Watchout?

2013 年 10 月，沃草誕生。在這之前，柳林瑋等人才剛

結束「公民 1985 行動聯盟」的一連串街頭運動。正是經由這些運動，他們體會到國會監督的重要性。如果力量只能留在街頭，而無法傳達到核心去真正影響決策，那麼社會運動的努力都是白搭。

「與我們生活相關的事物都在國會中被討論，而在這背後一定有很多的團體與力量在互相影響，所以盯住（Watchout）國會是一件重要的事！」柳林瑋說。但台灣的問題何其多，沃草很難面面俱到，即便是只鎖定在國會，都存在議題取捨的問題。沃草從一開始就決定，取捨的主要標準就是「自由、民主與人權」，因為這是我們社會最基本的價值，也是與多數人民最切身相關的議題。兼具圖文報導與議事直播、剪輯的「國會無雙」，於是在這背景下，成為沃草最早開始的網路平台。

沃草的團隊成員並不多，約莫只有十多人，都是 20、30 歲出頭的年輕人。他們在各自不同領域學有專精，從負責網站工程架構的資工、電機、數學背景，到財經、企管、廣電、美術、哲學、人文、社會等多樣的學科領域（團隊中甚至有一位醫生，就是執行長柳林瑋）。整個團隊因為所學背景、思考方式不同，在辦公室自由開放的氛圍下，經常出現類似學術討論辯證的場面，激發出有趣的火花。眼下流行的「跨界」說法，在沃草一個團隊內就實現了。

團隊中負責採訪的記者，過去多半沒有任何媒體背景，全憑熱情，邊做邊學，努力將監督國會和公民參與的訊息向外傳遞。2014 年 2 月才到沃草任職的阿展就是一個例子。

阿展念的是社會學，目前還是社會學博士候選人。他長期參與社會運動，是大家口中戲稱的暴民。「雖然沃草主要是跑國會的新聞，但因為我自己背景的關係，我也同時關注社運事件。」阿展說，社會運動與國會事務其實關聯

性很高，往往都是因為國會的失能、錯誤的法令決策，才造成社會運動與人民街頭抗爭。因此，參與社會運動也能對國會及法案造成影響。

沃草團隊全員投入太陽花運動

沃草創立的宗旨是監督國會，因緣際會，創立初期就趕上佔領國會這個驚天動地的太陽花運動，沃草也順勢立刻調整自己參與的角度。318 之後，立法院議事完全停擺，沒有議案、沒有會議，這似乎讓「國會無雙」失去監督國會運作的舞台。不過，換個方式思考，既然佔領行動發生在國會，當然也算是國會新聞，盯著太陽花運動不也是盯著國會嗎？於是，從 318 開始，沃草就全員出動，統統都到了立法院現場，開啟了 20 多天的馬拉松式採訪、報導。

沃草的共同創辦人及發言人林祖儀回憶太陽花運動那段時間，沃草的工作夥伴並沒有特別約好，但彼此為了各自不同的任務，分別都到了立院現場。「雖然我在 318 那天就衝進去了，但是後來因為還得要上班，所以只能在下班後到那邊靜坐聲援。」柳林瑋因為醫師的身分，在運動之初便進入議場，提供現場的學生、民眾及警察必要的醫療援助。318 當天晚上，阿展也在事件現場，同時也是第一波衝進立法院的人之一。「但我當晚不是代表沃草的記者，當時是因為我的樂團在 318 晚會有表演才去的。」除了是沃草的記者，阿展的另一個身分是地下樂團「農村武裝青年」與「勞動服務」的鼓手。

他說，當晚表演結束沒多久，現場就開始騷動，他聽到有人大喊「衝啊」、「快進來」，在還搞不清楚狀況的情形下，他就跟著其他人一起衝進立法院了。無心插柳柳成

蔭，在議場內的阿展立刻將現場的照片與見聞，貼上自己的 Facebook 與農村武裝青年樂團的粉絲頁；他也同時將照片傳給沃草的同事，透過沃草，讓更多的人能夠知道議場內發生的事。

在佔領行動之初，整個沃草團隊便進駐立法院議場開始報導。他們利用既有的國會無雙平台、沃草網站，以及合作的主流媒體，刊登太陽花運動的相關採訪報導；沃草同時將採訪到的新聞影片上傳到 YouTube，讓全世界能夠更容易獲取最新的新聞資訊。

即便運動結束已經超過一年，但在網路上用關鍵字搜尋，或直接到沃草的網站上，仍然可以看到佔領運動初期的許多相關報導。透過這些報導的文字和畫面，反映了當時每晚現場群眾都擔心被攻堅、清場的心情。沃草的小小辦公室，因為鄰近立法院抗爭現場，每晚沙發上、地板上都睡滿前來聲援運動的年輕人，稍晚一點就一位難求。有些沃草成員就裹著錫箔紙，在立法院外的街頭跟學生群眾們一起守夜。幾乎全員全程參與太陽花運動的沃草團隊，回想當時，還是心情激動難以平復！當時誰能想到這場運動最終能持續長達 24 天？

在國會無雙平台因太陽花運動而展露頭角的同時，沃草的另一個網路平台「市長，給問嗎？」，隨著 2014 年年底九合一大選的步步逼近，也日漸被社會大眾注意。

當參選成為事實　給問就是義務

「給問？」在 2014 年的台灣，已經成為一個大家琅琅上口的流行語，好像不論談到誰，只要想要知道有關他的事，大家就會對他說：「給問嗎？」。像是邀請台北市市長候選人在線回答鄉民疑問的「勝文給問嗎？」、「柯 P

給問嗎？」，以及 PTT 邀請知名人士與鄉民對談的活動「鄉民給問嗎？」，甚至許多民間團體在陳情抗議時，都會以「XX 部長給問嗎？」做為行動訴求或標語。這個輕鬆有趣的語氣，其實來自 2014 年 2 月，沃草開始設計規劃的「市長，給問嗎？」。而這個句法的發想，根據柳林瑋解釋，其實是來自網路的一句戲謔語：「妹仔給虧嗎？」

「當一個人要出來選舉，他就應該跟選民說清楚他的政見是什麼、他的立場是什麼、他對於議題的態度是什麼，而且必須直接回應選民的質疑。」我們認為，「當參選成為事實，給問就是義務。」柳林瑋說，選舉就是一場大型

在 2014 縣市長選舉，沃草推出「市長給問嗎？」網站，倡議「當參選成為事實，給問就是義務」，成功讓台北市主要候選人都上網回答人民問題。（翻攝自 wethepeople 網站）

的面試，每位選民都可以面試候選人，然後在多方評估之後，決定把自己神聖的一票投給誰。

「市長，給問嗎？」是一個雙向、即時的互動平台。任何一位網友，都可以向候選人提出自己所關心的議題。以台北市市長選舉為例，每個問題只要累積 500 位網友聯署，就會自動成案；一旦成案，承諾加入「市長，給問嗎？」平台的候選人，就有回答的義務。

受限於資源，「市長，給問嗎？」在九合一選舉期間，只成立了台北與台中市市長選舉的兩個平台。當時的台北市市長候選人柯文哲、連勝文、馮光遠、李宏信，以及台中市長候選人林佳龍，都在平台上回答網友的許多連署提問。網友提出的問題五花八門，除了眾所關切的勞工權益、居住正義、環境保護、同志婚姻、核四存廢、國家定位、兩岸關係等嚴肅議題外，也有「台北爆發殭屍危機怎麼辦？」如此看似荒謬的題目突破 500 人的聯署門檻，成為候選人的必答題。

「殭屍危機」只會發生在影視或小說之中，對很多人來說，這樣的問題完全不切實際。然而，這個極富想像力的問題，其實非常具有啟發意義。美國的疾病管制局（CDC）就將殭屍視為公衛問題，並在官方網頁上架設了一個專門介紹殭屍危機的部落格，教導民眾面臨殭屍危機時應該怎麼辦。美國的緬因州、加州，也都曾舉行防止活屍入侵的演習。台北市市長候選人馮光遠就接受挑戰，提出包含如何緊急應變、疏散以及尋求協助等的方案，鉅細靡遺的回答，使他獲得超過 1,500 位網友按讚支持，成為「市長，給問嗎？」平台上最受好評的回應。

事實上，「市長，給問嗎？」的影響力，發生得比大家預期的還要早，它早在 318 之前就已經開始影響台灣的政治了。2014 年 3 月 9 日，民進黨舉行了首場台北市市長選舉黨內辯論，在第二階段的提問與回答的四道題目中，有兩題就是由沃草的「市長，給問嗎？」網友連署最熱門的題目中抽出。這兩個題目分別是「你如何理解年輕人在台北市工作生活的巨大經濟壓力感？」，以及「您是否願意公開所有競選的收入以及支出提供民眾檢視？」

雖然不是民進黨黨員，當時參加國民黨台北市市長候選人黨內初選的立法委員丁守中，就主動回應民進黨黨內初選時的熱門網友提問，並承諾公開競選收支。他表示自己在立法規定之前，就已經主動公布自身財產，並完整透明申報每次的立委競選經費。

為了更發揮「給問」的效果，在選戰後期，沃草結合了給問連署和網路直播，先後舉辦了多場線上給問直播，包括協助網路社群 PTT 架設給問連署平台，進行台北市市長候選人柯文哲、連勝文、馮光遠給問。沃草還與《蘋果日報》、Google 合辦前總統李登輝先生的「阿輝伯給問」，該直播創下網路同時上線人數高達十餘萬人的空前紀錄。

市長候選人報導　意外讓老兵街友趙衍慶爆紅

　　在最受矚目的台北市市長選戰中，所有的媒體鎂光燈都聚焦在最被看好的連勝文和柯文哲兩人身上，頂多再加上早就宣布參選的第三位候選人馮光遠。沒想到在法定登記期限前，候選人多冒出了四位，成為史上最多的七人。但是最後才加入的四位候選人都不具社會知名度，也自然幾乎被所有的媒體遺忘。「市長，給問嗎？」既然是個平台，理所當然要對所有候選人一視同仁，所以沃草也主動邀請後來登記的四位候選人上給問平台。

　　為了讓選民更加了解他們的故事與政見，沃草先前已經幫前三位早已表態參選的候選人錄製了介紹影片。但是，對於後四位參選人，受限於時間，很難製作影片。沃草於是決定推出一個書面的系列報導：「你不知道的台北市市長參選人」。沒想到這個舉動後續引發了一個意想不到的故事。

　　系列報導的的前三篇都進行順利，沃草記者一一採訪了候選人，也很快完成了相應的報導。但是，最後一篇，一位籍貫山東省曹縣的二號候選人趙衍慶，卻讓沃草記者傷透腦筋。他似乎不開手機，多次簡訊也得不到回覆。沃草的林祖儀只好循線前往中選會公告的候選人地址，希望親自遞交「市長，給問嗎？」的邀請函，卻赫然發現趙衍慶的住址竟然位在公園內，是一排老房子的其中一戶，房子門上還貼著一張「趙衍慶外出」的紙條。撲空了三次，遍尋不著，林祖儀只好退而求其次找鄰居聊天，希望可以打聽到一點有關這位神祕候選人的蛛絲馬跡。原來趙衍慶是個退伍老榮民，在台孤身一人，平日以拾荒為生，行蹤飄忽不定。更令人驚奇的是，這並不是趙衍慶第一次參與公職選舉。當然，他過去每選必輸，次次低票落選。

當面訪問不到，但為了完成系列報導，沃草還是透過整理趙衍慶之前的參選資料，以及對鄰居、台北市選委會工作人員和馮光遠的採訪，在 10 月 31 日刊登了「你不知道的台北市市長參選人系列四：老兵街友趙衍慶：屢訪不遇的台北市市長候選人」。該文描述一個街友老兵，為了讓自己被社會看見，不惜花費注定收不回來的 200 萬元保證金，登記參選的故事。報導一出，立刻在網路被廣泛傳閱。

在這篇報導之後，網路上出現另一篇關於趙衍慶身世的文章「200 萬說一個故事：78 歲台北市市長候選人趙衍慶」。這篇文章敘述了趙衍慶當年如何跟著部隊從大陸一路流亡至澎湖，在澎湖經歷了被稱為「713 事件」的屠殺案，最終到了台灣。充滿戲劇性的人生故事，立刻引起許多網友的共鳴，很多人也因為這篇文章才知道澎湖曾發生「713 事件」。然而，這篇文章刊登後沒多久，就被網友指稱內容有誤；後來，趙衍慶也出面澄清這篇文章的許多謬誤。然而透過網路的力量，神祕的趙衍慶已經成為連柯兩人之外，最受矚目的候選人。這個效應甚至讓趙衍慶最後在市長選舉中獲得 15,898 票，位居第三，得票數甚至高出另位較為人熟知的候選人馮光遠一倍。而這一切，都是源自沃草最早發表的候選人系列有關趙衍慶的報導。

借鏡德國國會監督網站 PW

柳林瑋說，沃草監督國會的概念，其實源自於德國年輕創業家哈克（Gregor Hackmack）創辦的國會觀察（Parliament Watch，簡稱 PW，德語為 Abgeordneten Watch），一個有 95% 的當地議員加入與選民互動的平台。2014 年 7 月 19 日，沃草團隊的柳林瑋與林祖儀，和剛剛領到美國年度民主大獎的哈克，並曾在台北進行了一場公開對談。

哈克創辦 PW 已經十年，PW 改變了德國政治的許多現象、創造了新的政治對話機制、幫助推動民主前進。從 2004 年到現在，德國民眾總共在 PW 平台上提出超過 164,000 個問題，目前累積超過 132,000 個回答，政治人物答題率超過八成；九成以上的德國國會議員，至少在 PW 網站上回答過一個或以上的問題。這個網站透過排名表、同儕壓力、政黨競爭、媒體合作、績效評比、社群轉發等機制，給政治人物加入平台的誘因及壓力，進而要求他們上網面對民眾提問。PW 的研究團隊也會分析每個國會議員的出缺席、投票情形、質詢狀況，以及其他公開資料如業外收入等，並做出詳細的分析報告。

　　哈克說，「網站在 2004 年創立之初，兩位創辦人都只有 25、26 歲，當時許多人都不看好他們，覺得這網站兩個月內就會做不下去。但事實證明，候選人來來去去，這網站卻活了下來。」

　　哈克於 2003 年在倫敦求學時，曾發起高達 200 萬人參與的反戰大遊行，反對英國出兵伊拉克，但兩週後，英國國會仍以壓倒性票數通過開戰決議，這讓他感到非常震驚。「在絕大多數民眾表態的情況下，國會竟然還是做出跟民意截然不同的決定，可見這個制度一定出了問題！」所以他回到德國漢堡後，便開始了創業的想法，希望能透過類似「面試」提問的方式，讓民眾讀完候選人簡歷後還可以提問，藉此讓自己更清楚票該投給誰。

　　和十年前的德國網站 PW 類似，十年後，台灣也有一群年輕人正在為監督國會、降低公民參政門檻而努力。林祖儀坦言，沃草的絕大多數夥伴，若在其他地方工作，一定可以獲得更高的薪水。但他們選擇放棄追逐高薪，為了共同理念，一起在沃草從事一場實驗與冒險，懷抱的是對推動台灣民主的熱情。2014 年的太陽花運動和年底大選結

– 重大議題整理事件始末，並持續追蹤事件發展 –

沃草針對立院內各項重大議題，做出許多報導與整理，讓民眾能夠有脈絡地理解國會的大小事。（圖片來源：翻攝自 flyingV「沃草！國會無雙 2.0：自己的國會自己督！」募資專案）

果，沃草證明了它存在的價值。相信接下來的 2016 年總統、國會改選，沃草會繼續扮演公民監督的角色，一定不會缺席。■

文／吳柏緯

年輕醫生呼喚25萬超級英雄

柳林瑋創沃草走上意外人生路

323深夜，鎮暴警察在行政院驅離抗爭群眾和學生時，柳林瑋要將受傷民眾送醫，當時中正一分局局長方仰寧堅持要柳林瑋簽名才放行，柳林瑋認為違反《醫療法》及人道，蹲在地上一邊幫患者止血，一邊跟方仰寧抗議。（許翔攝影）

在還不到兩年前，柳林瑋還只是個沒沒無聞的路人甲。2013 年 6 月，他剛從部隊以少尉醫官的身分退伍。和每年數以萬計的台灣年輕人一樣，年紀到了就去服義務役，時間到了就退伍，退伍之後就進入職場，這些都是理所當然的人生必經過程。然而，就在退伍前幾天，放假回家上網看到的一則小新聞，卻意外改變了柳林瑋的人生方向。如今，除了執業醫生的身分之外，他是台灣新崛起的公民參政網路平台——「沃草」的創辦人及執行長，也是公民運動的積極參與者。他的 Facebook 有將近四萬個粉絲，他在 Facebook 上發表的簡短評論，經常被主流媒體引用，甚至引發社會大眾的廣泛討論爭辦。

　　這一切都源自於那則不起眼的小新聞。一位和柳林瑋素昧平生的小兵洪仲丘，原本應和柳林瑋同一天退伍，卻在退伍前幾天在軍中疑似被虐死。出於單純的義憤，柳林瑋在 PTT 上發文，號召大家去國防部前快閃抗議。本來不抱任何期望的柳林瑋，做夢都沒想到這個原本以為只是小小規模的快閃行動，僅憑單純的網路串聯，竟會激發出之後震驚全台灣的「803 白衫軍上凱道送仲丘」25 萬人大遊行。

　　其實，803 的 25 萬白衫軍送仲丘，並不是柳林瑋第一次參與社會運動，早在醫學院的學生時期，他就曾經組織、參與過社會運動，而且從中感受到網路的強大力量。

外國醫事學歷抗爭　看見網路的力量

　　2009 年的波蘭醫生學歷事件，是柳林瑋投入社會運動的起點。當時，一群子女在東歐留學習醫的家長組成遊說團體，希望立法委員能移除「醫師法修正草案」中，針對持國外學歷者增設學歷甄試的限制。這樣的要求，被視為

是為這些海外醫學留學生開方便之門，影響本國醫學生的權益，因此引起台灣許多醫學生與醫生的不滿。由於這群海外留學生以留學波蘭為大宗，這群沒有經歷實習與考試的海外醫學生被戲稱為「波波」。

這事件在 2009 年 5 月 6 日被揭露，引起輿論譁然，當時台灣醫學生聯合會就跳出來反對，同時醞釀要上街頭抗議。同年 5 月 22 日，柳林瑋當時還是高雄醫學大學的學生，也是醫聯會的幹部之一，他在 PTT 上號召了「531 要求外國醫事學歷認證大遊行」。原先，外界都不看好網路的動員能力，甚至在 PTT 的報名表單上也僅有 1000 多人登記。結果，遊行當天竟有將近 4,000 人站上街頭同表支持。第一次的社運經驗，讓柳林瑋深刻體認，原來網路是有力量的。

經歷過外國醫事學歷抗爭、洪仲丘事件到 318，柳林瑋認為台灣社會長期瀰漫著一股氛圍，大部分人雖然對社會有很多不滿，但總是期待其他人有所作為，自己卻不願參與投入去改變現有架構。日治時期領導抗日的醫師賴和曾說過「勇士當為義鬥爭」，這句話激勵了柳林瑋決定在白袍之外，投身社會運動。

對於近來因為柯文哲從政，而被一再提及的「上醫醫國、中醫醫人、下醫醫病」，柳林瑋覺得不盡然真確。他認為，醫生要回饋社會有很多的方式，角色沒有上中下之分，不過每位醫師、包括每個人都應該找到自己最適切的位置。醫生可以選擇在醫療現場醫治病人，也可以在公共衛生議題努力，當然，也可以投身政治的場域醫治有病的社會。「每個人的選擇不同，沒有誰對誰錯，如何將自己擺在對國家社會最有利的位置才是重要的。」

「從大學時代開始參加義診，每次到醫療資源不足的偏鄉時，當地的居民都會不斷地稱讚、感謝我們，即便只

是幫他們量個血壓。」柳林瑋說，被稱讚是一件很開心的事，但是，問題卻從來沒有被解決。他引用公共衛生學常用的例子說，「醫護最好能阻止人民從橋上跌落，而不是溺水後再幫他們急救。」這也引導他思考，除了做個可以幫助病人的醫生，自己還可以做什麼？在思考過程中，被柳林瑋視為偶像，同為宜蘭人、為台灣民主奮鬥一生的蔣渭水醫生，一直出現在他的腦海中。當年，蔣渭水為了宣揚民主理念、喊話「同胞要團結、團結真有力」並創辦《民報》，當年傳播理念靠報紙，現在這個時代當然是網路了，這也是柳林瑋創立網路媒體平台沃草的最早發想。

談到最早參與、針對外國醫事學歷抗爭的社會運動，柳林瑋說，這場抗爭最後雖然沒有成功，但是，卻讓他看到原來國會中有這麼多遊說團體在運作、許多協商的黑暗面，這也讓他深刻體會國會監督這件事的重要性。而且透過這次抗爭，柳林瑋發現，網路不單單只是一個平台，更是一個能夠溝通意見與交流資訊的世界。「我能夠在網路上與這些網友對談、交流，傳達我的理念並且說服他們。當他們認同你，他們就會願意走出來。」但是，更重要的是，「當民眾認同這樣的理念，從電腦螢幕前走到現場後，應該要呈現更加透明的資訊讓他們思考，而並非只是將他們帶上街頭。」這樣的網路經驗，在後來的洪仲丘案與318太陽花都派上了用場。柳林瑋表示，在這幾個大型社會運動的背後，除了動員外，網路所扮演的另一個重要角色是「發聲」。

「當我們發現了一個問題，想要去抗爭、解決時，第一步就是要透過網路讓更多人聽到你的意見，接著才是溝通和對話，爭取更多人認同加入，最後一步則是達成訴求。」柳林瑋說，這些流程都可以透過網路，一步一步的實踐。

另一個網路對於社會運動所造成的影響，柳林瑋認為是

「公民自發性參與」。他說，不論是反波波、聲援洪仲丘或是318，透過網路號召而來的群眾，並不是被特定的一、兩個少數人帶來的，而是在網路空間中不斷地接收訊息後，決定要從鍵盤後走到現場，自發性的匯集成龐大動能，這是過去以傳統方式動員的社會運動難以相比的。

哪裡有人需要醫生　我就在哪裡

在洪仲丘運動之後，看見台灣政治改革的關鍵在國會的柳林瑋創辦了沃草，沒有多久，就碰上了318這場台灣過去幾十年最大的社會運動，剛剛成立的沃草躬逢其盛，報導了許多關於《服貿》的新聞。然而，柳林瑋從來沒有因此放下醫生這份工作，318晚上來到現場參加反黑箱服貿晚會的柳林瑋，立刻在進入議場時回到醫生的角色，開始關注氣氛緊張當下、學生和群眾的安全。

在狀況都還不明的3月19日，柳林瑋與其他許多醫護人員已經開始在場內外組織醫療站，提供包含佔領者、聲援者與記者、警察必要的醫療協助。在立法院現場，經常可以看見柳林瑋穿著醫師袍，在當時任職的台大醫院和立法院之間來回穿梭。他說，那時的想法很單純，「我是醫生，哪裡有人需要醫生，我就在哪裡。」回想那段時間，柳林瑋說，這場運動中，許多年輕醫護人員走出白色巨塔，自動站出來擔任醫護志工任務，這是過去台灣醫界很少見的情況，很讓人感動。當時，場內外隨時都有上百位的醫護人員在各個角落守護，幾乎各大醫院都有醫療人員參與排班輪值，而且多半是35歲以下的年輕醫療人員。柳林瑋記得，一位醫界前輩到議場打氣時對他說，過去在228許多醫生被殺被迫害，之後的白色恐怖統治下，台灣醫界普遍不敢公開碰政治，「我們過去太害怕，都不敢站

出來，現在的年輕醫生敢出來，比我們有勇氣。」

　　在 323 晚上佔領行政院事件時，包含柳林瑋在內的好幾位醫生也趕到現場並架設醫護站，然而在凌晨警方清場前，醫護站的醫生竟也成為被驅趕的對象。柳林瑋回想當時的情況，仍然很憤怒。

資訊之於民主　猶如貨幣之於經濟

　　當被問到在 318 結束之後，沃草要做些什麼？柳林瑋引用了他很喜歡的一段話，美國建國英雄湯瑪斯・哲斐遜（Thomas Jefferson）這麼說到，「資訊之於民主，猶如貨幣之於經濟」，「我相信我的國人同胞，只要我給他們足夠的、正確的、可流通的資訊，他們一定能做出正確的判斷。」柳林瑋最想做的事情，就是透過網路將更多的資訊呈現在眾人面前。

　　他認為資訊的揭露非常重要，這也是他與沃草夥伴一直在做的事情。沃草除了一開始就推出監督立法委員的國會無雙網站，在 2014 年的九合一大選前半年，接著推出讓人民檢視台北、台中市長候選人的「市長，給問嗎？」，實踐資訊公開與匯集集體智慧的理念。透過「給問」監督網站，選民可以提出自己覺得重要的議題詢問候選人，在累積足夠的連署人數後，承諾加入「給問」平台的候選人就必須回應。

　　「以往，選民只能被動接受候選人的政見，透過給問的方式，選舉不再只是單方面的餵養，而是雙方的互動。」柳林瑋希望，這個雙向互動的有趣模式，能達到降低公民政治參與的門檻，而且讓生活並不是疏離政治的「去政治化」，而是每個人都能對生活中政治議題感到興趣的「趣政治化」。

佔領立法院後，柳林瑋帶進賴和、蔣渭水、李鎮源、杜聰明等醫界前輩的頭像掛在議場內，希望彰顯台灣醫界百年來不畏強權，堅持與人民站在一起的精神。（圖片來源：柳林瑋提供）

　　然而，走在這樣一條與醫生工作相較不平坦的道路上，隨時都有可能與公權力有所衝突，難道家人不會反對嗎？柳林瑋說，他阿公那一代，經歷了 228 跟白色恐怖，因此不敢談政治；而他的父母這一代，因為祖父母的害怕，從小就被教「飯可以亂吃，話不可以亂講」還是不敢談政治。但是，「我們難道還要延續那些恐懼，不敢討論政治，不敢說出我們要的生活嗎？」柳林瑋覺得，生活就是政治，創辦沃草，就是希望號召公民一起談政治，一起談我們要的未來，我們的未來才有可能讓我們共同決定。

　　2013 年年中，因為小兵洪仲丘軍中被虐死，義憤參與發起公民 1985 行動聯盟後，改變了柳林瑋的人生方向。「原本，我只想在家鄉當一個騎腳踏車四處看病的醫生。」柳林瑋說，現在走的這條路，真的跟他當時在醫學院念書時的規劃有很大的不同。「我很嚮往日治時期的小鎮醫生，騎著一台腳踏車就能幫鄉里的人看病，可以有效掌握每個人的身體狀況，我和他們是朋友，保有一種或許依存的關係。」不過，當自己意外涉足社會議題的場域後，雖然沒有放棄醫生的本業，仍然持續在看診，但學生時代這個單純的夢想似乎變得有點遙遠。

　　從來沒有想過要成為公眾人物的柳林瑋，卻意外的在一次次的社會事件中，知名度越來越高，壓力也隨之而來。還在摸索人生方向的他，其實心裡一直懷抱著單純的想望，就像他在 2013 年 8 月 3 日、25 萬白衫軍上凱道的前

一個晚上，他熬夜到天亮、邊寫邊流淚的那篇〈超級英雄〉
演講稿：

> 我想說的就是超級英雄
> 像超人
> 像蝙蝠俠那樣的超級英雄
> 這個社會
> 我們都期待超級英雄的戲碼
> 我們都期待超級英雄
> 電影裡面的超級英雄
> 在平常都是上班族 學生 公務員
> 但是在需要他的時候
> 他就會瞬間挺身而出
> 在打敗了邪惡的敵人之後
> 拯救了整個社會之後
> 他不居功 他不需要掌聲
> 他只是轉身隱沒在人群裡面
> 繼續他原本份內的工作
> 一直到下次
> 這個社會需要他的時候
> 他毫不猶豫 再次挺身而出

在 803 那個夜晚，25 萬白衫軍一起站出來成為超級英雄。
柳林瑋真心認為，人生最大、最酷的夢想，就是一個尋常
人在關鍵時刻站出來扮演超級英雄，在打敗了邪惡敵人拯
救了整個社會之後，不居功不需要掌聲，轉身隱沒在人群
裡面，繼續他原本份內的工作。或許到那個時候，柳林瑋
就可以放下一切，回到那個騎著腳踏車的小鎮醫生路上！■

沃草

文／郭浩田

台北林先生

奔波在公民運動的漫漫長路上

林祖儀與馮光遠在新北市議會門口宣傳割闌尾。（郭浩田攝影）

「全民割闌尾，罷免爛立委！」2014 年 12 月 13 日，新北市議會門口，頭戴手術帽、口戴綠口罩、身著醫師袍的「台北林先生」臨街振臂高呼，與割闌尾計畫的志工們一起，沿街向板橋區的居民宣傳罷免立法委員林鴻池的連署活動。當他摘下口罩，站在攝影機前對記者提問娓娓道來，竟是一個帶著害羞笑容、看起來很不叛逆的大男孩。林祖儀，一位 30 歲的年輕人，正奔波在實踐公民權力、促進社會正義的道路上，割闌尾不過只是中途一站。

歷經生活磨練　造就堅韌品格

2014 年 12 月 19 日，早上七點，這個年輕人開始一天的工作，他是從參與公民 1985 行動聯盟就以「台北林先生」低調面對外界的林祖儀，「台北林先生」也從那個時候一直跟著他，成為他的另一個身分，也是朋友調侃他的暱稱。剛剛起床打開手機，林祖儀便看到了割闌尾夥伴發給他的購買廣告訊息。聯繫好《蘋果日報》後，十點已過，他匆匆趕往公司。在知悉台中割闌尾夥伴要北上遞交罷免連署書時，他馬上準備向各大媒體發送採訪通知。當記者會順利召開、連署書上交中選會後，他又急忙趕回公司，塞了幾口便當，這是他今天第一餐，這時已是下午四點。

除了繁忙的社運事務外，林祖儀不可思議的同時兼任數職。他除了是網路參政平台沃草的發言人外，他還擔任財金博股份有限公司執行長、寓意科技股份有限公司財務長，為了在做「運動」的同時兼顧工作，林祖儀以責任制的態度，熬夜再晚也要把工作做完。「那個時候，我會在晚上 11 點開完割闌尾的會議後趕回公司，工作到凌晨兩點再回家，一口氣把當天該做的事情全部完成。」

林祖儀少時的家境並不富裕：他高一時就在國賓飯店端

盤子，高三時開始幫房屋仲介派發傳單。第一次考大學時，他英文只考了九分。一次，他偶然路過公館，看到台大校門一瞬間，他感到「有如天上的一道雷打到了心上」。此後，他奮發讀書，終於重考進入政大哲學系。大二時，他開始在外住宿，然而父母給他的早餐預算只有 15 塊錢。他抱怨，「這真的不可能活下去啊！」然而父親的話深深刺激了他，「那你就去吃白饅頭吧！」

　　經濟壓力使林祖儀早早便以打工養活自己，也培養他了獨立自主與團隊合作的精神，而重考的經歷使他面對挫折堅韌不拔。他關心社會運動，但人格特質一點不像搖旗吶喊的革命分子，出自他口中的割闌尾口號「可割可棄，利大於弊」，聽起來不像激動的革命喊話，反而像是娓娓道來在勸人。這樣一個性情溫和的大男孩，真正決定投身參與社會運動，還是在 2013 年中的一個夜晚。

目睹洪仲丘案　開始自我覺醒

　　「近 20 年來，我們看到台灣政局很爛，一談到政治就是衝突、吵架，很骯髒，所以大家感覺最好不要討論政治。」然而 2013 年年中爆發洪仲丘在軍中被虐死事件，讓對政治漠不關心的林祖儀開始轉變觀點。當得知洪仲丘因疑似被虐死，而政府在長達一個多月的時間內什麼真相都拿不出來時，他憤怒了，加入年輕醫生發起的公民1985 行動聯盟，分別在同年的 7 月 20 日、8 月 3 日為洪仲丘發動群眾抗爭，803 聚集了 25 萬白衫軍上凱道，成為近年公民運動的重要里程碑。

　　2013 年 7 月 20 日，公民 1985 行動聯盟第一次召集群眾到國防部前快閃抗議，第二天晚上，柳林瑋在自己的Facebook 主頁寫到：

真的很少那麼生氣血液那麼沸騰過！！！

已經躺在床上又跳起來 po PTT、Facebook 文

在這個寶島又是這種民主與法律的時代，

還發生這種事情

一定要透過年輕人有的網路，自己也站出來

串聯力量對抗他們！！

我一個人的力量很渺小，

但社群的力量應該可以帶來希望

加油！！

　　從此，他開始積極投身公民運動，並憑藉網路傳遞相關資訊。在同年 10 月 10 日號召了六萬民眾參與的「天下為公，還權於民」活動後，林祖儀和幾位夥伴開始思考，「公民需要張開眼睛來監督政府，然而公民張開眼睛之後要看到什麼？」

　　「國會是一個重要的樞紐，但是大家並沒有都注意到。我們要用力去推動民眾關注它，認識到台灣最重要的遊戲規則都是在這裡制定，需要進行監督，不能夠覺得立法院只是成天打架就不理它。」於是，在和五、六位夥伴的一次次的討論中，為了降低公民參政門檻的網路媒體平台沃草首個產品——專門監督國會立委的國會無雙平台誕生了。

　　2014 年 3 月 17 日，沃草的「國會無雙」率先報導國民黨在立法院將《服貿》30 秒強行闖關的消息，並在次日 3 月 18 日推出了反黑箱服貿懶人包。318 運動期間，沃草成為民眾了解現場狀況的重要視窗之一。而沃草的成員們，都為此付出了巨大的努力。

創意助推運動　　集體造就奇蹟

「那一天很有趣」，回憶起 318 當天晚上的情景，林祖儀笑著說道，「那時候得知學生要衝進立法院，沃草的夥伴幾乎全員出動，但其實並沒有事前約好，都是在立法院裡碰見巧遇到的。」大家各自以不同的角色、不同的身分在立法院裡匯合，就這樣參與了 318 運動的重要一刻。

隨後的 20 多天裡，沃草的每位成員都承擔了各式各樣的任務。有人在議場裡面協助學生工作，有人在議場外面撰寫新聞稿，有人在現場用大螢幕播放「國會無雙」給大家看。而林祖儀在那段時間裡沒有請假，仍正常在兩家創業的公司上班，每天下班後便趕往立法院，夜以繼日每天連睡覺的時間都很有限。

選罷攸關民主　　沃草再擔新任

經歷了反服貿事件，以及洪仲丘案、兩性平權、土地正義等一系列社會運動，林祖儀開始思考解決社會問題的核心。「六年前，大家把馬英九當台灣的救世主一樣，閃閃發光地抬出來。可是後來他的滿意度只剩下 9.2%，也不會辭職，14 年前的陳水扁同樣如此。運動過後我們也看到了林飛帆、陳為廷、黃國昌等一批明星，難道我們就真的只能把希望寄託在他們身上嗎？」

他的答案是，我們不需要仰賴某幾位特定的政治明星，而應該通過良好的制度來保證民主的運作，「讓台灣的選舉權與罷免權都能很好的實行，這樣才能讓好人上台壞人下台。有些人上台時可能很好，後來因為種種原因變質了，就可以透過一定機制讓爛人下台。」為此，在反服貿運動的後期，他加入了割闌尾計畫志工團，希望通過推動

連署來罷免掉人民票選出的頭幾名爛立委。「台灣罷免權的門檻非常高，從來沒有被真正實行過，割闌尾活動最大的意義，就在於推動台灣一直沒有被實踐的罷免權。」

克服重重困難　收穫次次感動

公民運動的道路上，林祖儀其實走得艱辛、遇到過重重困難。工作繁忙是其一，然而更大的壓力來自於家庭。林祖儀的父母是藍營支持者，而割闌尾活動中被提議罷免的立委恰好都是國民黨籍。「家裡滿不支持我的活動，認為我們這群年輕人被政黨利用了，不僅對自己沒好處，還會招來麻煩。」儘管承受來自家庭長輩的壓力，但是強烈的社會改革信念，還是激勵林祖儀繼續走下去。

2014 年 12 月 13 日，板橋割闌尾團隊正在板橋掃街。林祖儀與前一年發動罷免未成的「憲法 133 實踐聯盟」發起者、台北市市長候選人，也是割闌尾志工一員的作家馮光遠，共同搭乘同一輛宣傳車掃街。掃著掃著，他突然把麥克風交給馮光遠，「等一下會經過我家，換你講，我很怕老爸老媽聽到我的聲音。」

「幹嘛？你怕老爸老媽反對割闌尾行動？」馮光遠很好奇。

「不是，因為我明天要公證結婚，爸媽如果知道我這時還在外頭拚連署書，一定很不高興！」

「嗯，我覺得，不高興的應該是新娘吧！」一向幽默搞笑的馮光遠如是說。

掃了兩小時之後，新郎台北林先生終於趕回家準備婚事。14 日，他與心愛的人登記結婚。15 日，新婚甫過，他又走上街頭，準備將蔡正元罷免案第二階段送件。這天陪著林祖儀奔波在街頭，採訪最後問他「今天最想做什

麼？」他竟回答，「今天的最大願望是好好睡個飽！」

後記

就在寫作完成後不久，作為大陸交換生的我結束了在台灣的驚奇之旅，回到北京繼續人民大學新聞系的學業。2015 年 2 月 14 日情人節，隔海傳來割闌尾行動因罷免門檻需要投票過半數、實在高得不合理而功敗垂成的消息，心中有些替林祖儀以及割闌尾那群年輕人覺得扼腕可惜。但我心裡相信，這只是他們致力公民運動路途中的一站，漫漫長路，他們不會停下來的！■

林祖儀在反服貿運動現場。（圖片來源：翻攝自林祖儀
Facebook）

文／吳淑鈴、邱圓庭

20多天、80多人 1 2 3 4 則 新 聞

承載傳統倫理的新媒體

新聞 e 論壇的成員來自各大專院校,自發性的集結成 80 多人的編採團體,並在 318 時期連續 20 多天不間斷的報導運動現場。(洪貞玲攝影)

　　如果說,反服貿運動是對國會黑箱程序的宣戰,新聞 e 論壇就是反映年輕世代聲音以及新聞價值的守護者。沒有薪水、沒有記者證、更沒有新聞媒體集團作後盾,這群傳播科系學生有的只是對優質新聞的理想與堅持。而這股純粹的熱忱,讓他們克難成軍,竟能連續 20 多天,夜以繼日不間斷地進行 318 運動的現場報導,成為一個短期急速長大到十幾萬人社群點閱的重要新聞來源。

　　台大新聞所學生彭筱婷回想,原先只是在 318 晚上跟另外兩位同學前往反服貿晚會做紀錄寫成作業,沒想到晚會演變成佔領立法院活動。最初她只在自己的 Facebook 上發布現場即時訊息,3 月 19 日早上開始,台大新聞所的同學們紛紛到場,甚至連政大、師大、中正與東華等傳播相關科系學生都有人加入,形成一個 80 多人自發性的報導組織。彭筱婷說,「我們的優勢,就是我們 24 小時都

有人守在現場。」

在反黑箱服貿運動現場，許多傳統媒體的表現引發負面評價，例如中天李姓記者在立法院現場嗆反服貿學生，還打卡炫耀，讓民眾對傳統媒體產生強烈的不信任感，新媒體反而成為民眾尋求報導真相的管道。由台大新聞所學生為班底的新聞 e 論壇，運動期間的 Facebook 粉絲人數應聲激增，從 318 之前的幾百人，到運動退場短短 20 幾天飆升到 13 萬人。

真假新聞混雜　喚起 e 論壇對理想新聞的追求

台灣的主流媒體多數有政治立場，那些扭曲真實、保護既有結構及既得利益者的視野，從 318 開始不時出現的「暴民」二字，即可略見端倪。網路報 TechOrange（科技爆橘）在運動期間的 2014 年 3 月 26 日報導指出，「社群媒體如 PTT 和 Facebook，發布了很多『抓』到主流媒體偏頗甚至製作假新聞的證據；同時間，318 學潮中崛起的台大新聞 e 論壇，站在抗爭現場的第一線做報導，成為網友流傳的媒體清流。」而台大新聞 e 論壇也很快因為各大學傳播新聞科系學生加入，而轉型為新聞 e 論壇。

新聞 e 論壇在太陽花運動中被看見，憑藉的即是沒有立場、所有成員對新聞本質的共識，以及追求事實真相的熱血。

新聞 e 論壇不強調衝突和對立，以賤民解放區為例，主流媒體的報導方式聚焦在賤民解放區和林飛帆之間的衝突與對立，但新聞 e 論壇的記者努力地尋找問題核心，了解賤民解放區出現的脈絡、背後的訴求，以及他們想要達成的目標，讓讀者在報導中，盡可能地了解並釐清事件的全貌。

e論壇記者吳宗泰從 3 月 24 日行政院事件開始，就一直堅守在立法院內做新聞報導；在議場內，他對現有媒體累積了許多不滿，很多媒體在過程中炒短線、造神、專報花邊新聞，而後轉頭批評議場內的學生群眾是楚門的世界。然而，在新聞 e 論壇的團隊中，他卻看到完全不同的風景。

捨棄獨家　查證至上

　　快速和獨家不是新聞 e 論壇追求的新聞價值，他們奉為圭臬的是「確實查證」，務求呈現詳實正確的內容，同時將民眾和讀者放在心中，注意不去激化對立的情緒。

　　吳宗泰說：「我們都站在歷史的浪頭上，而 e 論壇之所以會被推到浪的高點，是靠著所有編輯與記者的小心翼翼，小心不被讚美沖昏頭、仔細對新聞查證、然後持平報導。」他觀察到有些媒體為了搶獨家，不斷釋放出未經充分查證的內線消息，傷害運動的參與者。而 e 論壇的成員雖然身在立法院現場，自己掌握大量的第一手消息，但他們堅守 e 論壇的共同編採模式，亦即記者採集完整的新聞，再由編輯處理刪改，在雙方的合作下，呈現出查證確實的新聞內容。

　　例如 411 發生的路過中正一分局事件，起因於 4 月 10 日台北市政府警察局中正第一分局將公投護台灣聯盟（簡稱公投盟）召集人蔡丁貴在立法院中山南路旁長期申請的路權收回，公投盟在立法院外與警察發生衝突，並引發學生與群眾次日「路過」中正一分局抗議事件。在 4 月 11 日凌晨，有網路媒體放出警察打人的消息，事後證明並不真確；吳宗泰說：「這種不清不楚的新聞訊息，反而將群眾陷入更大的恐懼與危險。」

另外，運動在 410 退場，前一天，e 論壇記者李映昕早上九點半在議場內，聽到立法院總務處表示修繕視同毀損的消息，原本，e 論壇是最先取得這則消息的媒體，但在記者和編輯反覆討論及查證下，李映昕取得立法院總務處和運動發言人的說法，一直到當天下午，新聞 e 論壇才發出一篇平實、具有高度完整性的新聞，說明官方並沒有提出修繕視同毀損的言論（立法院總務處也在之後透過平面媒體澄清沒有此說）。過程中，新聞 e 論壇不見獵心喜，而是力求以冷靜謹慎的態度追查事件原貌。

在 e 論壇查證此新聞的過程中，其他報紙的網路即時新聞，搶快發出「立法院總務處：修繕視同毀損」的報導，立即引起現場民眾和學生的抱怨及憤怒；事實上，這種處理新聞的方式，無法傳達正確的訊息，也無助緩解緊繃的對立氣氛，反而容易將運動丟進一觸即發的衝突中。而新聞 e 論壇的成員都有相同的共識，也都很清楚新聞產生的影響力，所以他們始終堅持著理想新聞該有的樣子，無所動搖。

呈現多元的新聞價值

新聞價值的選擇，決定了媒體的面貌。新聞 e 論壇最先做的運動專題是「百人大告白」，報導一般民眾到運動現場的原因，323 行政院事件後，e 論壇記者陳貞樺和蔣宜婷提出「受害者專題」，採訪在 323 當晚受到鎮暴警察鎮壓衝擊的參與民眾。

新聞 e 論壇從一開始就選擇了和主流媒體不同的價值，他們不追逐鎂光燈下的運動領袖，關注參與運動的一般民眾，力求呈現中立、多元，貼近年輕世代的觀點。

新聞 e 論壇的發言人彭筱婷說，「我們會很有意識地去

訪問一些很少見諸於主流報紙的人。」除了前述的專題，e論壇記者劉芷彤回憶，她採訪過一位每天都推著八仙果推車到現場、切八仙果給大家吃的阿伯，也訪問過一位地瓜媽媽，她家裡有幾個孩子要養，但她還是每天都帶著免費的地瓜、煮地瓜湯給現場民眾吃。會選擇這些題材和採訪者，就如彭筱婷所說，「如果318是屬於全台灣人的運動，那我們更應該報導不同角度的人。」

除了關注一般人在運動中的參與情形，新聞e論壇也力求多元角度的呈現，例如e論壇記者潘文成（Mayaw）寫出原住民反服貿的新聞，記者蔣宜婷報導318運動中女性決策權被消音；另外，e論壇也採訪了住在立法院附近的社區民眾，因為夜晚活動而造成他們身體不適的報導。劉芷彤說，我們不會只報導吹捧運動的東西，或是反過來只寫批評運動的內容。彭筱婷也認為，新聞e論壇都會盡量顧及不同觀點，重視新聞內容能呈現的多元角度。

新聞e論壇沒有吸睛的標題，也不用情緒性的用語或新聞題材。吳宗泰表示，e論壇這種四平八穩的報導方式，即使犧牲了娛樂性，但這種不搶獨家、不搶即時的完整報導，卻能換來專業與讀者的信任。另一位e論壇記者毛怡玫也強調，他們不做花邊新聞，不去報導「太陽餅」或「軍綠外套」，而是關注運動的核心價值與現場的多元聲音，讓報導的觀點能更加全面且深化。

新聞e論壇　非太陽花運動的附屬媒體

新聞e論壇由三名台大新聞所學生開始，再從各自的生活圈吸引了許多願意趕赴歷史現場，追尋新聞真相的記錄者，這些人多數有著相同背景，受過新聞傳播教育，他們認為理想的媒體不應偏頗，也清楚媒體一旦成為某一特定

單位的傳聲筒，其公信力便蕩然無存。

然而，也許是新聞 e 論壇出現的時間和太陽花時期接近，也許是這前所未有的立法院佔領事件太突然，真假訊息漫天亂竄，新聞 e 論壇竟被許多人當成太陽花運動的官方媒體。

「我要找林飛帆、陳為廷」、「我要捐錢給大會」，太陽花運動期間，新聞 e 論壇的 Facebook 私訊，經常出現這類訊息。彭筱婷說，對這些留言，我們會回覆說明，「新聞 e 論壇不代表他們（佔領立法院議場的學生和社運團體），黑色島國青年陣線或反黑箱服貿陣線有自己的 Facebook 專頁，請直接聯繫他們。」另外，議場裡的醫療團也曾請新聞 e 論壇幫忙發布新聞，但他們都委婉拒絕，新聞 e 論壇表示，我們不是他們的傳聲筒，也不可能是任何團體的代言人。

發揮協作精神的媒體工具

參與新聞 e 論壇的成員，最多曾達到 80 幾人，能集合所有人的團體協力，在 20 多天裡完成 1,000 多則新聞（巧合的數字 1,234 則），新科技的輔助功不可沒。

時間回到 3 月 23 日學生與群眾攻佔行政院的晚上，新聞 e 論壇派出幾十名記者在立法院和行政院周邊，此時，編輯台也在觀看 Ustream 和 YouTube 的直播台；學生衝進行政院的時間前後，編輯透過 LINE 收到各路段記者們傳回來的即時訊息，開始彙整上百通的回報訊息，每十分鐘左右就在 Facebook 發出最新即時新聞，讓不在現場的讀者，能即時掌握資訊。同一時間，當天沒有到新聞現場的 e 論壇成員，則正在 Hackpad 平台上，審視著記者們傳上來的其他稿件。

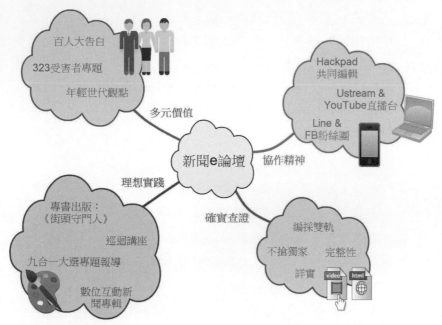

新聞 e 論壇善用新媒體工具，並堅守新聞倫理，創造出多元價值與形式的專題報導。
（邱圓庭製圖）

　　網路新科技 Ustream、YouTube、Hackpad、Facebook 和
LINE，讓新聞 e 論壇的報導在沒有資源、沒有太多的硬
體設備下，受到大眾注意。毛怡玟說：「如果沒有新媒體，
就不可能產生 e 論壇。」新媒體不僅具有發聲的作用，也
成為團隊不可或缺的工具。

新科技相互輔助　成就一篇又一篇的新聞報導

　　Hackpad 是線上編輯軟體，只要連上網路，每位成員在
各個地方都能發稿，由於新聞 e 論壇要求每一篇新聞稿發
出去之前，一定要有兩位編輯審稿，在人力調配不易時，
Hackpad 就能讓不在場又剛好有空的成員透過網路，在各
地從事編輯工作，隨時支援 e 論壇的發稿品質和數量。

新聞 e 論壇的每個成員都是記者，也都是編輯，在處理和傳播新聞報導時，他們透過 Hackpad，展現出高度的協作精神。

對新聞 e 論壇而言，直播台是一個輔助工具，像是在監看各方情況的新聞工具，當遇到人力吃緊或是記者無法即時趕到事件現場時，e 論壇會使用 Ustream 和 YouTube 的直播台，視為另一個消息來源。

此外，LINE 是新聞 e 論壇在處理突發事件時，非常重要的管道，同時也是內部溝通的重要平台。323 行政院事件時，新聞 e 論壇在各個路段都有記者，不同的現場加上混亂的情勢，LINE 在當時就充分發揮了傳遞即時訊息的重要角色。

至於 Facebook，則是 e 論壇的對外管道。新聞 e 論壇透過 Facebook 記錄抗爭實況，並加以傳播，提供無數網友最接近事件原貌的新聞。彭筱婷表示，新聞 e 論壇的讀者絕大部分是透過 Facebook 認識他們，這也說明了新聞 e 論壇立基於網路社群的特性。

退場不是結束　是深耕的開始

2014 年 4 月 10 日當晚，伴隨著〈島嶼天光〉的歌聲，反服貿運動的學生和群眾退場，而歷經 20 多日不間斷報導的新聞 e 論壇成員，也終於有了喘口氣的機會，許多學生記者們都希望能拾回荒廢多時的學業與嚴重透支的體力。然而，事與願違。

反服貿運動結束後，各種街頭上的抗爭與衝突事件仍餘波盪漾，讓新聞 e 論壇的記者們休息不到一天，竟又立刻上工。彭筱婷說：「我們會覺得，不行啊！我們還在這，我們不能走。這像是一種信念，覺得我一定要當場寫下

來，一定要當場把新聞發出去。」

這些後續的新聞事件，從 4 月 11 日開始，因警方強制驅離反服貿群眾而發起的「路過中正一（分局）」行動；4 月 22 日民進黨大老林義雄為反核四禁食，蔡丁貴號召群眾到立院施壓立委停建核四；

新聞 e 論壇將 318 時期的採訪經驗出版成《街頭守門人》專書，並舉辦多場新書座談會，和讀者分享新聞理念及運作方式。（吳淑鈴攝影）

一直到 4 月 27 日反核大遊行結束，台北市市長郝龍斌強制驅離佔領忠孝西路的群眾。這些過程中 e 論壇的記者們始終放不下「記者魂」，每一場街頭運動，他們在現場報導即時新聞的身影，從不曾缺席。

然而，反服貿運動退場後，學生陸續回到校園，e 論壇的人力嚴重短缺，在這樣的情況下進行現場報導，不僅使記者們身心俱疲，也難以維持 318 時期的報導品質與產量。種種困境使 e 論壇明確意識到，「是時候轉型了！」彭筱婷說：「當我們 4 月 30 日在 Facebook 貼出公告要暫停報導，那段期間大家情緒才慢慢一點一點降溫，冷下來。」

2014 年 6 月，新聞 e 論壇運用 flyingV 網站募資成功，朝向他們想做的三大主軸任務邁進：專書出版、講座宣傳以及專題新聞報導。檢視近半年來的成果，e 論壇不負眾望再次交出了一張漂亮的成績單──10 月 27 日出版專書《街頭守門人》，忠實生動地呈現 e 論壇記者們在運動期間從無到有，沒有支薪也沒有資源，卻創造 13 萬人關注的新媒體過程；從當年八月開始，陸續舉辦了十幾場巡迴全台各地的工作坊與新書講座，與公民和讀者們近距離交流新聞 e 論壇的編採經驗；新聞專題更是成果亮眼，針對

九合一大選的報導延續過去在運動過程中獨特的青年視角，從「青年選里長」、「首投族，你們在想什麼」等採訪報導專題中，在國內媒體寫下專門為年輕世代發聲的新視野。

回顧這段時間的辛苦，彭筱婷苦笑：「如果說 318 那時候是剝了一層皮，我覺得現在做這些專題，簡直是去掉半條命！大家真的很累啦！」她也指出，最讓人頭疼的其實是新聞以外的庶務，譬如行政作業，因為本身不是專業的行政人員，只是一群想要做新聞的人，卻常會被許多瑣碎的雜事壓垮。

毛怡玫表示：「儘管未來仍是未知，但我們每月都會召開一次全體記者與編輯的會議，決策小組更時常開會，出書、專題新聞報導、宣傳與講座的活動大家都各司其職。」秉持一貫的扁平組織與自由提案討論的精神，e 論壇成員在運動結束後，仍匯聚了眾人強烈的決心，展現出高度的執行力。

實踐是檢驗的唯一辦法

運動退場，但新聞 e 論壇的腳步不曾停止。新聞 e 論壇網站從 8 月 1 日開始，由每日新聞組組長鄭閔文與劉芷彤帶領，不間斷地提供每日國內外要聞整理。此外，他們也針對較少人關注的重大社會議題，例如「從林義雄絕食回顧台灣民主脈動」、「社會住宅的居住權正義」等，進行全面深入的專題採訪報導，並和 g0v 的成員 Kirby 合作，以創新的數位互動新聞方式呈現，顛覆一般的圖文報導作法，凸顯出新聞 e 論壇報導「好新聞」的旺盛企圖心。

背負著許多讀者的信任與期待，e 論壇的成員本身對未來轉型為穩定運作的組織也有過想像。幾位成員不約而同

專題新聞

2014/11

【互動遊戲報導】五都市長連任秀 政見評審團你來當

網頁連結點這裡：

【互動遊戲報導】五都市長連任秀 政見評審團你來當

【互動遊戲報導】五都市長連任秀 政見評審團你來當

新聞 e 論壇自反服貿運動退場後，仍持續創造佳績，網站上的互動式新聞專輯報導即為一例。（圖片來源：翻攝自新聞 e 論壇網站）

地提到，轉型後仍必須保有記者的自主與獨立，因為他們十分珍惜編採上的高度自由。吳宗泰說：「運動結束後，有創投公司想贊助我們，但我們想沉澱一段時間再做決定。我們想找到錢，但這筆錢不能影響我們寫作的獨立與公正性。」

彭筱婷說：「獨立媒體的資金不該受到財團或政黨的影響，一個獨立的媒體要有足夠的資本，讓自己可以活下去。」她期待未來支持 e 論壇的經營者要能尊重編採的專業和獨立，尤其像新聞 e 論壇這樣一個扁平化的組織。對彭筱婷來說，如果有機會轉型為獨立媒體，新媒體就必須要尊重這樣的自主體制。

儘管新聞 e 論壇的未來仍面臨著經費與人力資源等挑戰，但吳宗泰認為，當你想做一件事情時，你就會想辦法去成就它、達成它，重點是有多大的決心和動力去做。他面帶微笑、語氣堅決地說：「沒有做的話，你永遠也不知道結果是什麼。實踐，才是檢驗理想的唯一辦法！」■

新聞 e 論壇

文／吳淑鈴

找 到 一 起
孤 單 的 夥 伴

彭筱婷的新聞實踐之旅

318 運動讓彭筱婷確立了「記錄者」的
社會位置。（吳淑鈴攝影）

一個每天都掛在 Facebook、活在網路世代的台大新聞所學生，2014 年 3 月 18 日晚上，彭筱婷為了研究所的課堂作業，出席了當晚立法院前的反服貿晚會，意外成為太陽花運動第一批「進入」立法院議場的人。在那段立法院被佔領的期間，她和新聞 e 論壇團隊不眠不休的報導運動現場；她自我定義「我不是這場運動的參與者，而是呈現運動事實的記錄者。」

318 當晚，彭筱婷進入立法院，就坐進二樓的媒體席，第一時間拍下議場內的影音畫面放上自己的 Facebook，訊息不斷地被分享轉載；那天晚上，警方多次攻堅，她就在二樓拍攝，她說，「我以為我跟大家一樣都在場內，但其實我不是，他們在擋警方的攻堅，我是在旁邊記錄的人，是記者，那個角色是不一樣的。」那時候，彭筱婷才知道，原來她心裡有一個清楚的界線，當新聞事件發生時，鏡頭前和鏡頭後，她選擇站到了後面，做一個記錄者。

徬徨前進中　看到自己的社會位置

她說，「任何一個新聞系所的學生，在議場裡面都會和我做一樣的事情，我覺得會念新聞，就是想要跟社會對話，想要跟社會有連結，想要付諸行動的做一些事情。」彭筱婷那時的心情，就是要告訴外面的人，議場裡面到底發生了什麼事。

時間回到 2012 年，考上台大新聞所的彭筱婷，其實是很徬徨的，那時，只要跟別人說自己要做新聞，就會有人回應，「現在的新聞很爛耶！」彭筱婷生活的這個世代，社會普遍對記者的觀感不佳，對她來說，想要維護自己理想中新聞應該有的樣子，其實是很無力的。而這樣的感覺，不只出現在彭筱婷身上，她身邊許多同學，在進入新

聞所之後，都不知道該如何面對這樣的無力感。

一直到了 318 那天晚上，彭筱婷說，「那時才理解到，那等於實踐了我所認知、我想要做的新聞！」那場運動，讓許多新聞傳播相關背景的人自動聚集在一起，每個人就像是抓著彼此去捍衛某些新聞價值。這樣的態度使得新聞 e 論壇被許多人看見，讓他們知道可以用這樣的方式見證歷史現場，也讓彭筱婷確定了自己身為報導者的位置。

從哲學到政治　關心社會議題但不參與

彭筱婷大學原本就讀台大哲學系，她知道哲學很重要，但自認沒有能耐讀好，於是她開始思考自己在社會上的定位和角色，並決定轉念政治系；之後基於對社會議題的關心，她參加過反核遊行，也曾在同志大遊行擔任指揮交通的義工，但她始終認為自己不了解這些社會運動，真要說自己是參與者，反而感到心虛；這樣的謹慎態度，也反映了她的網路使用行為。

彭筱婷每天都會看 Facebook，喜歡在網路上或 PTT 看別人的討論內容，但她很少加入討論，她覺得懂網路的人都知道，在網路上發表一篇文章，發文的人或這篇文章永遠都會被找到，要負很大的責任；另一方面，她也總是用謙虛的態度表示，自己懂得不多，不希望自曝其短，不會對不了解的東西隨便發言，彭筱婷說：「這樣的態度對新聞 e 論壇是很大的優點，因為我們絕大部分的成員都非常謹慎。」

從政治到新聞　走進社會運動的現場

大學時，彭筱婷在校內參加一個營隊，由台大新聞所的

老師講課，課程中講到怎麼分析一則新聞，以及新聞背後呈現的意義，那時她才明白，「新聞」跟自己原本的理解很不一樣，她也才發現，「原來新聞可以影響很多事情，但卻沒有人認真的告訴我們怎麼去看一則新聞。」

彭筱婷在新聞研究所一年級時，剛好遇到反媒體壟斷運動，她回憶，「我記得那一年每堂課都在反媒體壟斷，每一堂的作業都在反媒體壟斷，我們大家都已經寫到不知道該怎麼辦了。」在那樣的氛圍中，彭筱婷也不斷思考著，「台灣社會難得會關心媒體的事情，即使是媒體可能被壟斷、這麼大的事情，社會大眾為什麼還是沒有認真的思考新聞和社會的關係。」

這樣的認知和思考，在 318 那天晚上，推著她走進了立法院議場，也推著她和新聞 e 論壇的所有成員，自然地走進這個社會運動的現場。當下的他們，緊緊地抓著這個能夠實踐理想媒體的機會，透過彼此都熟悉的網路媒介，將真相傳播出去。對彭筱婷與所有人來說，新聞是與社會對話的載體，而趕上了這樣的歷史時刻，彷彿他們那段時間的年輕生命，就應該用來貢獻在這樣的美好事物上。

為了新聞　忍受身心煎熬

318 爆發後，彭筱婷不間斷地前往現場做報導，那段期間，她和父母常常兩、三天才見一次面，彭筱婷的父母看到她每天日夜顛倒，擔憂她的身體健康，連帶地對她的堅持產生疑慮，並懷疑起這場運動的政治目的，她因此和父母有過幾次小爭執。彭筱婷說，父母親那一輩，多數人因為長久以來受到台灣政治環境的影響，很容易將社會運動與政黨動員連結。

彭筱婷回想和父母的衝突，印象最深刻的一次，是某天

早上與媽媽口角後，離開家裡前往新聞e論壇編輯台的路上，想起這段時間承受的壓力和衝突，便在公車上難過得哭了起來，抵達編輯台之前，她趕緊擦乾眼淚，只是心情仍未平復。和e論壇的夥伴聊起，止不住的淚水又再度奪眶而出，為了不影響大家，彭筱婷趕緊跑到流動廁所，努力忍住眼淚、收拾自己的情緒。她說，「那時的心情真的很低落，其實我不是一個喜歡哭的人，但那陣子應該把我三年的眼淚都消耗光了。」

彭筱婷表示，身邊有些夥伴和家人之間的衝突甚至更激烈，但他們都還是堅持為這場運動出一分力。她體諒的說，「其實也不能怪父母，因為他們看到的、或仰賴的消息來源都是傳統媒體！」她也不知道怎麼跟他們說，這場運動中最初被傳統媒體形容的暴民，現場的她所看到卻不是那個樣子；她只好一直用自己是「報導者」的角色去跟父母解釋，說明自己不是會被動員利用的人。

直到新聞e論壇闖出名號，其他媒體也開始報導e論壇之後，彭筱婷的父母才覺得，e論壇可能是做了什麼不錯的事吧！到運動後期，父母的態度也慢慢軟化了。

除了要處理和家人之間的情緒之外，身體的疲累也不斷的試煉彭筱婷的意志力。從318開始，前面的十幾天，因為沒有明確的排班制度，很多時候，e論壇都是同一批記者沒日沒夜地在跑新聞。

那段時間，彭筱婷覺得身邊夥伴和自己的身心能量，以非常快的速度流失掉，不過即使這樣，只要現場有事件發生，這群已經疲勞不堪但戰力驚人的夥伴還是會立刻回到新聞現場。當時每天幾乎都到現場探望學生的台大新聞所所長洪貞玲，看著學生從一開始就堅守現場到退場，欣慰又感動，「這群年輕人骨子裡有一股新聞魂，彷彿當時大家的眼裡就只有新聞這件事！」

運動退場後，彭筱婷和夥伴忙著募資、舉辦座談會、出書，以及進行九合一選舉專題等；在各地舉辦座談會時，常常遇到有人跟她說，「加油，台灣的媒體就靠你了！」她突然覺得很孤單，「為什麼是靠我，讀者不是也應該要一起加油嗎？」，「還好在新聞 e 論壇，有這麼多人陪著，就算不用一起做事，一起孤單也可以！」■

退場後，彭筱婷和新聞 e 論壇的夥伴們仍忙著出書，舉辦專題座談會等。（吳淑鈴攝影）

文／邱圓庭

凌晨兩點
花蓮往台北的慢車

吳宗泰重做新聞人

受訪結束後，吳宗泰埋首筆電，筆
電上貼滿了社會運動標語。（邱圓
庭攝影）

冬季夜晚，依約前往公館羅斯福路巷弄中的 h*ours 咖啡館，推門而入，應聲抬起頭的淨是男性面孔，這才驚覺來到一間男同志聚會的場地。吳宗泰起身招呼，健康的黑亮膚色、蓄著一圈短短的鬍髭，襯著白色的條紋襯衫顯得俐落大方。他是一位思慮敏捷，又相當溫暖親切的受訪者，言語間透著纖細敏銳的思緒。吳宗泰一開口即大方說出自己的同志身分，以及這個身分背景如何深刻地影響他投入社會運動。

豐富的社運經驗　滋養公民意識

相較於大部分 318 運動的參與者都是素人背景，吳宗泰在社會運動早有豐富的參與經驗。因為本身是同志，他以同志運動抗爭做起點，透過講座、投稿以及直接上街頭的方式參與反核、原住民、偏鄉教育、土地與都更等運動。從這些議題中不難發現，吳宗泰特別注意少數族群的權益，以及社會資源與利益分配上的不平等。

在社運過程中他也遭遇過瓶頸，例如同志運動追求的法律平等與婚姻平權至今仍無法落實，以及在反核運動中政府面對人民巨大的抗議聲浪，仍然不願去做改變，讓他深入思索人民的抗議是否有意義？要如何做才能說服不願改變的執政者？吳宗泰說：「就算 50 萬人上街頭，政府仍然可以不理你。難道我們要不斷升級運動層級，將運動的激烈程度不斷向上推嗎？」

少數族群議題的能見度很低，「比如同志運動，好像沒什麼發聲權，你要去拜託記者，或是找認識的人來寫新聞。」就算被報導出來，也常是花邊新聞式的處理，這讓新聞背景出身的他，重新思考除了寫作投稿之外，還有沒有讓議題有更高能見度的方法。他用了一個生動的比方，

「一隻鳥，唱歌唱得再好聽，如果沒有人聽又有什麼用呢？」

惡質媒體環境　將他推離新聞界

受過媒體專業訓練的吳宗泰，高職念的是高雄私立中山工商廣播科，畢業後考上中正大學傳播系，學習傳播理論與培養對問題的核心意識，同時輔修社會福利系。但讓他學習到最多東西的地方卻是在社團活動，他參加服務性社團前往偏鄉地區，關注社會弱勢，讓他接觸了許多社會問題的深層面向。他說，「從那時開始我才意識到，一個孩子沒有飯吃，不只是家庭的問題，也是整個社會結構的問題。」

吳宗泰大學畢業後前往雜誌社實習，並進入奧美公關行銷公司打工接專案，然而，親眼所見病態的媒體生態使他厭惡，「為了做置入性行銷，公關公司會去討好記者，而記者就會依據跟你的交情好壞或收到的禮物來決定如何下筆。」就算一個記者認真完成報導，卻會因為議題背後的利害關係，被主管或廣告主抽換稿件，再加上業主只注重點閱率，記者花再多時間做的深度報導，卻比不上沒有營養的花邊新聞。惡質的媒體環境使他對新聞完全失去熱忱，轉而就讀東華大學族群關係與文化所，直到反服貿運動時，他終於重拾失落已久的新聞筆。

318第一線的參與者

2014年3月18日晚上九點，吳宗泰在同志諮詢熱線Facebook上看到學生攻佔立法院議場的訊息，就和四、五位朋友一同趕到現場衝入立法院。待了一小時後，他認為

自己比力氣比不過人家，「我的戰場應該在我的大腦，在我的文字和外語能力。」他返家後，兩個小時內就將台灣學生佔領議院的訊息翻譯成法文、日文與德文，用 email 與 LINE 傳遞出去，立刻引起外國朋友的高度關切，大家都急切希望得知現場情況、有無人員受傷。

3 月 19 日，因為熬夜睡到中午才醒的吳宗泰，驚訝的發現原先估計很快會被清場的佔領行動，竟然因為立法院外快速聚集聲援群眾而持續進行。他立刻趕到立院，從外圍樓梯爬上二樓，再由窗戶爬進議場。現場有人在做標語、調物資、集結人群討論，他也立刻開始協助翻譯新聞。

22 日當晚，吳宗泰心繫自己的學術研究進度，決定暫時離開議場返回花蓮東華大學。然而，3 月 23 日晚上 9 點左右，發生了行政院鎮壓事件，當他在 Facebook 看到警察用棍棒打人、抬人的照片，就陷入擔憂焦慮的情緒。此時最後一班花蓮往台北的自強號火車已離站，他決定搭上凌晨兩點的慢車前往台北。

清晨六點多趕到現場，目睹水車已經朝人群噴射好幾次，聽到朋友被警方毆打，他語氣非常堅定的回憶當時的心情，「那時刻起，我就向朋友承諾，一定會把一切記錄下來，讓這事件被大眾所知，不會被當局掩蓋」。從 3 月 24 日開始，他堅守在議場內報導現場新聞長達 17 天，直到 4 月 10 日才隨運動退場。

多元價值的守護者

談到他在新聞 e 論壇中扮演的角色，吳宗泰笑著說，「因為我比多數的學生虛長幾歲，又有更多的社運經驗，因此我在團隊中與其說是專職記者，不如說像顆定心丸。」他像幕僚角色一樣去幫大家找線索，也會指引新來的記者挖

掘採訪對象，在衝突現場如白狼來襲時也鎮定地保護這些年輕的工作夥伴。他回憶當時 318 運動後期關鍵時刻正逢清明節，他決定不回家，家人質疑他為何要參與這麼激烈危險的運動，他那時以大哥哥的角色回答家人，「現場的許多弟弟妹妹都可能有危險，我人在現場，出事了才有機會保護大家。」

對於 318 運動，其中有人反黑箱、有人反《服貿》、也有人是反中國因素，而吳宗泰個人最反對的則是資本主義無限擴張，以及政府對外政策過度依賴特定國家。在運動過程中，他看到國家暴力，以及政府帶頭違法，又一昧表示「依法行政」，拒絕傾聽民意，這是對自由與民主信仰最強烈的踐踏，也引起他強烈的憤怒。

選舉煉真金　未來靠熱忱

運動結束後，2014 年年底的九合一選舉結果，被許多人認為是測試太陽花運動成果的指標，吳宗泰提出界定，「這是一種檢驗，是民主的試金石。」他觀察選後這段期間，許多人開始批評監督當選者，例如最受注目的首都新市長柯文哲。姑且不論立場，他認為這對民主而言是好現象，「大家罵柯文哲，其實也反映出對政治的熱情。」就像在反黑箱服貿過程中，更多人願意為道德與正義挺身而出，甚至不怕打破界線違抗惡法，投入更多的力量參與政治監督。

面對未來，吳宗泰抱持著樂觀的想像。新聞 e 論壇提供他重做媒體人的舞台，但他說，比起四平八穩的報導，自己更擅長說故事。318 運動後，他投入 e 論壇舉辦的巡迴講座，積極和不同族群作對話，說他心中夢想的新聞故事。

儘管 e 論壇因為受限經費和人力資源還無法穩定運作，

但吳宗泰認真而熱忱地說，「現實可能是地，理想可能是天，天越高，地跟天的距離就越遠，理想要高一點來撐開我們活著的空間。」也許在未來，台灣能如吳宗泰所夢，成為一方沃土，足夠養活一個像新聞e論壇這樣的「好媒體」。▉

文／邱圓庭

我 是 陸 生

毛怡玫在台灣追求新聞的真實與自由

毛怡玫來台攻讀台大新聞所期間，
以陸生身分全程參與了 318 運動的報
導。（圖片來源：毛怡玫提供）

身為第一個提出構想，邀集台大新聞所學生共同報導318運動的人，毛怡玟在參與新聞 e 論壇報導的過程中，其實遠比其他成員更吃力不討好。陸生的身分使她可能因為參與運動而被遣返，也使她在運動現場聽到反中的偏激言論時，格外受挫。

真實是新聞的理想　也是實踐

　　俏麗短髮、靈動大眼，身軀嬌小的毛怡玟一開口的腔調就洩漏來自中國大陸的身分。頭腦冷靜的她，在受訪過程中講話不疾不徐，言語間透著堅定。

　　當初，毛怡玟看到主流媒體對於318運動的報導立場偏頗，與自己在現場觀察到的情形有很大落差，基於新聞報導必須「求真」的信念，促使她毅然投入這場為期22天不間斷的現場報導。毛怡玟說：「因為我們是學生，在進入職場之前，會保有對新聞最初的那種期待與理想，因為新聞最重要的是呈現真實。」

　　她第一時間利用 LINE 發布訊息，號召台大新聞所的同學發揮所長進行即時報導，立刻引來大家熱烈討論。這群成員平時並非有組織、緊密合作的團隊，毛怡玟甫進台大新聞所念書未滿一年，也不曾與同學有過共同報導的經驗，純粹抱著追求真實的熱忱與衝勁，使她放下手邊繁忙的課業，前往現場。

　　毛怡玟說：「主流媒體的記者可能會受到長官、報紙的立場或資本的影響，去取捨報導。但我們是學生，我們只要全心做好新聞。」相較於主流媒體，新聞 e 論壇不會受到報社特定的意識形態掌控，學生所做的報導是完全不支薪的，卻也換取了題材選擇與立場上的無限自由。

自由學風 引發對新聞的嚮往

毛怡玫對新聞自由的追求在這場運動報導中展露無遺。她是上海人，父母年紀較長才生下她這名獨生女，對她所做的決定大都抱持著開放且支持的態度。大學時，她希望離開上海去看看外面的世界，選擇前往廣州就讀暨南大學傳播系。因為學校靠近港澳，半數學生皆為僑生，校園的思想氛圍相當開放，給予她很大的啟發。

學生時期的她時常翻閱一些報章雜誌，例如《冰點》周刊或《南方週末》的報導合輯，毛怡玫笑著說：「看那些文章、報導都會有種熱淚盈眶的感覺，就讓我想要成為這樣的記者。」她認為這些優秀的記者前輩對新聞業很有使命感，相當堅持理想，深深影響了她。

毛怡玫作為陸生的特殊身分，使她在報導運動的過程中，有些同學會擔心她因而被遣返，但她認為自己是運動的報導者而非參與者，因此她說：「作為一個新聞人，這樣一個歷史現場發生時一定要在，要跑採訪現場。」她回憶當時 e 論壇的夥伴都很照顧她、保護她，為了不讓她曝光，也曾建議她以匿名的方式報導、或是不要放她的照片等。雖然毛怡玫始終無所畏懼，覺得不需閃躲，但這種相互的支持讓她心頭一直很溫暖。

謾罵對立　使兩岸認知逐漸分裂

然而，當毛怡玫在運動現場利用記者專長努力進行報導的同時，她卻聽到現場部分激動的群眾因為反對《服貿》，連帶的也對中國提出惡意批評。有些偏激且非事實的情緒性謾罵，不僅刺傷身為陸生的她，也使毛怡玫質疑，「這些全然只帶感情不問理性分析的言論，可能只是激起了某

些人的情緒，但對問題的解決完全沒有處理。」她認為人
與人之間要坐下來平心靜氣的交流協商，才有辦法真正深
入問題的核心。

毛怡玫直言，如果不是在一個地方真正生活過，很難去
了解這個社會根本或是深層的問題。她舉例之前幾位台灣
的大學生去北京交流，一些學生到了當地問，「北京竟然
有高樓？」讓她覺得不可思議，「為什麼台灣的大學生會
認為北京沒有高樓？」

不僅台灣人民對於大陸有誤解，在太陽花運動過程中，
多數大陸人民也只關注台灣主流媒體所報導的花邊新聞，
毛怡玫說：「當時大陸網路微博上轉帖率高的帖都是從台
灣的主流媒體轉過去的，例如蕭家淇太陽餅事件，會使大
陸人覺得這場運動比較小兒科，只是來亂的。」

不去分析運動背後的原因與脈絡，反而大量報導零碎、
娛樂化的新聞，加上資訊獲取量的不足，使得兩岸人民對
彼此的認知落差越來越大，也越容易形成對立。毛怡玫指
出主流媒體的報導方式比較喜歡衝突的畫面，但是沒有去
分析事件背後的狀況，不僅會影響台灣人對運動事件的看
法，大陸人看到這樣浮面的新聞，也會影響大陸對台灣
的正確認知。

夥伴是 e 論壇前進的動力

面對新聞 e 論壇的未來運作，毛怡玫觀察到在運動過
後，論壇 Facebook 粉絲團的留言數量銳減，也使她和所
有團隊成員共同思索 e 論壇的轉型，希望成立社團、與
企業合作或是成立常駐性的單位。目前他們在 flyingV 網
站募款成功，將報導主題鎖定在九合一選舉以及《服貿》
後續發展的專題，毛怡玫目前主要參與出書及專題報導

的工作。

　　回顧運動時期印象最深刻的事件，她毫不遲疑的想起 3 月 24 日清晨，警方準備要鎮壓行政院的佔領者，當時水車已經推進到青島東路，她和現場的記者全都穿上雨衣，他們要求自己務必拍下噴水車噴水的畫面，因此都站到高處準備。她說：「當下其實還滿害怕的，因為我們都沒有經歷過這樣的事件，所以也不知道之後會被怎樣對待。但是還是要去做，就是要報導新聞！」

　　在鎮暴警察進行鎮壓的時刻，她的心情緊張又忐忑，然而，夥伴的扶持使團隊充滿奮勇向前的氛圍。有這麼多的人因為這場事件聚集在一起，毛怡玫感性的說：「人的一生中，可以遇到這樣的大事件、大新聞是相當難得的機會，雖然報導過程辛苦，但是『夥伴』就是新聞 e 論壇可以繼續走下去的力量！」■

文／吳淑鈴

從立法院到金鐘
啟動劉芷彤對香港的懷鄉情緒

香港是劉芷彤的家，她表
示會一直關心著自己的家
園。（蔣金攝影）

劉芷彤，17 歲從香港到台灣讀書，目前就讀政治大學廣播電視研究所；說起話來總是掛著大大的笑容，坦率、直接是她的風格，親切、開朗是她的個性。

2014 年 3 月，她以報導者的角色，參與了台灣 318 太陽花運動；九月份，她以海外港生的身分關心香港佔中事件。經過這兩場社會運動的洗禮，她從原本的政治冷感者，到說起佔中事件侃侃而談，前後不到一年，現在的劉芷彤，已經完全不一樣了。

自由的家庭氛圍　拓展開闊的視野

由於家庭成員的開明和多元，劉芷彤從小擁有的最珍貴資產，就是自由。所以，她總能依著自己的想法前進，依著自己的意志飛翔。

以出生地來看，劉芷彤的爺爺是馬來西亞人，奶奶和父親是印度人，媽媽是福建人，哥哥和她是香港人。家族成員出生於四個語言文化極為不同的地方，讓她從小就接觸到多元文化，也更願意踏出自己熟悉舒適的小世界，走向不同地區，感受更多不同文化的衝擊和洗禮。

劉芷彤在國中和高中時期，參加了許多交流團，這讓她到上海參加資訊博覽會、去雲南了解當地文化，也曾到廣州幫忙種田、維修學校教室；在香港，她每年都會擔任志工，參與義賣活動，或是和社工團體一起帶著物資探訪老人家。這些實踐，讓她對社會更有責任意識，也讓她願意為了有意義的價值和理念，盡一己之力、付出自己。

到台灣讀書　離開不喜歡的香港

劉芷彤不喜歡香港的生活步調太急促，她覺得多數香港

人都在汲汲營營的往上爬，不在乎他人，只關心自己的成就，於是劉芷彤高三時，便思考離開香港到外地求學。她原本想去英國，但當時英鎊匯率太高，為了減輕家裡負擔，加上身邊有朋友很喜歡台灣，便決定到台灣念書。

她在台灣的求學生活，從師範大學僑生先修部開始，大學考試後，分發實踐大學高雄校區觀光系。從小生活在香港，但劉芷彤對於自己成長的土地反而沒有太多感情，念完大學後，她仍然不想回香港，於是，選擇繼續就讀政大廣電所。

這個留在台灣的決定，讓她在日後有機會參與 318 運動，因緣際會成為歷史事件的記錄者。

第一天加入　就感受到水車的震撼

劉芷彤的政大廣電研究所生活塞滿了課業和打工，她兼了兩份工讀，加上繁重的課業，讓她在 318 事件爆發後，一直猶豫著要不要加入新聞 e 論壇的報導團隊。然而，透過主流媒體的報導，劉芷彤發現，她得到的訊息都很混亂，也讓她很困惑於整個事件的樣貌；為了想知道真相，她決定前往現場了解 318 運動。

在政大新聞所同學鄭閎文發起下，劉芷彤加入了新聞 e 論壇。沒想到，她加入的第一天，就遇到 323 行政院佔領事件。回想 323 的現場，她說當時鎮暴警察的水車攻勢，讓她整個傻住，等到反應過來後，第一個想法是「趕快把畫面錄下來，然後傳 LINE 跟編輯台說警察動用水車噴水了」。但因為她站在外圍，加上人群眾多，錄到的畫面晃動程度太大，影片根本無法使用，讓劉芷彤有些失望。

那天晚上她從凌晨三點待到清晨六點多，因為白天有課業和工作，劉芷彤先行離開，但沒多久，警察又發動了第二次

的水車攻勢，個性直率的劉芷彤回想當時情況還是很憤慨，說了一句「可惡！」，「本來以為警方清場差不多後應該不會再用水車攻勢，沒想到他們又偷噴。」

太陽花運動的學習者和守護者

318 之前，劉芷彤對台灣人的認識，只停留在熱情、很願意幫助別人的印象，因為這場運動，她看到了台灣人的不同面貌，是對政治抱持熱情和使命感的那一面。她覺得自己除了「記錄者」的角色外，也像是個「學習者」，因為這場運動，她了解了台灣的政治生態，以及政治和媒體之間的運作和交互影響。

從 323 加入新聞 e 論壇一直到 410 退場，劉芷彤每天只睡兩個小時，即使身心疲累不堪，這十幾天，她從來沒想過要離開現場。她說，「因為我是大夜班，心態上希望可以守護現場這些人吧！」但每個天亮後劉芷彤又覺得，「天啊！又一個天亮，到底要這樣守候多少個天亮啊！」就為了一個守護的意念，她撐著疲憊的身軀，每夜都堅持在現場做報導。

回憶這場運動中印象最深刻的事，最先浮現在劉芷彤腦海的，不是大家熟知的社運明星，而是許多熱心參與這場運動的「一般人」。很多人自動捐贈各種物資，或自發性地前往現場擔任志工，她特別記得一個阿伯開著鳳梨車到運動現場，免費削鳳梨給大家吃。這些人的付出，讓劉芷彤在社會運動的政治性之外，感受到許多她沒有想像過的溫暖和美好。

佔中事件讓香港人變可愛了

　　就在太陽花落幕後半年，場景換到了香港金鐘。2014年10月2日至11日，劉芷彤和另一位新聞e論壇的成員蔣金，以記者的身分回到了家鄉香港，每天前往佔中抗爭現場進行報導。就像香港人原本給人普遍功利的印象，原本劉芷彤也覺得同胞香港人自私自利，但佔中運動卻讓她對香港人改觀，「這邊的人都變了，剎那間變得很美好、很友善，這讓我很感動。因為以前真的很少、很少香港人會為了一件公眾的事情聚在一起。」

　　928香港警察對佔中群眾的87顆催淚彈，沒有嚇退香港人，反而像是一記凝聚海內外香港人團結的強心針，劉芷彤看到自己的家園變了樣子，自己的同胞不再自私冷漠，受到攻擊卻沒有害怕退卻，這樣的刺激，彷彿在她的內心裡按下了一個對家鄉情感的啟動鈕。

　　那陣子，過去鮮少在Facebook發動態訊息的她，幾乎隨時不斷在分享香港佔中事件的相關報導，希望引起大家對這件事情的關注。她說，「以前不太喜歡香港，不喜歡那邊的人，不喜歡那邊生活的方式，說真的，是928，87顆催淚彈，讓你發現，原來自己對那個地方是有情感的。」

　　劉芷彤認為，佔中現場的人，似乎都是為了維持一種簡單美好的價值而來。她觀察到，「在金鐘佔中的現場，廁所真的好恐怖，不是髒，是乾淨得很恐怖，而且還有很多群眾免費提供的衛生棉、化妝品等女性必需品。」劉芷彤現在覺得，香港不像大家想像中的冷漠，「你會發現人與人之間很多美好的事情都會在那裡發生。」一場佔中社會運動，不但讓劉芷彤重新認識香港人，也喚起了劉芷彤對香港的懷鄉情緒。

　　研究所畢業後，劉芷彤打算留在台灣找工作；但她說，

劉芷彤（圖中背對者）在香港佔中期間，以新聞 e 論壇的記者身分回到香港做報導。
（蔣金攝影）

「香港是我的家。」未來不管走到哪裡，對家鄉已啟動的
情感模式，將帶著她持續關心著自己的家園。■

文／陳睿哲

主流媒體不報
公民自己報

攝護線、公庫社運現場全記錄

左：「攝護線」轉播反服貿之夜，圖中演講者為中研院學者黃國昌。（圖片來源：翻攝自 YouTube「大帝音地」頻道）

右：大腸花垃圾話論壇直播現場，圖左為主持人音地大帝，右為參與 318 運動的民眾。（圖片來源：翻攝自 YouTube「大帝音地」頻道）

　　主流媒體向來漠視社會運動，即使報導立場也多站在統治者那一方而有所偏差，這點在這次太陽花運動中再次得到證明。然而，近年來新媒體以及公民記者的崛起，秉持「主流媒體不報，公民自己報！」的精神，即時提供社運現場資訊，打破主流媒體的封鎖與壟斷，成為台灣公民行動的堅強後盾。簡稱「攝護線」和「公庫」的「公民攝影守護民主陣線」以及「公民行動影音紀錄資料庫」，就是台灣兩個記錄公民社會運動的組織。

　　「你有看攝護線的直播嗎？」這是許多參與社會運動的朋友，在無法親身到現場參與時，常會詢問夥伴的問題，讓在旁聽到的人一頭霧水又面露尷尬。如果不了解那個脈絡，還真以為這是個男性健康問題。

　　為什麼跟音地大帝扯上關係的事情，聽起來都怪怪的？318 運動期間，很多熱血青年都自組社運組織，網路上因此出現了「社運名稱產生器」這種 kuso 現象，「我就是

香港獨立媒體網分享了公民行動影音紀錄資料庫的相片。
2014年3月23日 ·

編按：台灣佔領行政院的最新情況。

公民行動影音紀錄資料庫
現場所有警方開始向民眾吹哨，民眾則不為所動。

今晚佔領行政院活動之發言人何孟樺(清大研聯會會長)指出，他們不代表黑色島國青年陣線。

佔領行政院聲明全文：

…… 更多

讚 · 留言 · 分享 · 👍 337 💬 22

香港獨立媒體網持續透過公庫的報導，關注台灣反服貿運動。（圖片來源：公民行動影音紀錄資料庫提供）

不希望名稱會在上面出現，所以要想個怪名字。」熱衷直播的音地大帝笑著這麼說。帶著一點反骨性格的音地就是「公民攝影守護民主陣線」的發起人。談起攝護線名稱的由來，音地眼睛一亮，他說在決定名稱時，就是希望能跟直播、攝影或影像有關，突然有人開玩笑提攝護線，參與直播的夥伴覺得好記而且也有攝影的概念就這樣定下來，全名「公民攝影守護民主陣線」，就是由攝護線這三個字慢慢推敲出來。

攝護線在太陽花運動時興起，參與成員來自各地，透過公民記者架設抗爭現場的網路直播熱點，讓在網路上或抗議現場外圍的民眾可一手掌握各個直播現場。現在不管是同志遊行、巢運佔領仁愛路、國道收費員上國道或是華隆勞工抗議的現場，都可以在網路上看到攝護線的直播。

同樣在 318 運動的現場，另一個獨立媒體也在持續傳播訊息，就是「公民行動影音紀錄資料庫」的記者駐守現場進行報導，直到運動退場。而在海峽對岸的「香港獨立媒體網」也透過分享公庫的報導，讓香港民眾對 318 太陽花運動能有更多不同視角的報導。

公庫庫長、中正傳播系副教授管中祥表示，近年來公庫發稿量最密集和最深入的報導就是太陽花運動。當時公庫向許多寫手邀稿，請他們從參與者心情、自由貿易、媒體論述、社運詮釋權等角度去看這次的太陽花運動，同時公庫記者也從 318 晚會，就開始持續不斷的報導現場情況。

「我們只有兩個記者，或許會有局限。」但是面對這場歷史性的社會運動，公庫秉持長期關注社會議題的初衷，絕不缺席！

徹夜未眠　直播 318 佔領國會行動

音地回憶起當時起 318 反服貿之夜晚會的情況，「那一晚我都沒睡，而前一晚為了測試晚會直播器材也沒睡。」音地和幾位公民記者在極度克難的情況下，透過簡單的手機、平板電腦還有行動電源，就架設起超過數萬人收視的網路直播頻道，來自全世界關心台灣立法院抗爭行動的民眾，都可以在網路上收看現場情況。

攝護線的雛形，來自於 318 運動期間，由音地大帝、公民記者與 g0v 零時政府共組而成網路直播團隊，在現場架設起立院議場內、濟南路、青島東路、街頭公民審《服貿》、賤民解放區論壇等好幾個直播現場，甚至在 323 學生衝進行政院時，也同時提供網路直播。後期在立院外廣場更有音地大帝主持的網路論壇「大腸花垃圾話論壇」。運動退場後，團隊轉型並正式組成攝護線。

攝護線的核心成員大約十名，跟音地一樣都是志工，希望透過這種「公民自發」的報導方式，來打破社會運動長期被主流媒體塑造成「暴民」、「社會亂源」的曲解形象。音地強調，攝護線的存在，是試圖去翻轉現今台灣眾多的 24 小時直播新聞台「媒體壟斷」的情況。

音地更指出，在一個陳抗現場，常會看到不同的直播頻道，可以讓不在現場的民眾，能更全面了解現場發生的狀況。現今的直播平台還會將直播後的畫面完整存檔在網路上，避免主流媒體剪接或是斷章取義。

公庫：報導批評者的聲音
一個會思考的媒體

　　成立時間較早的公庫，以記錄社會運動議題為宗旨。「我們是在 318 運動中，第一個提出反對聲音的媒體。」公庫庫長管中祥如是表示。「公庫不是社運者的媒體，立場不是去支持社運，而是跟著行動者去記錄。」管中祥認為，媒體本來就必須針對社運提出問題，去反思整個運動的本身，不管是在內部權力或是在組織的分工上。

　　管中祥強調，公庫的定位，是希望針對台灣社會常被主流媒體忽略或扭曲的公民行動，以影音形式記錄下來，並透過資料庫的方式，讓民眾可以很輕易上手，在事件發生不管多久之後都能了解到當時現場的情況。

公庫與 PNN 共同製作的《燦爛時光會客室》錄影現場，圖中為地球公民基金會執行長李根政，分享 318 運動時公民團體的動員及組織。（陳睿哲攝影）

　　公庫從 2007 年 8 月起，就透過現場的影像和訪談，試圖勾勒出台灣公民行動的身影，內容廣泛包括環境、人權、勞工、農業、原民、都更、移民／工、樂生等多元主題。長達七年多的記錄，至今已經累積超過 2,900 則報導，展現出台灣社運源源不絕的動力。

　　公庫認為，「今天的新聞是明天的歷史。」摒棄現今電子媒體單則報導 1 分 30 秒的限制，在公庫的報導中，看不到打扮得光鮮亮麗的記者在現場播報，而是最真實的抗議群眾在觀眾面前直接訴求，這些受訪者多來自社會的底層，他們的聲音可能永遠不是台灣主流媒體報導的對象。而把影音報導的長度加長到三至五分鐘，更讓

公民團體有充足的媒體空間，去完整闡述抗議的理念和對台灣社會的關懷。

攝護線：我們是社運參與者的媒體

相對於公庫自我定位為記錄者的角色，攝護線則明顯有別。「我們（攝護線）的定位很清楚，是參與社運的媒體，我們既是社運參與者，也是記錄者。」音地大帝表示。

攝護線看似一個公民媒體組織，但實際上是個有機組織，很多在現場直播的公民記者「都是被我扣（Call）來的！」音地表示，現在攝護線內部分為兩個小組，一個部分是負責現場的「直播小組」大約十人，另一個是負責維護更新「Facebook 粉絲團」，音地不諱言說「兩者其實沒有什麼交流」，但至少大家關注的議題是類似的。

音地觀察到後 318 時代，有越來越多民眾走上街頭或是在網路論壇、社群媒體發起行動，他認為「參與的人變多，自發性的活動（陳抗）也變多了」。這代表台灣有更多面向的問題被提出來、需要去解決。

這些新興的行動或是倡議在進行時，更需要有人去記錄和直播，在這樣的理念下，2014 年 8 月音地在線上募資網站 flyingV 上發起「公民直播記者培訓——全台巡迴計畫」小額集資，但就在發起的隔天，高雄發生史上最嚴重的氣爆意外，音地馬上終止募款行動。音地表示，「我們實在沒有什麼理由在當時繼續募款」。攝護線目前使用的器材和經費，除了由各個志工自掏腰包，大部分更是來自親朋好友的支持，他們同時也銷售「還幹於民毛巾」來籌措經費。即使經費拮据，音地表示還是會持續公民記者直播的培訓，並透過「公開技術資料」取代大型公開講座方式，在網路上公開所有攝護線已完成

整理的教案與資料。

獨立媒體財源窘迫　公眾募資再啟新頁

　　時間回到 1980 年代末期，那是台灣社運風起雲湧的年代，管中祥正在準備重考大學，那時台灣爆發「520 農民運動」，起因是政府將擴大開放外國農產品進口，引發農民的不滿和恐慌，並發生了自解嚴後警民之間最嚴重的衝突，當時的報紙以及老三台，將農民醜化成暴民，認為農民用石塊和棍棒攻擊警察，造成台灣社會不安。

　　那時的管中祥拿到一捲由當時的地下媒體「綠色小組」所拍攝的錄影帶，影片的畫面震撼了他，因為跟電視上的報導完全不同。影片中，警察拿著警棍攻擊手無寸鐵的老農，還有學生在現場靜坐，希望政府能暫緩執行政策，卻遭到鎮暴水車無情的驅離。管中祥回憶起當時的震撼，「為何同一個地點時間，卻有如此不同的記錄？」管中祥認為正是因為當時有「綠色小組」，他才可以重新理解80 年代台灣社會運動的重要發展，並能有更多的反思與警惕，就是這個原因創立了以影音紀錄為主的公庫。

　　公庫草創初期，最主要是執行國科會（現今科技部）數位典藏計畫，除了到社運現場拍攝的「新典藏」，也透過舊有磁帶影像的數位化來讓歷史影片活化，令長期社會運動的脈動更加清楚。

　　參與公庫七年的資深記者楊鵑如回憶，國科會補助時期是公庫最不用擔心生計的時代。那時攝製人員和助理群多達十多個人，甚至還有採訪組的編制，而楊鵑如就是負責派遣攝影到社運現場。但她也認為那時的公庫定位比較不明，團隊之間的溝通也比較少，她笑著說，這就是「生於憂患，死於安樂」。

2012 年公庫不再拿到來自國科會的計畫資助，雖然沒有了穩定的經費，卻有了更大的空間！楊鵑如表示，因應新情勢，工作人力更加精簡扁平，攝影記者人力減至兩名後，反而造就出更多的討論空間，也讓整個團隊對於媒體經營有更多的思考。

2014 年 9 月「台灣公民行動紀錄協會」正式成立，代表公庫營運的新開端！透過公眾集資的方式，讓獨立媒體有固定的財源，雖然現在一個月只能集資兩萬多元，還是難以支付每個月七到八萬的支出，但管中祥認為這至少是第一步，透過法人化的經營讓獨立媒體能來維繫長久運作。

攝護線成員前往香港參與「71 大遊行」，並將台灣的網路直播經驗與當地組織交流。（圖片來源：攝護線提供）

社運直播經驗　成功輸出香港

攝護線除關注台灣的社會運動，也關注香港的公民社會發展。音地與香港新界「反東北迫遷開發」的行動組織密切交流，並成功的將線上直播設備輸出到香港，與香港在地的社運團體合作轉播 2014 年的「71 大遊行」，也在後續的香港「佔領中環」運動扮演重要的角色。

音地認為，「攝護線那次的轉播應該是所有媒體最深入的」，因為現場的口譯來自於長久在現場參與社運的香港友人，是最了解當地社運生態，也讓香港的現況透過直播傳遞到世界。參與香港佔中運動，讓音地深刻體認香港和台灣部分處境是相同的，「台港都必須面對共同一個敵人中國」，音地沉重的表示，至少「台灣現在還有選擇」。

面對「攝護線」的未來，音地表示會繼續提供簡單易懂的「直播懶人包」，讓一般公民也可以很輕易的上手進行陳抗現場的轉播，而攝護線最終的理想是成立一個公民頻道，透過這個平台能讓更多的社群有互動。

運用各式網路平台與媒體通路
提升社運記錄能見度

公庫除了自身的入口網站（www.civilmedia.tw）作為對外窗口，也透過多樣平台發布報導。草創初期將影音資料上傳公共電視公民新聞平台 Peopo，截至 2015 年 1 月的紀錄，共計超過 2,900 則的報導資料，其中有 94 則被公視團隊挑選並在公視頻道上播出，累積點閱率高達 435 萬人次。2009 年開始同步在全球最大影音分享網站 YouTube 上提供服務，訂閱人數超過千人，累積也超過 56 萬的點閱人數。

就如同公庫自身的定位是「另類媒體」，在影片版權上的想法也相當「另類」。一般電視台對於拍攝的影像，多透過《著作權法》來進行限制，如要使用必須支付高額的授權費用；但是公庫的拍攝對象和經費都來是台灣公民社會，所採用的授權方式是更先進的《創用 CC 授權條款》，在非營利的情況下，公眾可以自行下載、分享和複製，如果是被拍攝的公民團體，更可以向公庫聲請使用拍攝母帶。

公庫近年也在嘗試與國內外的獨立和主流媒體進行互動以及新聞交換，包含香港獨立媒體、《蘋果日報》、We 公民新聞、《四方報》、PNN 公視新聞議題中心、當今大馬等。並在 2011 年台灣國光石化爭議時，與 PNN 合作《彰化人看國光》，到彰化縣王功、芳苑、大城、台西、鹿港，

以及彰化市區等地作深入採訪，記錄訪問 129 組受訪者，試圖呈現出較為真實的彰化民意，此次的合作計畫也讓更多聲音進入到國家重大的建設討論。

2014 年開始，公庫和 PNN 再次攜手合作《燦爛時光會客室》，將公庫三分鐘的報導延伸成 30 分鐘的對談節目，由庫長管中祥每週主持訪問在線的社運行動者、觀察者或相關當事人，共同分析社會議題的面向，讓社會大眾能更了解社會運動或抗議事件背後的論述。

不論是定位為社運參與者的紀錄，或是記錄社運的媒體，公民自發參與社會運動的影像報導，已經成為台灣公民社會的風潮，更是社會運動現場不可忽視的傳播力量！■

直播工具箱

音地建議的「直播器材包」

即時行動或定點演講

成本約一至兩萬

❶ 備有相機的手機或是平板電腦

❷ 充足的行動電源

❸ 3G 網路或無線上網

❹ 推薦的直播軟體：Ustream 或 Google+ Hangouts

大型活動轉播以及室內演講

成本約六至七萬

❶ 手提電腦

❷ 數位攝影機

❸ 視訊連接線材

❹ 4G 網路或無線上網

❺ 推薦的直播軟體：Ustream 或 Google+ Hangouts

社運影音直擊

文／陳睿哲

大腸花罵出名

音地大帝懷抱獨立音樂人直播夢

採訪那天，捕獲貌似街頭大叔的野生音地。（陳睿哲攝影）

這時，距離太陽花運動結束已近九個月，但是它所帶來的喧囂還在持續，在 2014 年年底第 13 屆的台新藝術獎中，提名了一個相當特別的作品，叫「音地大帝『大腸花』、『小腸花』」，作品內容是在運動後期、由網絡名人音地大帝所主持的「大腸花垃圾話論壇」，開放所有公民、以完全不設限飆罵髒話，來宣洩心中對這社會的不滿情緒。這個提名不僅在藝術圈投入一顆震撼彈引爆爭議，網路也掀起大腸花究竟是不是藝術的論戰。

提名大腸花的評審、戲劇評論人郭亮廷認為，大腸花提供一個溝通的平台，「讓所有人——不管你是教授、律師、學生領袖、上班族、阿公阿嬤——都回復飆罵的素人身分」，就是這個原創性，讓大腸花這件「作品」得到藝術獎的提名，雖然最後並沒有得獎。

回到被推薦者本身，他的名字在網路直播圈相當有名，但一般社會大眾對他還是陌生的，直到因為大腸花爆紅而受到注意。乍聽到他的網絡稱號，總讓人忍不住皺著眉頭，想問，這個自稱「音地大帝」、名字簡直讓人難以啟齒的人，到底是何方神聖？

拒絕媒體造神　社運人物回歸人本

採訪那天，初冬的台北帶有一絲寒意，本以為會看見大帝在大腸花主持那樣威風凜然的出現，結果畫面與我的想像頗有落差。如果不是音地主動打招呼喚住我，不然我幾乎認不出他，因為他看起來就像路過的發福鄰家大叔，一點都沒有大腸花的霸氣和威風。更讓人意外的是，其實，音地的實際年齡才 30 多歲。

許多人是在運動後期，透過媒體報導或是網路收看「大腸花論壇」後，才認識音地大帝。但在台灣的獨立音樂界，

他其實早已小有名氣，「音地」兩字來自於「獨立」英文「independent」的縮寫「Indie」，大帝笑著說，當時決定中文名號時，因為有人已經把諧音「硬地」用掉，所以他就選了一個跟音樂有關係的「音地」。言下之意，大家聽這名字時直覺聯想女性相關同音詞，似乎是想太多了！

時間回到 2014 年 4 月的台北街頭，不管是濟南路的路口或是立法院的站崗警察前，太陽花即將落幕，換成大腸花大剌剌的綻放，主持人就是時而接 Call-in、代替線上觀眾提問，時而大口猛灌台灣啤酒的音地大帝。大腸花的形式多元，可以是直播論壇、徵友大會、甚至是毀神運動，當然也包括在後期引起社會傳統輿論撻伐的社運明星私人物品拍賣會，音地也因此被以違反公共危險、《集遊法》等罪嫌法辦。

音地以他長期對社會運動參與和觀察分析，「任何的運動都會有運動傷害」，他進一步解釋「運動動害」背後更深的意涵，以 318 抗爭來說，主流媒體為了收視率急於造神，把特定參與社運的人捧上天，然後再用更多的道德壓力來約束他們，最後忽略這場運動背後的真正精神，也就是挑戰台灣社會不公平這件事。

音地說「所以他們（社運明星）不能有情慾、不能說髒話、也不能喝酒以及玩親親」，但主流媒體和台灣社會都忘記一個事實，這些參與社運的學生和民眾都是真真實實的「人」。從大腸花鼓勵大放厥詞、宣洩情緒的功能來說，現場任何人在大腸花說什麼都可以被接受、都不是問題！音地把大腸花當作人的最基本直覺感受，就跟音樂一樣。

打滾於獨立音樂和社會運動之間

音地來自新竹的客家莊，雖然家中長輩不太願意討論政

治，但他還是可以感受家中的氣氛比較偏向獨派。直到上了大學，他離開新竹北上到台北，在就讀台灣藝術大學時，透過網路和閱讀，才知道國民黨過去在台灣長久以來所作所為。音地回憶他的政治覺醒成長過程說，「本來只是反感，但現在更加覺得應該打倒國民黨。」這也深深影響他之後的生活和政治態度。

「我其實一直在參與獨立音樂」，音地從大學時期就開始沉浸在 Live House 的表演之中，出了社會也是從事跟媒體和音樂相關的工作。在閃靈樂團主唱 Freddy 引介下，到主張台獨的建國廣場廣播電台擔任主持人，「那是志工唷，不是打工！」音地笑著說，在建國電台的那五個月，他主持「美麗島之音」的節目，內容主要是介紹音樂。

跟這一代許多熱血年輕人一樣，參與樂生療養院的抗爭，是音地人生重要啟蒙。他那時才開始發現，這個社會有些聲音是被掩蓋的。2007 年開始，樂生運動聚集了更多社運團體、學生以及獨立音樂工作者，音地積極參與其中，並且作為樂生運動者和獨立音樂之間的橋梁，舉辦多場聲援樂生的音樂會。

音地回顧過去幾年指出，2008 年是台灣社會運動一個很重要的分水嶺，因為那年馬英九當選總統，「國民黨政府長期跟財團太過靠攏，再加上嚴重的親中立場，引爆之後一連串的社會運動」，音地無奈的這麼說。那年野草莓運動爆發，來自台灣多所大學的學生聚集在中正紀念堂前，抗議馬政府在中國海協會會長陳雲林訪台進行第二次江陳會談期間，透過警察暴力箝制人民言論和不當拘捕，學生呼籲立即修改限縮人民權利的《集會遊行法》，而音地也參與其中。

在積極參與社運的同時，音地也是一位獨立音樂人，透過舉辦演唱會和活動，希望讓更多台灣民眾認識獨立樂

團。在網路上，「音地台灣網路電台」更是了解台灣獨立音樂脈動的第一把交椅。

在 2011 年淡水開辦的「巨獸搖滾音樂祭」，至今已經連續舉辦了四屆，音地是主要的催生者。現有的北貢寮「國際海洋音樂祭」、墾丁「春天吶喊音樂季」和以國外樂團為主的「野台開唱」等活動，主要都是由政府和音樂公司主辦，音地認為這些音樂祭都過於官方色彩和商業化，理應是這類音樂祭重要角色的獨立音樂反而變成配角。他希望讓音樂祭變得更單純、更具實驗理想性，給年輕的樂團有參與音樂祭的機會。雖然目前舉辦音樂活動的環境非常艱巨，但音地始終認為「巨獸搖滾音樂祭」，會是扶植台灣獨立樂團的基石。

抗爭現場直播構想來自獨立音樂會

2008 年的野草莓運動是音地嘗試網路直播的啟蒙，當時他還是以獨立音樂人的角色跟著樂團一起參與運動，他觀察到網路直播是一種全新的嘗試，但效果不是很好，音地表示，當時攝影器材跟網路服務很差，效果大概等同於在網路上發一篇文章而已，但「開始有直播」這件事，還是具有宣示性的意義。

那時候國外的獨立音樂節，也開始流行起線上直播服務，身為獨立音樂愛好者的音地，最愛在國外音樂節舉辦的時間看直播，一看就是好幾個小時，經常看到半夜。這些線上收看的經驗也藏在他心中，成為之後他自己做直播的重要借鏡。2012 年海洋音樂祭，開始提供線上直播服務，當時的主辦單位架設專屬的網路主機，並出動一整個攝影團隊去進行直播，但這樣的成本是非商業單位所難以負擔的。音地也參考許多國外獨立音樂節的網路轉播模

式，但還是礙於當時的設備門檻實在太高而作罷。

　　隔年音地轉換跑道，自己接案拍攝活動，工作時間比較有彈性，但他還是經常陷入兩難，音地說，「工作時，常常會看到抗爭活動正在發生，真的很想趕到現場。」也正是因為對社會運動的熱誠，音地在 2012 年年底結束拍攝接案工作，專心投入抗爭活動的紀錄。

　　音地過去曾經思考過社運媒體的形式，「到抗爭現場拍攝，然後回去剪輯影片上傳網路」，但就在那時，YouTube 推出線上直播服務令他驚呼「直播的門檻下降到一般人也能用！」，相較於當時火紅的 Ustream、Justin.tv 線上轉播平台，YouTube 更容易上手，而且一推出就是提供 HD（高畫質）的服務，讓使用者可以使用更輕便的設備，並在一般網路環境就能轉播較高畫質的內容，音地認為線上直播設備和系統不僅要簡單好用，「直播的品質要到一定的門檻以上，內容才會對大家產生影響力」。

現場直播　「守望」運動

　　音地認為，線上直播提供了一個事後剪輯形式的媒體所無法取代的功能，就是在現場「守望」。音地指出許多 318 的民眾，並不是由主流媒體了解現場發生的情況，而是透過網路上的直播，當社運抗爭現場發生狀況時，直播網站的留言功能也可以呼朋引伴緊急前往現場。

　　「在 318 的前一晚，我整夜沒睡，一直在測試準備 318 抗議黑箱服貿晚會直播的設備」，沒想到一場晚會最後演變成佔領立法院的太陽花運動，音地根本沒想到無心插柳，竟然會讓之後的線上直播發揮這麼大的功效，甚至到四月初太陽花即將退場時出現的大腸花論壇，直播都是音地參與這次運動的最佳戰略位置。■

文／陳睿哲

我 在 現 場

楊鵑如從抗爭者變成記錄者

楊鵑如時常在社運第一線，把
陳抗者的聲音帶給觀眾。（圖
片來源：楊鵑如提供）

「水車開始向行政院廣場中央的群眾噴水，在過程中我被警方強勢推離大門口，我高舉記者證也沒用，警方拉著我的手腕往外推，當下一陣劇痛，但我的攝影機沒有停下來。」這是公民行動影音資料庫記者楊鵑如，在 2014 年 3 月 23 日到 24 日凌晨「佔領行政院行動」所留下的文字紀錄。

儘管遭遇警方多次的驅離和阻擋拍攝，楊鵑如始終堅守在行政院北平東路側門及廣場內，她的攝影機不僅忠實留存了當時警察驅離民眾的珍貴畫面，更記錄了台灣近年來社運抗爭現場最慘烈的一次行動。

但這只是楊鵑如多年採訪生涯中的一次遭遇，過去五年在社會運動的抗爭現場，都可以看到楊鵑如綁著俐落馬尾、手持 DV 攝影機穿梭於抗議者之間，對照現場採訪身材魁梧的電視台攝影大哥，更顯得她的嬌小。為了拍攝到最好的角度，她時常被夾在警方和抗議者之間被拉扯推擠，但從沒看她畏縮過。

從街頭的倡議者　到抗爭現場的記錄者

楊鵑如在成為公庫記者之前，其實就已經站在街頭，但她當時的角色不是社會運動的記錄者，而是一個實際參與行動的抗爭者。楊鵑如回想大三（2007 年）參與樂生療養院的抗議行動時說，「我是新莊人，關心樂生就是關心自己身旁的事務。」楊鵑如認為參與樂生的抗爭運動，是啟蒙於她希望更深入地觀察社會的想法。

楊鵑如大學就讀於世新，而她真正開始用媒體人的角度來觀察社會，是在選修管中祥老師的「另類媒體」課，楊鵑如主修的是口語傳播，從來沒想到廣播、電視能跟社會議題如此息息相關。她開玩笑說，「這門課真的很另類，

連老師都長得很另類，管老師看起來像賣豬肉的。」她在這堂課裡認識了專門報導移工議題的《四方報》，也接觸了各式的社會議題。

　　楊鵑如也在這時開始閱讀《台灣立報》和《破報》，這兩份刊物是隸屬於世新大學的報紙，長期報導及關注弱勢族群、社會運動、環境議題、性別平權及次文化，但皆在2014年3月份停刊。楊鵑如表示還沒認識這些社會議題前，只覺得「《立報》和《破報》很像天書，會開始看是因為覺得很酷」，在這之後，她才慢慢開始了解《立報》體系所關注的事件，以及事件背後代表的社會意義。

　　當時還是學生的楊鵑如，看到那位帶她「誤入歧途」的管中祥，在招募國科會數位典藏計畫的工讀生，就因緣際會參與了公庫早期建制「資料庫」的時代。楊鵑如在2007年剛加入公庫時，工作是將過去舊有的社會議題影片素材進行剪接、編碼等後製的工作，將這些影片資料製作成典藏資料，讓未來想了解過去台灣社會環境的人，可以透過這些影像片段有比較好的現場感。

　　直到2009年，因為公庫職務的調動，楊鵑如從內勤被調至採訪現場。她記得拍攝的第一則新聞報導是「公視解凍預算遊行」，她笑著說，「我那時還很素人，經驗不足，才幾分鐘的片子，畫面拍得搖搖晃晃的。」

　　在大學畢業之後，楊鵑如曾經短暫的離開過公庫，在這期間去豪宅打工、做旅遊節目，但最終還是回到公庫。楊鵑如說，回到公庫是「想為自己找到一點生存的意義」。楊鵑如不諱言，公庫因為只有兩位記者的編制，要關注的議題很多，所以也會出現一般業界超時工作的情況。

　　但對她來說，在公庫最值得珍惜的是「空間和自由度」。楊鵑如認為公庫可以用更多的時間在現場去拍攝一個社會議題，關注社會事件的長期發展並掌握脈動，

而不像一般的主流媒體可能只拍個抗爭畫面或記者會就急著回去發稿。她舉反核、大埔事件、土地徵收等議題為例，都是公庫過去七年來從未缺席的議題。過去幾年，台灣關注社會議題的公民越來越多，楊鵑如打趣說，「同志遊行從一開始全台只有一個遊行，拍到現在每年已經有四場遊行。」

國家暴力滋長　公民行動更加艱鉅

楊鵑如從一個不懂社運的素人為起點，一開始完全不了解街頭運動的各種潛規則，到現在她已經是街頭運動的採訪老手，但她對台灣未來社會運動的發展卻非常憂心。楊鵑如說，在公庫工作的這七年來，她看到 NGO 團體在議題的經營上越來越辛苦，各式各樣的議題都需要有人來關心，隨著公民力量的崛起，當然讓人看到希望，但是相對的，讓人擔心的是，國家公權力也越來越擴大。

「我永遠忘不了那一天」，楊鵑如那日剛好排休，所以直到中午她才開始隨意的看些新聞資料，眼前電視政論節目不知道正在說什麼，但一排跑馬燈晃過眼前立刻吸引她的目光，「大埔四戶『張藥房』張森文溺斃疑似自殺」，楊鵑如說，當時「我呆坐在電視前，好不容易拿起電話打給公庫的管中祥老師，講著講著，還是忍不住崩潰了」。隨後楊鵑如很快重新剪輯公庫過去拍過的大埔事件影片po 上網，她只希望「台灣社會不要忘記大埔」。

「這兩年來，警察、國家暴力越來越壞，太陽花這樣的大型抗爭運動，所面對的警察暴力更是嚴重。」楊鵑如無奈的這樣表示。在 318 運動期間，楊鵑如時常在警方沒有任何理由的情況下，被要求禁止採訪，甚至出示記者證還是被趕出新聞現場。在 2014 年 10 月 15 日，楊

鵑如採訪台北市審議事關慈濟內湖開發案的「內湖區都
市計畫通盤檢討」時，因為抗議民眾在現場噴灑滅火器，
在現場採訪的楊鵑如被北市警方當成犯罪嫌疑人逮補，
並且在沒進行任何筆錄的情況下，被迫強制留置信義分
局長達三個小時。

面對採訪工作上的風險，楊鵑如不願意讓家人擔心，只
有電視上播出自己採訪比較平和的報導，才會分享給家
人，所以，家裡的長輩總以為楊鵑如的工作就是一般的網
路媒體或電視台。楊鵑如有時不免對工作灰心，但這樣的
壓力，沒有讓公庫的記者停止報導。楊鵑如提到在 318 事
件的初期，「公庫大概是第一個報導反服貿團體的媒體」，
她認為公庫堅守的採訪價值是，「我們（公庫）是旁觀的
記錄者，因此每個議題都一樣重要，傳達議題給大眾看到
是我們的責任。」

跟過去熱血的抗議者角色不同，她認為媒體的責任是認
識議題並關注其後續發展，「社會上發生的苦難本來就不
止一種，我們只能更廣泛的去了解。」楊鵑如希望未來公
庫能有更多的記者加入，因為「不應該只有我的聲音，向
外傳播的聲音應該更加豐富。」■

文／邱柏鈞、鄭婷宇

不想再被當白痴

零時政府要做透明、開源的先鋒

開源模式、行動主義及公民精神是零時政府的核心價值。此圖是 g0v 截至 2014 年 7 月所做出的統計，從參與及關注人數之多，與專案編輯量之大、活動的多元性，皆可看出 g0v 的充沛活力。（圖片來源：唐鳳提供）

　　2014 年 3 月 18 晚上，學生衝進立法院議場佔領主席台，開啟了太陽花運動！警察調動數百名警力包圍立法院，在短時間封鎖了學生與外界的聯絡管道。對於身在立法院外反包圍的群眾而言，學生的安危、現場的狀況、警察的行為都暗昧不明，宛如漆黑的布幕蓋住了唯一的窗口，只隱隱約約的聽到布幕後學生堅定的呼喊，「重啟談判、公開透明」。

　　就在沒有人知道該怎麼與外界建立連結，學生孤立無援時，一群自稱零時政府 g0v 的成員帶了網路設備進入立法院內，以雙手拉出一條條淺綠色的網路線，在立法院內安裝了無線基地台，藉由網路的力量，將立法院內抗爭的學生和群眾，與整個台灣，甚至與全世界連結。這個網路的

橋梁，讓佔領行動得以持續，更寫下網路社運的歷史。

直播系統成為守護議場的力量

3月18號晚間，學生就以 Ustream 架起了第一個網路直播，讓立法院外的人們可以在第一時間了解議場內的情形，隨後直播頻道陸續出現，甚至還有到處走動的機動直播組。g0v 的成員 Ipa（瞿筱葳）回想起運動當時的氛圍，充滿力量的說，「台灣社會已經很久沒有那麼多人、那麼多公民，一起去討論一件事情，而且是比較理性的去看很多問題。」問到 318 跟過去社運最大的不同在哪裡？「因為有直播，我們隨時都知道他們在幹嘛，所以運動的熱度才能維持 20 多天。」Ipa 回憶，當時她最重要的任務，就是保護這條連接內外的網路線不要中斷，持續維持直播系統的運作，藉著即時播送現場訊息，守護這場運動的抗爭現場。

g0v 的線路組成功的讓 318 運動上線後，難題依然不斷湧出，如各地物資的統籌、人力的整合、運動資訊的彙整等等，都還是相當混亂。因此 g0v 內部決定，以 Hackpad 架構塑造新的統籌平台，在短時間內，g0v.today 正式上線了！

g0v 的工作團隊將所有關於《服貿》的資訊彙整於 g0v.today 這一平台，使得每個想要獲得相關資訊的民眾，都可以藉由這個管道快速的閱讀資料，增加對於 318 運動議題的了解，如果想要實際參與運動，也可加入 g0v.today 上的人力團隊成為投注貢獻的一員。由於這個網站的網路使用量過於龐大，甚至促使總部在美國加州的 Hackpad 營運團隊，額外建立設備專供 g0v.today 使用。在太陽花落幕的半年後，2014 年的 9 月 28 日香港「佔中運動」啟動，

g0v 亦將 g0v.today 平台輸出至香港供「佔中運動」使用，成為「佔中運動」的後勤火藥庫。

《服貿》條文快速搜尋網站　你被服貿了嗎？

除了在運動現場提供技術援助外，在 318 之前，g0v 早就關注服貿議題了。《服貿協議》影響範圍巨大，但《服貿》條文對於一般民眾閱讀起來卻非常不容易，條文專有名詞眾多，細項龐雜。g0v 團隊為了讓《服貿》條文變得更友善，歷經前後八個月的開發，趕在太陽花還沒落幕前、同年 4 月 1 日推出全新的《服貿》條文搜尋服務「你被服貿了嗎？」在這個網站，使用者只要鍵入其公司行號名稱或營業登記項目，搜尋系統就會找出相關的條文與相關的企業，並概略敘述這個條文對使用者可能造成的影響，其中也有與《服貿》原始條文的連結，使用者可以選擇直接閱讀原始條文。

如鍵入「生技產業」，搜尋系統找到「一心健康生技股份有限公司」、「一德醫藥生技股份有限公司」等等，這些名字都是系統假設設定的一些公司名字。選擇了公司的名稱後，系統會列出所有影響其業務的《服貿》領域，如倉儲業、醫療器材批發業等等，再往下細分出各領域《服貿》對中國開放的詳細內容，如跨境提供服務、境外消費、自然人呈現等等細項。

g0v 藉由這個系統的啟用展現其社群的力量，它能迅速整合資源，將政府複雜的資訊轉化為簡單易讀的形式，並使用「對使用者友善」（user friendly）的界面，讓每位民眾都可以在這個平台上輕鬆的找到自己所需的資料，減少因為資源不對等造成的傷害，達成開放透明的目的。

過去，技術和資源把持在少數人手中，政府單方面發布

資料，民眾雖有不滿，至多痛罵批評，難有實際作為；隨著科技的發展與網路的普及化，人們開始能藉由交流、協作與串聯，發揮過去難以企及的影響力，g0v 又自稱「零時政府」，他們堅信開放資訊、開放政府的開源（open source）理念，希望能搭起政府與人民之間的橋梁，以公開透明的理念讓政府資訊能以簡單直接的形式傳遞給民眾，讓民眾能夠迅速了解政府所作所為對自身的影響，才能知所回應。

零時政府起因「天時、地利、人不和」

零時政府的創立，最早並不是個有完整想法的計畫，而是「天時、地利、人不和」的偶然。天時地利，在於台灣科技及開源社群的成熟；人不和，則如同參與者 kiang 所說的，「講句實在話，如果不是政府把人民當白痴，就應該不會有 g0v 的出現，所以最大的動能就是因為被當白痴而生氣。」

說到被當白癡，g0v 成員提到了 2012 年發生的兩件事。一是內政部耗資新台幣 90 萬元建立「實價查詢服務網」，運作效能卻比四位民間工程師花 500 元建立的民間版「實價登錄地圖」網站還差。二是耗資 119 萬元的政府政令宣傳廣告「經濟動能推升方案」，竟是個完全缺乏資訊的裝可愛宣導短片，民眾有看沒有懂，預算燒得不明不白，讓嫻熟資訊處理的一群工程師看了一肚子火，種下了組成 g0v 的種子。

這一切讓參加 2012 Yahoo Open Hack Day 的「Hacker 15」團隊升起熊熊怒火，轉念將參賽題目改為「全民審預算」，運用互動圖表生動呈現政府預算，奪得佳作獎金五萬元。為延續這股動能，積極參與的工程師高嘉良註冊了

「零時政府」（g0v.tw）的網域，專門收錄各式「民間版政府網站」，並將獎金拿來辦黑客松，以集結更多公民資訊專案。零時政府（g0v）便在參與者熱烈響應下成形了。

自創立至今，零時政府成立無數專案，其中最引起社會關注的，應該是號召「還文於民」的《萌典》，這部電子辭典集結網友力量揪出教育部辭典的錯誤，並整合各家辭典，讓民眾在網路、手機也能輕鬆查閱；2014 年年底九合一選舉前，g0v 發表的「議員投票指南」與「50 天 50 張選舉圖表」讓選民能清楚了解候選人，藉此投下神聖且有意義的一票。

如果注意零時政府的英文名子，你會發現「g0v」的拼字有些奇特。代表政府的英文名稱字首 gov，中間的英文字母「o」，被替換成數字「0」，既代表發起人從「零」重新思考政府角色的期望，也標誌著數位原生世代 0 與 1 的全新視野。

「g0v 不是突然冒出來的！」Ipa 解釋，g0v 的成立，是奠基於台灣開源社群悠久的發展基礎，以及網路技術的成熟之上。因此，馬政府於 2012 年幾件荒腔走板的事件，才能擦槍走火，以星火燎原之姿，迅速席捲台灣開源界整合成 g0v。開源社群使用原始碼可任意取用的電腦軟體，倡導公開分享原始資訊，讓他人自由使用、學習，甚至改作，創作不再只能單打獨鬥，深度協作的集體智慧成為新選項。Ipa 表示，g0v 將「開源的精神，運用到公民參與的這個時代」。由這些科技人注入的開源精神，為公民社會帶來了新樣貌。

零時政府奉「開放透明」為圭臬，秉持「動手開幹」的行動主義，以及關心社會的公民精神，並結合自由軟體、社群媒體及社運團體的力量，致力於打造資訊透明化的社群。原本政府資訊不易取得、龐雜冗長的行政程序及專業

文字的隔閡，讓民眾想了解政府資訊卻望之卻步，進而對政治漠不關心。有鑑於此，g0v 結合開源科技，將政府枯燥乏味的資料轉化成方便易讀的視覺化資料，並將一切成果以開源碼授權釋出，矢志成為促使公民再次關注政府的催化劑，提供群眾監督政府的利器與力量。

　　台灣的零時政府蘊藏豐沛潛力，可說是台灣最活躍的開源社群。g0v 早期成員約有八成為男性工程師，隨著跨界的努力，開始有不同領域的專業人士加入。2013 年的洪仲丘在軍中被虐死事件，讓民眾警覺政府的黑箱作業心態，一篇 PTT 上介紹 g0v 理念的 po 文〈Re: [問卦] 公民運動的下一個武器〉被推爆，打開了 g0v 的知名度，參與人數隨之增加。而 318 運動則推升 g0v 發展史上的引爆點，多達幾百人的參與及超過十萬 Facebook 粉絲關注，將 g0v 社群的熱度推到新高點。目前參與者的年齡層分布從 18 歲到 45 歲之間，主力則是 25 到 35 歲的年輕人，以職業別來看，參與者有工程師、設計師、文字工作者、新聞工作者等多元職業，女性參與比例也增長到社群的三到四成。

你就是那個「沒有人」！

　　初進 g0v 時，許多新進參與者大多一頭霧水，在這個鬆散的組織裡，沒有領導人，也沒有任何管理機制，成員來去自如，隨時隨地都可自由參與，毫無任何限制。這樣的組織，為何能有活躍的表現，大量產出多元的專案？其實，嚴格來說，零時政府連組織都不是，而是一個分散式的社群，如同各個小團體、社群的總聯盟，因認同「開放透明」此一最大公約數而聚集，其運作之成功，可歸功於開源機制下的協作文化。

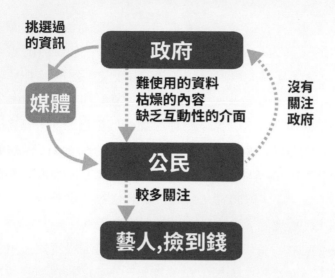

挑選過
的資訊

政府

難使用的資料
枯燥的內容
缺乏互動性的介面

沒有
關注
政府

媒體

公民

較多關注

藝人,撿到錢

零時政府將政府艱澀的資料轉化為易讀的資料,讓公民除了接收媒體篩選過的資訊之外,有了另外的選擇,進而願意再次關注政府。（Kirby Wu 提供）

　　開源精神確保了 g0v 每項投入必定公開並保存紀錄於網路上,搭配眾人共同編輯的協作工具,使 g0v 不會因特定人物的缺席而停擺,任何有興趣的人皆可自行了解資訊並接手發展。

　　「先不要問為什麼沒有人做這個,先承認你就是那個『沒有人』。」這是零時政府的口號之一,每當有人提出問題,就會被反問「那你打算怎麼解決這個問題?」鼓勵抱怨者提出想法,並實際動手解決問題、發起專案,也就是「挖坑」。社群成員 ETblue 說,在一般世界中常發生的「袖手旁觀說風涼話」的現象,在開源碼的世界裡並不常見,「反正程式碼都公開,有什麼意見就自己拿去改。」加上資訊完全公開,每個人的貢獻一覽無遺,自然孕育出「實作者、doer」的文化,正面循環,吸引更多 doer 加入,彼此扶持。

　　是什麼動力讓這群毫無酬勞的參與者,甘願花費大量心

力時間投入？從許多參與者的自我介紹可看出其認同感，「我的正職是 g0v，也在某公司打工。」對他們而言，g0v 是自我實現、追求理想價值之處。g0v 延續了 IRC 聊天室中給予貢獻者 ++、表達感謝與讚美的文化。當嘔心瀝血的創作完成之際，沒有什麼比社群給自己 ++ 更棒的回饋了，Ipa 笑著說：「每一次你被 ++ 的時候，你會有飄飄然的感覺。」這個感覺會帶動已經付出的貢獻者和身旁的人覺得，「好棒喔！那我下次也去搶一個坑來跳，當我做出什麼東西，大家就會給我一些鼓勵。」

在 g0v 中，沒有強制進度的壓力，也無上級審核，更不會有人負面批評。去框架化的結果，讓 g0v 無法控管效率和品質，但是，自由無拘束的環境，卻激發了參與者自願貢獻的熱情，因此得以陸續產出實際解決問題的高效能專案。社群成員給予每一項付出肯定的正面文化，強化了參與者持續貢獻的動機。

零時政府身為一個社群，不具備法人資格，無法雇用任何人，目前由關注者、參與者捐助經費維持各項活動開銷。為求長久經營，零時政府已經與其他開源社群共同成立「開放文化基金會」，取得法人身分處理金流，並進行共同募資，可望藉此支持專案發展為成熟服務。

零時政府依照協作需求來選擇使用工具，其中最常使用的有 IRC、Hackpad 與 Github，並搭配 Google、Facebook 等各種介面，處理各項事務。在網路上的虛擬討論中，大致流程是這樣的：參與者在 Facebook 社團、IRC 聊天室發起想法之後，在 Hackpad 上以共筆形式整理，當想法集結過多，便以 Hackfoldr 文件夾收集與分類，貢獻者各自使用各種專業工具寫程式、文章、繪圖或設計等等，若有新想法或成果，再回到共筆累積。藉由協作，也能將錯誤修正，呈現動態的群眾智慧。

社群內外界線模糊的 g0v，並未設置任何加入門檻，且一切開放授權，每個人都能進入並更改所有資訊，不免產生惡意散播錯誤資訊或改動錯誤的情形。此時，科技的便利性便派上用場，只要按下「還原」便能輕鬆回復，甚至能藉由查閱得知之前的更改者身分。

全力衝刺的腦力激盪「黑客松」

黑客文化在 1950 至 1960 年代成形，1999 年，OpenBSD 的開發者與美國當時的 Sun 電腦公司市場行銷團隊，不約而同的將黑客（hacker）加上馬拉松（marathon），合併成「hackathon」（黑客松）這個術語，希望在一段特定時間內，以參與者想要的方式，密集合作，完成他們想做的事情。目前世界各地都有社群舉辦黑客松，鼓勵人們跨界合作。台灣的 g0v 也會定期舉辦黑客松，作為參與者交流及合作的主要方式。

除了網路上的虛擬討論與分散工作，零時政府每兩個月舉辦一次百人的大型黑客松，期間舉辦一些中、小型黑客松，讓社群成員能實體聚會，凝聚共識，達成虛實分進合擊之效。在黑客松前一、兩週，社群各專案會開始預熱，於線上工作，到黑客松當天，進度轉速達到最高，九點半一開場，新的專案主帶著雛形報告提案，尋找志趣相同的夥伴「填坑」，一起進行專案；舊專案則交流彼此進度。討論出方向後，大家依專案組隊，密集實做到下午五點。

「g0v 只有一個原則，就是要開源（open source），維持載體的自由度。」如同 Ipa 所言，任何開源的專案都能掛在 g0v 之下，零時政府是一個開放空間，廣納各種意識形態，成員各自抱持不同立場，坐落在不同的政治光譜上，但各自依照自己的理念發表專案。社群的活躍參與者唐鳳

零時政府「第 11 次開放報禁黑客松」報到桌上，讓參與者選取代表各自專長的貼紙，貼在名牌上，以便於大家快速找到適合的人「填坑」。（邱柏鈞攝影）

說，這裡「當然在乎內容，但絕不審核」，每個人擁有平等且充分的行動與發言權。若成員想法不同，不必勉強合作，可自行複製一份專案，發展成自己的版本即可。

自許為政府與人民間開放透明的橋梁的 g0v，不會去詮釋政府的決策，只會忠實的將資訊以較容易了解的形式呈現。不同於傳統媒體將讀者定位為被動接收的角色，零時政府鼓勵閱讀者主動參與，當有人回報問題或提供建議，g0v 會順便推坑，「那你下次要不要來黑客松？」每一項專案都是邊做邊修，「report 一個 bug，他也算是貢獻者，所以我們會希望使用者慢慢的變成貢獻者。」

g0v 何去何從？「我們一直都在」

2014 年 4 月 10 日，太陽花出關，這時很多人問，「運動結束了，g0v 還要做些什麼？」Ipa 笑著說，318 之後，g0v 的型態並沒有什麼改變，只是人變多了而已。對 g0v 來說，他們並不是因為 318 太陽花運動而出現，他們從 2010 年開始，甚至是十年前開源社群的建立就已經深植於台灣的底層，吸收養分，培養自己的實力。318 運動是 g0v 的跳板，他們找到可以發揮力量的施力點。發現問題時，他們勇敢的捲起袖子，奮力向著開放透明的目標前進，這是 g0v 的信念，相信總有一天世界會因此變得更好！

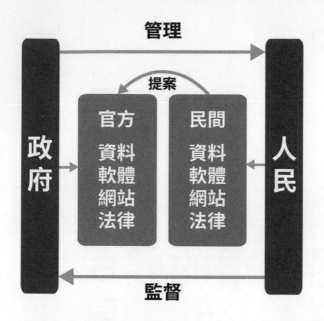

g0v 期望有朝一日，政府資料能足夠開放，讓人們具備監督政府
的能力，並提案給官方制定法律。（Kirby Wu 提供）

　　Ipa 開心的笑著說，當大家都了解開源是什麼之後，這概
念就不用 g0v 來推廣了，「那時我們也許也不用再辦黑客
松了！」g0v 或許有一天會消失，那想必是 g0v 精神融入
了社會每個角落時，在那之前，g0v 一直都在！g0v 希望
開拓出一條道路，前往沒有黑箱、開放透明的未來。■

零時政府

文／鄭婷宇

最溫柔的暴民
瞿　筱　葳

科技宅男圈中的人文女孩

瞿筱葳於 2014 年 g0v Summit 零時
政府年會分享 g0v 社群在 318 運動
的投入。（g0v Summit 2014 記錄
組攝影）

2014 年 12 月 20 日早上九點，會眾尚未入場，有著一頭俐落短髮的瞿筱葳，在冷清的會議廳忙進忙出，為接下來的活動做準備，這一天是舉辦「台灣零時政府第拾壹次開放報禁黑客松」的日子。在活動的交流時刻，她沉著的背影關注著全場，透露出堅定的氣息；瞥見前來採訪的記者，她綻放親切的微笑打招呼，「有看到有興趣的專案嗎？下次再來玩喔！」

她，瞿筱葳，網路 ID 是 Ipa，是零時政府的共同發起人，致力於打破黑箱、促進公民參與，在 318 運動時她穿梭於立法院周邊的大街小巷，將現場即時情況向外播送。這位政府口中違法亂紀的「暴民」，娓娓道出她的理念，溫和有禮，沉穩的語調讓人聽了十分安心。

一把怒火，讓她決定參與改變社會

瞿筱葳的父親為中研院社會研究員瞿海源，一位知名的社會學學者。從小耳濡目染之下，讓瞿筱葳對於公共議題的認識，比同齡朋友來得早。在政大就讀英語系時參與異議性社團的經驗，培養了她分析議題的能力；畢業後一開始在環保聯盟的工作，則讓她體悟到社運團體難以快速改變社會，「我後來決定如果要關懷社會、要改變社會，可能要從媒體開始。」懷著關心公共事務的熱誠，她相繼轉任《聯合報》的網路編輯，與 Discovery 人文紀錄片的拍攝。不同職業的歷練與寫書的經驗，讓她了解如何掌握議題，從零開始到產出成果。

因為工作繁忙，瞿筱葳雖然關注公共事務，但一直沒有積極參與。直到 2012 年，她對馬政府累積的不滿，在看到一個花大錢卻不知所云的政府廣告「經濟動能推升方

g0v Summit 2014 圓滿落幕，瞿筱葳以閉幕委員身分致詞（後方為另一年會籌備委員高嘉良，網路 ID 名為 clkao）。（g0v Summit 2014 記錄組攝影）

案」時被一舉點燃，當時網友紛紛痛罵，「為什麼政府要浪費錢做毫無正面效果的政令宣導廣告？」這股怒火，被她的丈夫、也是零時政府的共同發起人——高嘉良，與其他隊友們化為「全民審預算」的互動圖表，奪得 2012 年 Yahoo Open Hack Day 的佳作，還拿了一筆獎金。

不久後，瞿筱葳發現她並不孤單，開源文化倡導公開資訊與集體協作的觀念，觸動許多資訊背景的人士站出來，呼籲政府資訊透明化。喜歡動手做的性格，讓她開始踏上組成零時政府的不歸路，「所以馬英九才是社運總召」，回顧零時政府從無到有的來時路，瞿筱葳帶著調侃語調如是說。

主辦黑客松　一腳跌入坑

零時政府的創立，要從「黑客松」說起。黑客松是開源社群常見的活動，望文生義，就是「馬拉松式的黑客（駭客）活動」，駭客走出鍵盤、齊聚一堂，透過密集衝刺與集思廣益，激發參與者的潛力，在短時間內完成原本看似「不可能的任務」。

2012 年首次舉辦的「第零次黑客松」，原本只是為了消耗剩餘的 Yahoo Open Hack Day 獎金，瞿筱葳笑著說：「所以第一次黑客松等於是我不小心自己跳了坑。」沒想到開放參加的 30 個名額卻以驚人的速度火速滿額，一下

擴大為一百人的大規模活動。回顧往事，這場美麗的「意外」，不僅成功吸引了資訊圈中想有實際作為的人加入，零時政府的雛型更由此奠定。

主辦黑客松之外，瞿筱葳還跳了許多「坑」。她努力撰寫文宣，介紹開源文化與活動的定位，也時常四處演講，分享零時政府的協作方式及理念。在她的推廣下，開始有資訊界以外的參與者進入，為社群注入不同專業，激盪創意的火花。

「我做大量媒合的工作，就是挖坑，挖坑完後就幫忙去推坑。」瞿筱葳猶如社群裡的橋梁，為各專案穿針引線，將每個人引領至最適合的位置。為了強化實作精神，她認為須穩固「坑找人，人找坑」的群眾協作文化：「久而久之，每個人進來時，就會自動覺得他能夠提出方案，這樣子動手開幹的能量，就會越來越強。」

運動的先行者及支援者

馬政府於 2013 年 6 月 22 日與中國簽下《兩岸服貿協議》，七月，當整個社會還對服貿議題幾乎陌生時，瞿筱葳和一群有點生氣的朋友，早已迅速舉辦兩場小型黑客松討論如何因應。在與會者中，熟悉兩岸事務的律師建議關心的民眾，可從打電話給立委、探查被《服貿》影響的行業等處著手，這些都成為零時政府日後專案的雛型。反黑箱服貿郵件論壇的開設，也讓 g0v 成為不同領域的橋梁，為反黑箱服貿的行動提供支援平台。

「其實不是我們 318 突然跳進服貿這個議題，早在那時之前，所有相關粉絲頁的管理者幾乎都是 g0v 的人啊！」瞿筱葳解釋，在 318 運動爆發前，g0v 早就創立並經營反黑箱服貿的粉絲頁，並製作文宣、海報宣傳議題，「我也

推坑其他科技的社群去做反服貿影響地圖。」

周遭都是暴民　沒有任何人說不要去

「你身邊的人都支持你參加運動嗎？」聽到這個問題，瞿筱葳大笑，「我周遭都是這種暴民基因，所以沒有任何人說不要去。會說不要去的可能都沒有在我的生活圈。」她開玩笑的說，「這真是太糟糕了！」家人不僅全力支持，還叮嚀她要找時間休息。

運動時的零時政府，自我定位在後勤支援的角色，致力於彙整資訊與資源，保持網路連線的暢通，確保立法院內外的訊息如實傳遞，以消弭誤會、促進溝通。那段日子，她主要幫忙直播與照看各專案，遞補短缺的人力。

提及 318 運動時印象最深刻的事，瞿筱葳憶起在 324 清晨行政院事件時，謠傳鎮暴警察將清場的消息，使現場人心惶惶，當時 g0v 在青島東路當班直播的負責人問她要不要撤器材，討論後，她交由在現場的人決定，後來因顧慮到器材眾多，負責人決定先撤場。「那一次撤，是我們從318 開始直播到那個時候才有中斷。」瞿筱葳心想，「哇！那就沒有人直播了耶！？」沒想到中斷幾小時後，就又有其他 g0v 社群的人到現場，自行以簡單器材重啟直播。

「那時候覺得還滿奇妙的，每個人都是自主的，但是整合成社群卻是有機的。」瞿筱葳評論，正是因為 g0v 社群讓每個成員自主判斷與決定，才能在無人統籌的狀況下，在直播短暫中斷後隨即復播，完整記錄運動直到最後一刻。

「在媒體上看到好像很多 g0v 的人投入，他們其實是台灣不同開源社群的人。」瞿筱葳解釋，零時政府投入運動的參與者來自諸如線路組與 Mozilla 等不同類型的社群，由於 g0v 的識別度較高，開放透明、全民參與的精神又是

各社群的最大公約數，所以大家都願意配戴 g0v 的牌子、共同協助。問及現場遇到的困難時，她歪著頭思索，「那時候就一直有媒體要採訪 g0v。」由於社群成員大多低調，當時大夥便達成不以 g0v 身分在現場受訪的共識。

從科技角度反思民主與運動

科技的運用，為台灣這場有史以來最大的社運增添了許多特殊性。「社會大辯論的氣氛，已經很久沒有出現了。」瞿筱葳認為，直播讓不在現場的人能隨時了解現場動態，成功維持運動熱度；網路讓群眾彼此連結，搭配開源科技的應用，讓民眾不只討論，甚至可以打造自己所需的新工具，例如以 Hackfoldr 做出 g0v.today，方便調動資源與整合消息，就是一個例子。隨著行動裝置的普及與網路的加速，從前「萬人按讚，一人到場」的魔咒已被打破，鍵盤與實際參與間的界線日漸模糊。

318 運動後期，佔領立法院議場的抗爭學生和群眾，對於退場議題，曾出現決策小組代議制黑箱化的爭論，在運動瞬息萬變的過程中，需要因應時局快速做出訴求與決策，集中少數人的決策機制可能是不得不的現實。而從佔領華爾街（Wall Street）到香港佔中，各地的群眾抗爭行動都在思考集體決策的可行性，眾多不同且分散的意見要如何整合？是參與式民主的難題。「科技在我們反思代議制，甚至是社會運動裡的意見代表性的時候，有沒有出現新的思維？」她自問：「以後有沒有科技讓更大的群眾，不只是社運裡面的人，一起做一個可以去跟政府溝通的決定？」

一個出身人文領域的媒體人，進入科技宅男圈，「我一開始很多疑惑啊！我本身是媒體、做紀錄片的，拍片是一

個很 top-down，很由上而下的一個組織，跟 g0v 很不同。」
以前的瞿筱葳，常自問「沒有目標怎麼可能做出什麼
呢？」但在 g0v 運作兩年之後，她發現以向心力和認同為
動能，確實能激發社群成員潛力，產出優異成果。

「g0v 的未來何去何從？」現在的瞿筱葳聽到這個問
題，不再猶疑，而是充滿信心地告訴我們，在恪守「開放、
開源、開幹」的原則下，「g0v 更細緻的發展，由參與者
共同摸索前進。」從她雙眼中放射的光彩，我們感受到瞿
筱葳對於 g0v 的熱愛，相信未來她將持續懷抱著對民主參
與的憧憬，在 g0v 去中心化的網路空間內，打造自己心目
中對於資訊透明的公共想像。∎

黑客松中的瞿筱葳，專注的與夥伴進行分組討論。（Kirby Wu 攝影）

文／邱柏鈞

相信網路
開放透明的力量

唐鳳跨越高牆活出希望

唐鳳參加 2014 開放資料工作坊。（圖片來源：唐鳳提供）

2014 年 3 月 18 日，當月悄然隱於黑雲之後，風颯颯的吹起行人的髮絲，這一個平凡的春日夜晚，在學生們鼓動著熱情，翻越高牆進入立法院的那一刻，有了不同的意義。學生們佔領了台灣最高民意機關，將桌椅層層堆放在會議室大門後，抵擋警察一波波的攻堅；當警察切斷了水電，封閉了所有進出口，將立法院與外界隔絕成無法溝通的兩個世界時，夜深了，她一手拿起外套，一手扛起一捆網路線，毅然地走向氣氛漸趨緊張的立法院。

在很短時間裡，g0v 組成了專門負責建構反服貿運動網路、被暱稱為「線路松」的團隊，他們架起了議場與青島東路、濟南路舞台的內部網路，提供現場人們相互傳遞資訊，同時也架設了對外網路，使得訊息能無間斷的向外傳播，讓關心這個議題的台灣人民能掌握立法院的第一手消息，不再受到其他中介媒體的影響。

成長挫折艱辛　母親陪伴走過

她是唐鳳，即使生命充滿了許多難以跨越的高牆，她始終不放棄連結高牆兩端的可能性，堅信秉持開放透明的力量，世界可以更加美好。

唐鳳 1981 年出生於台北市，從小就是一個不尋常的小孩子，天資聰敏，但患有先天性心臟病，不能跑、不能跳，動作因此緩慢的她，有一段陰暗崎嶇的求學路程。她的母親，資深媒體人李雅卿陪伴唐鳳走過這段艱苦的過程，並曾出書《成長戰爭》記錄這些故事，道盡一個在養育過程中艱辛挫折的母親，因為對孩子的愛和不放棄的勇氣，陪孩子一起走過，並對那個時代台灣的教育制度提出深刻的反省。

幼稚園時的唐鳳，思考和學習能力即超越同齡的小孩，

小學二年級時除了難以適應學校的填鴨式教學外，更遭受同學的排擠，甚至萌生自殺的念頭。唐鳳隨後轉學至指南國小，適應不良的狀況漸漸改善，最後轉學到直潭國小，從國小四年級直接跳級至六年級。小學畢業後，卻因為台灣沒有一次連跳兩級的法令，而沒有國中可以讓唐鳳入學！此時因父親在歐洲攻讀政治學博士，所以唐鳳與母親前往德國尋找適合她的教育環境。在德國唐鳳找到了適合她的求學環境，卻在一年後因先天心臟病復發而返台開刀，隨後未回到德國繼續求學的原因有很多，其中影響最大的是她在復原的過程接觸了網際網路。

網址、超連結出現　改變唐鳳人生

時間拉回 1993 年，唐鳳 12 歲，網路世界在這一年發生了巨大的變化。當時網路架構的龍頭 Gopher 忽然宣布要收取權利費引起網路世界的恐慌，隨後 Timothy John Berners-Lee 決定將其研發的網路架構釋放至公有領域，不收取任何授權費。於是，情勢逆轉，原本的大哥 Gopher 成為留存在歷史書扉上的一項記載，而 World Wide Web 則如野火燎原般席捲整個網路世界。

唐鳳回想起了當時身處在劇變當下的自己，「1994 年開始有網址和超連結，我覺得那是決定性的，因為這樣我才敢說我不要再回學校，我相信不管要學什麼，這個地方（網路）一定都有。」這個發現讓唐鳳下定決心離開正規教育體制，著根於網路世界的沃土上，在無邊無界的網路世界中吸收養分。這個她親身體會的事件讓她了解到，網路世界使得人們可以不需經過中介傳遞來獲得資料。

唐鳳離開學校體制後優遊於文學和網路世界中。她在 16 歲時與網路創業先驅賀元一起出版了《我的電腦探

索》，並進一步募集到 1,000 萬元創辦了「資訊人文事業公司」。19 歲時她創辦了「傲爾網」公司，是台灣第一家提供 Open Source 軟體開放下載並以服務收費的公司。25 歲時她選擇從男性的「唐宗漢」轉為跨性別的「唐鳳」。如今的她，已經退休，身兼多家公司顧問，也是 g0v 的一分子。

這些年來，零時政府 g0v 著根於台灣開源社群的沃土上，秉持著開放透明的理念，提倡「不要問為什麼沒有人做這個，先承認你就是那個『沒有人』」的精神，逐漸地成長茁壯，唐鳳則是在 g0v 成立之初就伴隨左右，在 Google 台灣雲端運算計畫主持人葉平的號召下，開始了萌典計畫，至今已經成了台灣民間最大的國語、台語、客語綜合字典。而唐鳳也從此身陷 g0v 這深不見底的坑中，成為了 g0v 開放社群中極為活躍的一員。

「我比較會的是聽人說話，了解大家的感受，然後把這個社群最基礎的東西建立起來，像是 IRC 的紀錄，log、網站、專案列表，宣言、零時政府的第一年紀錄等等。」她不只是一個電腦工程師，唐鳳處在 g0v 這個昂揚發展的世界，揮舞著筆記錄下 g0v 發生過的點滴，不斷挖出一個又一個的坑，傾聽他人的專長與需求，將這些人推向屬於他們的方向，使 g0v 內部的人力供需更加順暢。

在運動中用網路連結高牆內外

3 月 19 日凌晨開始，警察包圍了學生所佔領的立法院議場，切斷了裡外的連結，對外界而言，學生所在之處是一個黑暗的世界，除了少數的手機能連上網路，讓學生可以架設直播的線路外，高牆外的人幾乎無法獲得議場內的即時資訊。「我馬上覺得，他們一定要拉一條裡外直通的

intranet，不能從 WiMAX 再回來，這樣太慢了。」當唐鳳從 g0v 的內部聊天室得知現場學生的需求時，她不假思索的背起裝備，前往立法院，將網路設備交付給 g0v 線路松的夥伴，協力架起高牆內外的連結！

那時，為了保護議場，坐在議場外青島東路和濟南路上反包圍的學生們，總是焦急於內外資訊的不對等，PTT 不定時傳出警察要攻堅的風聲，更讓現場學生坐立不安，不僅替議場裡的同學擔憂，茫然的面對眼前高築的拒馬，不知何時警察會忽然高舉著警棍跨進人群，將所有人驅離立法院周邊現場。

唐鳳回想當時的情況說，「一定要讓裡面的人可以看到外面的狀況，外面的人也看到裡面的狀況，才不會亂。所以那時腦裡就會想，內外網絡怎麼樣連起來比較好？」於是在學生孤立無援時，g0v 發起「線路松」架起了室內的 WiMAX 網路，連結議場與青島東路之間的內部網路，以及立法院外與台灣人民連結的橋梁。直到那個當下，運動的網路體系大致底定，資訊可以沒有阻礙地傳至台灣的每個角落，甚至可以更進一步的向國際發聲。

只要公開透明　我不是要反對什麼！

在這場被界定為「反黑箱服貿」的運動中，唐鳳對自己的位置和初衷有不同的理解。「我沒有『反』黑箱，我只致力於公開透明。」對唐鳳而言，如果看到一個與自己理念不同的事物，當下就對它採取反對的姿態是無助於改變的，對立的結果只會造成更多的誤解與衝突，不如重新塑造出一個新的情境，不再膠著於對立的雙方，而是告訴彼此，「我們還有另一條路可以走，那就是條開放透明的道路。」

唐鳳於「第零次向日葵數位體驗營」演講中回想起 3 月
18 日發生的點滴後說：「要連上牆裡與牆外，只有中立
的網路可以做到，通訊可以減少衝突和誤會，我的本意就
是這樣而已。」唐鳳心裡一直念茲在茲的，就是在各處消
除資訊的不對等，將連結搭起來，減少衝突與誤解。在演
講中，唐鳳引用了 g0v 另一位參與者楊孝先說過的話，「如
果我們相信開放透明的力量，就要握著它戰勝黑暗。」唐
鳳藉由行動將這個理念活成了自己的生命！■

文／徐乙喬、林安儒

PTT寫下網路世界
台 灣 奇 蹟

鄉 民 婉 君 站 出 來

左、右圖：鄉民合購廣告成果。（圖片來源：翻拍自《蘋果日報》、《紐約時報》為設計師聶永真開放下載）

回顧 2014 年的太陽花運動，330 反服貿大遊行，台北市黑衫雲集的驚人場面，應該是許多人的共同記憶。因為當天有超過 50 萬公民自發性地走上了總統府前的凱達格蘭大道，人潮溢出塞爆台北車站、立法院及總統府周邊道路，展現出令人無法忽視的公民力量，更締造了台灣社會運動史中的規模新紀錄！不僅如此，當台灣有 50 萬人同上街頭時，他們的聲音也同步傳達到了地球另一端，由 3,621 位公民所贊助刊登的反服貿運動廣告，於遊行當天在《紐約時報》的國際版見報了。這是第一次由 PTT 鄉民發起成功集資買廣告的案例，並且在三小時內就募得超過 693 萬，順利買下台灣兩大報的頭版廣告，以及《紐約時報》國際版的全版廣告，正式大聲地向國際宣示反對黑箱服貿運動的訴求，這是 PTT 一次鄉民力量的大展現！

誰是鄉民？ 台灣十個人就有一個 PTT 鄉民

不知道從何時開始，「鄉民」兩字開始頻繁出現在你我身邊，民眾不斷從新聞主播口中聽見鄉民，也從網路世界裡看見鄉民；對於許多人來說，他們只知道鄉民是網路上的一群人，但是，追本溯源，說得準確一點，鄉民一詞其實是來自 PTT。最早時，PTT 使用者自稱鄉民，現在，鄉民這個用詞爆紅，幾乎已成網路上泛稱網路大眾的代名詞。在 2013 年年底，PTT 鄉民人數超過了 200 萬人，這代表著你在真實生活裡所遇見的每十個人當中，至少就有 1 位是 PTT 的鄉民。

最近幾年經常成為社會議題焦點的 PTT 究竟是什麼？批踢踢實業坊（簡稱 PTT），可以說是台灣目前最大的網路討論論壇，它成立在網路尚未普及化的 1995 年，由當時的台灣大學學生杜奕瑾利用電子布告欄系統（BBS, Bulletin Board System）架設而成，並且以免費、自由與開放為設立宗旨，立刻吸引了許多使用者。特別的是，PTT 至今仍然堅持非商業化的營運模式，管理階層也都是志工、代代相傳，在百花齊放的網路社群中可說獨樹一格；而它自由的言論空間以及開放的討論文化，更讓 PTT 成為台灣網路社會中一處獨特難得的好風景。

即便各式各樣的社群媒體不斷出現，但是 PTT 仍然一枝獨秀，使用人數逐年增加。主要原因是 PTT 站方在持續使用 BBS 系統的同時，也因應數位趨勢開發了相關 App，讓鄉民可以在任何行動載具上使用 PTT。2010 年更建立了 PTT 的 Facebook 粉絲團，藉由轉貼站內文章的方式，讓沒有使用 PTT 的民眾也可以看到站內精選文章。如此跨平台間的使用模式，增長了 PTT 能見度，也讓站內的討論更廣為人知，與時俱進的改變，讓 PTT 持續在

台灣的網路社群裡佔有一席之地。

PTT‧年輕世代‧台灣社會

　　成立之初，PTT 只是個校園社團，註冊使用者多半是大學生。根據 PTT 站方過去統計的資料推估，現在 PTT 最主要的使用者年齡層會落在 35 歲以下，主要使用族群為 20 至 35 歲間的青年，因此相較於其他線上社群平台的年齡層，PTT 所呈現出來的樣貌，幾乎可說就是這一代台灣年輕族群的縮影。「其實它一直以來都是年輕人的地方，只能說現在年輕人改變了，他們的改變，也帶來 PTT 的改變。」身為 PTT 板務站長的 okcool 這樣認為。

　　在過去，PTT 一直是許多學生在大學期間的好夥伴，每個看板都有它專屬的面貌，提供了一個自由開放的網上討論空間，整體氣氛輕鬆且休閒。但是隨著使用者的使用習慣與目的的改變，PTT 也逐漸發生了轉變。說起 PTT 的最大轉變，就不得不提起在近幾年成為 PTT 第一大板的八卦板（Gossip）。

　　八卦板，板如其名，是被用來問八卦的，也是目前 PTT 上人氣最高的看板，在這裡，只要內容有八卦，在符合板上規定的情況下，鄉民都可以在這裡發表言論，讓八卦板成為了 PTT 裡訊息最豐富但也最繁雜的地方。

　　「大概兩年前吧，（八卦板上）如果有人講到關於政治的事，還會有人說政治魔人滾蛋，大家不要討論政治之類的。」okcool 說，但是 2013 年中的洪仲丘事件，卻在 PTT 的八卦板裡引起了相當程度的討論，呈現出前所未有的態勢。期間，鄉民在八卦板裡的瘋狂討論，也喚起了現實社會中，人們對於社會議題的關心。當時，由年輕醫生也是資深鄉民的柳林瑋發起，快速串聯了 39 個互不相識

的鄉民組成公民 1985 行動聯盟，一起號召動員了 25 萬人著白衣上街，並促使政府快速修正「軍事審判法」，可說是台灣罕見的強大公民力量的展現。

　　從此之後，PTT 從原本一個單純的，帶有休閒娛樂性質的網路論壇，轉眼間成為了台灣社會中不可忽視的社群力量。特別是在近兩年裡所發生的公民運動中，舉凡 2013 年中的 803、25 萬人送仲丘、308 反核大遊行，甚至是 2014 年 318 反服貿運動，都讓許多人見識到了 PTT 的影響力！PTT 的鄉民不再是過去大眾所戲稱的「鍵盤軍」，他們不再只現聲於網路，而是開始現身於社會。這樣的公民覺醒與參與浪潮，席捲了 PTT，幾乎完全改變了過去鄉民「萬人按讚、一人到場」光說不做的老舊思維文化。

　　對於這樣的轉變，PTT 的 Facebook 粉絲團主編，被暱稱「鄉長」的林祖儀認為，這並非是一夕之間突然轉變的，而是一系列的質變過程，主要還是鄉民自己的改變與覺醒。他說，2013 年洪仲丘事件，最後之所以有那麼多人站出來，最早那群發起者總共 39 人，其實都是從 PTT 八卦板裡出來的；之後在反服貿運動期間，更是有許多臥虎藏龍的網友鄉民做了好多好多事情，才讓這場運動得以被社會關注。由此可見，使用者的轉變，讓 PTT 開始與現實社會有了連結，線上與線下的世界彼此不再毫無相關。

　　洪仲丘事件過後，PTT 八卦板裡對於公共議題的討論日漸增多，就在 2014 年 3 月 18 日晚間，台灣發生了人民因抗議執政黨 30 秒通過《海峽兩岸服務貿易協議》而攻佔立法院的事件。事發突然，在主流媒體還無法即時掌握訊息的情況下，現場許多學生和民眾，開始主動地在 PTT 的八卦板裡發布消息，經由網路的連結，現場情況快速在網路間擴散，引爆社會大眾關注，深夜到清晨就快速召喚數以千計的鄉民到立法院現場聲援，這是 318 當晚學生攻

佔立法院議場後，警方後來無法清場的重要原因，因為到了 319 早上，透過 PTT 及許多人的 Facebook 串聯，立法院周邊已經擠滿了反包圍的群眾。

《服貿》相關議題瞬間在網路上發酵。往後約莫一個多月的時間裡，PTT 的八卦板成為許多人關心此議題的重要途徑，甚至可以說是傳播相關訊息的主要管道。PTT 傳播即時性極高的特質，更讓它在太陽花運動期間，吸引不少主流媒體從中取材；同時，有別於其他社群媒體多半局限於使用者與朋友間的連結，PTT 散布全台的使用者讓它成為多元資訊的匯流平台，徹底展現出網路世界裡的群眾力量。

八卦板（Gossip） 超過十萬人同時使用的看板

「爆卦！警察要清場了」、「XX 路上有警察」，諸如此類的即時爆卦文章，在抗議民眾於 3 月 18 日晚上衝進立法院後，不斷出現在八卦板裡，也因為當晚有許多現場民眾利用手機即時發文、回報消息，讓八卦板擠爆，一篇篇描述現場情況的文章快速地在網路傳播。這些即時訊息雖然幫助許多人了解現場情況，但也出現了過多違背既有板規的文章，好比是過短文與一行文，大量訊息瞬間出現使得 PTT 秩序大亂，讓站方在隔天就發出公告，宣布 PTT 進入特別時期，並採取因應措施進行管制，也重啟之前曾短暫出現的服貿板（FuMouDiscuss），讓想討論《服貿》議題的使用者可以聚集起來討論。

儘管站方為了舒緩討論人潮而重啟了服貿板，但八卦板依舊是太陽花運動時期 PTT 上人氣最高的討論看板。它成為大量《服貿》相關議題的集散地，不論是相關的法律條文、中小企業主的現身說法，或者是學界聲音，各式各

318運動期間，PTT鄉民討論盛況空前（圖片來源：翻拍自PTT）

| 日期：20140318
時間：03:29 | 事件：為抗議 3 月 17 日立委張慶忠的 30 秒過《服貿》事件，鄉民貼文。 |

作者　 　 看板 Gossiping
標題　[爆卦] 服貿協議粗暴闖關 人民包圍立法院！
時間　Tue Mar 18 03:29:59 2014

如標題

想知道服貿到底在幹什麼的可以看一下這篇文章，雖然很長但解釋很清楚

http://ppt.cc/CxJp

這幾天服貿進行得如火如荼，到現在已經到了一個很危急的狀態

但媒體們依舊轉移焦點關注在一些根本不關社會大眾的新聞上面…

雖然我不是主辦單位，但希望能讓更多人知道還有人在最後一道防線奮力抵抗

也希望大家如果有辦法的話，能到現場一起聲援

讓政府官員知道社會大眾不是那麼容易能夠蒙混過去的

這幾天都有相關的抗議行程，因為目前沒人貼我就先貼了

| 日期：20140318
時間：21:43 | 事件：首篇佔領立法院即時文章出現。 |

作者　 　 看板 Gossiping
標題　[爆卦] 人民已佔領立法院主席台
時間　Tue Mar 18 21:43:03 2014

摸黑闖入

請有在現場的鄉民持續更新！

KMT今天專制獨裁

就讓他們嚐嚐公民的怒火！

| 日期：20140319
時間：02:41 | 事件：〔站方公告〕因過多即時訊息的傳遞而造成八卦板狀況混亂，違反板規的文章數目過多，站方出面呼籲。 |

作者　 　 看板 Gossiping
標題　[公告] 請理性
時間　Wed Mar 19 02:41:43 2014

各位青年領袖，

剛剛銷假回來就遇到服貿大戰，

前輩海盒和檢舉王已經去就寢了，

希望各位高抬貴手體諒我留守的煎熬，

因為違規文章太多了，我們會儘速討論處理方式，

提醒一下大家，不要過短文、一行文，

政治問卦、濫用暴卦或者無意義推文等板規所規定的事項，

另外，希望大家推文、發文時注意網路禮儀以免訟累。

日期：20140319 時間：14:03	事件：〔站方公告〕站方宣布八卦板進入特別時期。

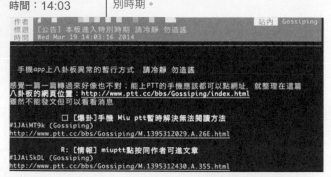

日期：20140320 時間：N/A	事件：站方重啟服貿板，而服貿板則在 2014 年 5 月 2 日 00:00 起進入唯讀狀態，不再提供鄉民使用，並且更名為「318 太陽花學運紀錄看板」。

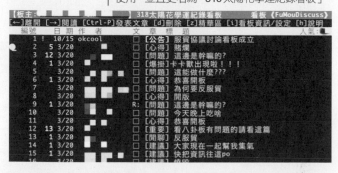

日期：20140323 時間：23:10	事件：〔站方公告〕八卦板紫爆門檻達成。

日期：20140323 時間：23:24	事件：〔站方公告〕因行政院事件導致板況混亂，故將八卦板調整為靜板，並且調整八卦板發文門檻。

日期：20140324 　事件：〔站方公告〕八卦板解除靜板狀態。
時間：20:59

作者　　　　　　　　　　　　　　　　　　看板 Gossiping
標題 [公告] 解除靜板狀態，回復板規運作。
時間 Mon Mar 24 21:40:17 2014

稍早已經解除靜板，**違規文章刪除不處分，時效已過**

目前已經恢復正常版規運作，所有違規文章一律按照版規處置。

希望各位青年領袖不要發表違反板規的文章，謝謝。

補充：

1. 站長於3/24 20:59分解靜，故違規由20:59認定。

2. 服貿事件可洽**Fumoudiscuss**板討論。

日期：20140324 　事件：鄉民集資買廣告一文出現。
時間：04:46

作者　　　　　　　　　　　　　　　　　　站內 Gossiping
標題 [爆卦] 【合購頭版廣告】行動升級
時間 Mon Mar 24 04:46:57 2014

我們以網路募資平台，九點開放募資，目前為瀏覽模式

請盡力分享，募資時間：今天9:00至3/28 23:59為止。

完整文案請見：http://www.flyingv.cc/project/2648

募資滿150萬，我們刊廣告在**蘋果頭版半版**。
如果募資到633萬，除了蘋果頭版，**我們會把意見跨越太平洋彼端，紐約時報見。**
紐約廣告報價表請看連結。

募到150萬，立即在蘋果刊登廣告。
募到633萬，即刻申請在紐時刊出。
刊登在外媒的處理速度一定比較慢，但一定使命必達。
另外急徵專業翻譯以及熟習國際匯款的專業人才，請站內信並簡單自介。

樣的訊息都如同 PTT 的鄉民一般，不斷地出現在八卦板，
並且傳播到全台灣、甚至是全世界，擴散距離無遠弗屆，
如此的傳播效果也讓許多使用者在反服貿運動期間更加依
賴 PTT 與八卦板。

　　談起 PTT 與 318 反服貿運動之間的連結，站長 okcool
認為，就是因為大家只要在不觸法的情況下，都可以在
PTT 裡發表意見，讓各種意見並陳論戰，才使得 PTT 能
夠在反服貿運動中佔有重要位置。它中立且不受特定團體

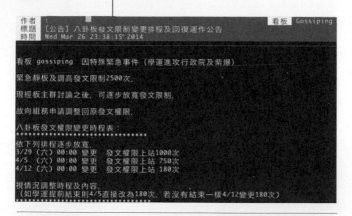

作者 t
標題 [公告] 八卦板發文限制變更排程及回復運作公告　　　　看板 Gossiping
時間 Wed Mar 26 23:38:15' 2014

看板 gossiping 因特殊緊急事件（學運進攻行政院及紫爆）

緊急靜板及調高發文限制2500次。

現經板主群討論之後，可逐步放寬發文限制，

故向組務申請調整回原發文權限。

八卦板發文權限變更時程表：
****
依下列排程逐步放寬，
3/29（六）00:00 變更　發文權限上站1000次
4/5　（六）00:00 變更　發文權限上站 750次
4/12（六）00:00 變更　發文權限上站 180次

視情況調整時程及內容，
（如學運提前結束則4/5直接改為180次，若沒有結束一樣4/12變更180次）
****

: 申請新板
: 英文名稱：Publicissue
: 中文名稱：公民覺醒版 社會運動者的集散地
: 看板類別：社會
: 板主名單：
: 申請原因：
: 我覺得，要有一個板，可以凝聚大家對社會的關注。
: 連署結束時間：(1398681664)04/28/2014 18:41:04 Mon
: ----------支持----------
X　1.　　　　　　希望有個版可讓大家來關心社會議題　　來源:61.70.54.197
X　2.　　　　　　我叫zero，我支持公民議題獨立　　　　來源:36.231.99.168
　　3.　　　　　　白色正義 YA YA　　　　　　　　　　來源:122.118.70.198
　　4.　　　　　　自己國家自己救　　　　　　　　　　來源:1.163.183.108
　　5.　　　　　　人民不能再冷漠　　　　　　　　　　來源:118.163.165.250
　　6.　　　　　　不要限制東駡西 才是真正言論自由　　來源:220.135.88.95
X　7.　　　　　　請大家持續關心社會議題！　　　　　　來源:59.127.31.222
X　8.　　　　　　醒來了，就不要睡回去　　　　　　　　來源:58.156.125.219
X　9.　　　　　　維持ptt上的社運能量與議題的熱度　　來源:122.118.251.205
X　10.　　　　　　公民覺醒 台灣加油！　　　　　　　來源:114.45.226.122
X　11.　　　　　　希望比八卦更專精，比政黑更包容　　來源:140.112.7.214
　　12.　　　　　　支持！　　　　　　　　　　　　　　來源:123.194.177.72
X　13.　　　　　　提高對社會的關注　　　　　　　　　來源:42.71.84.91
　　14.　　　　　　有必要成立討論公共議題的專版　　　來源:140.112.245.125

左右的特性，讓八卦板在運動期間成為網路上最主要的討論空間，「因為不論你講什麼，只要你有道理，大家都會支持你，沒有人會去阻止你要講什麼，或是不能講什麼。」

彷彿回到洪仲丘事件期間，八卦板在 2014 年 3 月 18 日之後再度陷入瘋狂的討論，到了 3 月 23 日深夜 11 點多，更因為突發的行政院警察暴力驅離抗議民眾，讓眾多沒有到場的鄉民們瞬間湧進了八卦板，他們無一不希望可以得到現場的即時消息，也讓八卦板達到同時超過十萬人上線

的「紫爆」最高等級，突破了創板紀錄。

　　過去的 PTT，大概只有台灣的國球──「棒球」才能捲動類似的瘋狂人氣。2013 年 3 月世界棒球經典賽預賽的台韓大戰就首次讓棒球板（Baseball）「黃爆」了，同時上線人數超過六萬人；接下來對抗日本的複賽，更被鄉民期待可能發生 PTT 的第一次紫爆。這場扣人心弦的台日大戰，最後還是維持接近八萬人次同時在棒球板上的「黃爆」狀態，但已是盛況空前，延長賽戰到第十局台灣惜敗後，棒球板上鄉民一片哭聲、哀鴻遍野！

募資專案　看見公民的力量

　　324 行政院事件，不只造成了 PTT 的紫爆紀錄，更藉由 PTT 實踐了公民的力量。首起由 PTT 鄉民發起的募資專案，在 3 月 24 日那天打破了台灣募資史上的最快紀錄！3,621 位公民以最高五萬元為上限的小額捐款，在短短一天內募得 693 萬元，成功在國內外的報紙刊登了反黑箱服貿的廣告，讓國內外非網路使用者，都能接觸到太陽花運動第一手的真實訊息。

　　募資專案的起源來自 PTT 八卦板上一篇名為〈對不起，不再袖手旁觀了──一位企業者眼中的服貿〉的文章，其內容有別於主流媒體新聞畫面中，許多大企業家對於《服貿協議》的肯定及一面倒的支持。這篇文章的作者，用生動的描寫與自身濃厚的情感，深刻敘述了一位台灣中小型企業家，對於《服貿協議》通過之後，台灣可能面臨負面情況的擔憂。文中還提到自己大可在《服貿》通過後自顧自地做個受益者，但他卻不忍更多台灣民眾可能面對的不堪處境，字字句句都透露著他對台灣的情感和憂心。

　　這篇文章在 PTT 上引起網友熱烈的討論，也被轉載到

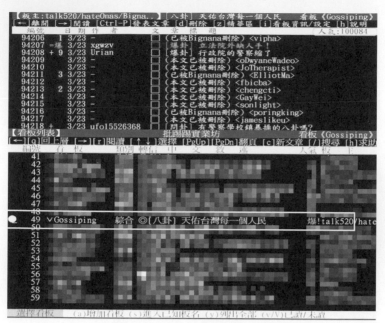

紫爆圖（圖片來源：翻攝自 PTT 八卦板）

PTT 的 Facebook 粉絲團上，引起非常廣大的共鳴，網友更對這篇文章的描寫深有所感並瘋狂轉載，引起了更多網友對於《服貿》議題的關心。但在傳統媒體的新聞報導上，卻幾乎沒有這樣的聲音，網路世界與傳統媒體，就像兩個平行世界、沒有交集。不少網友對許多報紙及電視新聞幾乎一面倒指責反服貿運動感到焦急，而這樣的情緒也持續擴散著，因此，在這樣的情形下，「想讓主流媒體的閱聽大眾聽見不一樣的聲音」成了眾多網友一致的目標。

於是，為了讓網路上的聲音能夠被沒有使用網路的人聽見，一群互不相識的網友在 PTT 上發起了「合購頭版廣告」的活動，利用群眾募資平台 flyingV 結合 PTT 上的號召，預計募資 150 萬元買下《蘋果日報》頭版的廣告來刊登這篇文章。但就在 3 月 24 日的凌晨，又發生了警察在行政院執法過當，造成抗議民眾受傷的事件，更加激起群

227

眾的憤怒，在募資行動快速達標後，決定加碼買下《紐約時報》廣告，讓反服貿運動被全世界看見。攻佔行政院的警民衝突事件激起的效應，讓募資專案在短短三小時內，集資到 693 萬多元，創下平台群眾募資史上的新紀錄！

原先預計要刊登這篇中小企業主的文章，卻因為原作者婉拒而無法進行，大夥因而決定調整方向，傳達「為什麼會有一群人在立法院裡頭？這群人並不是別人，可能是我們的家人、朋友」的概念。於是，便在此概念下集結網友的智慧來設計報紙廣告版面，身為資深鄉民又時任 flyingV 平台窗口的林大涵說，「這群志工們彼此沒有見過面，互相不知道彼此是誰，但憑著一股熱情，大家集思廣益，有些人寫文章、有想法的出企畫、懂設計的搞設計，並有人負責跟報社斡旋、談價碼，採取完全的責任制分工」，「大家講好分工，就在短短數小時內各自完成自己的工作，效率超高！」

報紙廣告上使用反服貿運動的現場畫面，是希望讓看報紙的閱聽大眾了解，為什麼這群人會在這裡？同時，廣告裡也放上反服貿運動資訊網站的 QR code，希望讀者能夠利用 QR code，上網看見網路上的意見，使網路上的意見被更多人知道，讓網路與傳統報章媒體，不再是各走各的平行世界，而是能夠互相傾聽、彼此交流的一個屬於大家的共同社會。

這一次成功的募資行動，徹底展現了公民行動的力量，以及鄉民由鍵盤前走向實際行動的公民覺醒現象。鄉民透過網路實際捐款參與募資行動，希望改變非網路使用族群的看法，在短短三個小時以內，創造了台灣群眾募款的奇蹟，是一次群眾力量透過網路集結的實力展現。

在網路世界裡參與社會

318 反服貿運動期間，PTT 無疑是許多人獲取資訊的地方，其角色的重要性沒有人可以否定，不僅如此，這個非營利的網路平台更在運動結束後做了一些彈性的應對。以服貿板來說，它原本只是一個臨時看板，提供給使用者在特殊期間做討論之用，依照 PTT 的管理慣例，事件過後就該關閉該討論看板，並且消除所有文章。但是在 318 運動後期，服貿板並未被關閉，只是被站方設定為唯讀看板，雖然不再讓使用者討論，但是保留了運動期間的所有討論文章，以記錄當時的歷史事件。

除了服貿板被留下來，成為一個歷史紀錄之外，反服貿運動也喚起了 PTT 使用者對於公民議題的關心，有使用者為了凝聚 PTT 上關心社會議題的使用者們，循站上規定建立了一個新看板——公民議題板（PublicIssue）。在這個看板上，使用者們可以討論各式各樣的公民議題，可以說是反服貿 318 運動後所帶來新氣象。這場運動為 PTT 發展了一個新的樣貌，從過去的休閒娛樂取向，轉變成可以與社會議題結合，比以往更加關心社會的平台，讓這個虛擬社群不再虛擬，而成為社會上真實存在的聲音。

PPT Facebook粉絲團　另一種可能性

PTT 粉絲團，是 Facebook 上屬於 PTT 的小天地。粉絲團主編林祖儀說，自己每天會挑出推文數很高的精選文章，放在社團裡讓大家分享。講到主編的角色，雖然被暱稱為「鄉長」，但林祖儀說，網路社群的特性，就是不需要意見領袖，也沒有所謂的代表，每個人都是獨立的聲音，且聲音也沒有大小的分別，尤其是在 PTT 這種匿名

的平台，所有的聲音都一樣具有分量，不因每個人的年齡、性別、貧富與地位而有所不同，你的意見只要有道理，就會被推爆，這是網路世界很特別、也很可貴的一點。

不過，在 PTT 目前威風八面的背後，也隱藏了未來的發展危機。原來早年時 PTT 之所以會興起，是因為當初很多大學的班板都設立在 PTT 上面，但近年 Facebook 崛起後，隨著它在大學中的使用率越來越普及，已經少有大學的系所會在 PTT 上設立班板了！幾年下來 PTT 新血正在逐漸減少，現在 PTT 之所以尚有極大影響力，是因為過去長期累積了足夠多的鄉民，但是，鄉民會老去，沒有新血就會漸漸失去年輕族群的支持與穩定成長的使用者。因此 PTT 管理階層對於 PTT 的未來十分憂心，希望吸引新血加入，讓更多人知道 PTT 的存在，基於危機意識，Facebook 粉絲團便應運而生，希望透過 Facebook 增加新血加入 PTT 的行列。在管理團隊的多年經營下，目前粉絲人數已經超過 50 萬人，且擁有非常高的討論度，是台灣非常活躍的粉絲團。

PTT與社群網站連結的深遠力量

318 反服貿運動期間，不論是在八卦板或者服貿板裡的文章，都有許多鄉民嚴謹深刻的論述，但由於站上使用者太多，文章產生的速度太快，一篇好文章也許只會被數百或數千人看見。因此，PTT 的 Facebook 粉絲團便在此時發揮了效用，藉由文章轉錄的方式，許多在 PTT 上的好文就這樣透過了 Facebook 傳達給了更多人，可能是幾十萬人，甚至是幾百萬人，實踐了經濟學裡所提到的乘數效應。藉由 Facebook，讓更多人知道了 PTT 這個平台裡的聲音，跨平台的連結讓公民聲音更擴張於社會中。

PTT 八卦板服貿深度論述文章

文章標題	發文者 ptt 帳號	文章發表時間
1 [爆卦] 拒絕服貿硬上 30 秒，立院晚會現場直播	Dkw	2014.3.18
2 Re:[問卦] 反服貿的理由到底是？	crossmyheart	2014.3.18
3 Re:[新聞] 林鴻池：未來服貿只能表決 沒討論空間	Chrysanthi	2014.3.19
4 [爆卦] 馬英九不讓立法院實質審查服貿的原因	Berliner01	2014.3.19
5 護理系師生對服貿醫療的看法	Midas82539	2014.3.19
6 服貿真的不好嗎？	QQron	2014.3.19
7 換個方向談服貿	Reisa	2014.3.20
8 [轉貼] 黑心服貿 弊多於利 認真 5000 字分享	Uknown	2014.3.20
9 揭開服貿協議中的愚民與反智	Welly	2014.3.21
10 Re: 蔡正元説服貿有煞車器沒什麼好憂慮	pheather	2014.3.21
11 [心得] 報告經濟部長，我看了服貿條例了！	greengoddess	2014.3.22
12 對不起，不再袖手旁觀了：一位企業主眼中的服貿	Petercilee	2014.3.22
13 服貿台灣開放給大陸的完整條例	nwtk	2014.3.23

	文章標題	發文者 ptt 帳號	文章發表時間
14	[問卦]為什麼 TPP 一定要跟中共簽完服貿才能加入?	Yehudi	2014.3.29
15	[問卦]台商看服貿	Kai0601	2014.3.31
16	年輕人不是革命,只是更正上一代的錯	Sosoing	2014.4.2

資料來源:程晏鈴《你甘有聽到咱唱歌:海峽兩岸服務貿易協議批判政治論述分析》,第 49－50頁。

PTT 服貿板服貿深度論述文章

文章標題	發文者 ptt 帳號	文章發表時間
1 [閒聊]為什麼不應該針對中國而反服貿?	aaaching	2014.3.23
2 不簽服貿 = 鎖國 = 下一個菲律賓 ???	OnDevil	2014.3.23
3 [心得]跳脫法理及經濟學的反服貿論述	Praxis	2014.3.23
4 [閒聊]民主 vs 法治	p2p8ppp	2014.3.24
5 [閒聊]人才的角度看服貿	Swimmingjam	2014.3.24
6 你真正該反的,其實不是服貿	Jelf7009	2014.3.24
7 [爆料]服貿爭議的背後	Cielbule	2014.3.25
8 [心得]服貿為思考統獨問題的契機	174u11h27	2014.3.25
9 一定得靠服貿提升台灣競爭力 ?!	silveRing	2014.3.26

10	[閒聊] 馬英九又在牽拖先簽服貿才能簽 TPP 了	u5710587	2014.3.29
11	Re:[閒聊] 馬英九又在牽拖先簽服貿才能簽 TPP 了	Ted5566	2014.3.29
12	[心得] 從鋁合金產業看服貿	lfchen0827	2014.3.29
13	Re:[心得] 這次學運造成四五年級和七八年級的對立	Lingray	2014.3.29
14	[分享] 得罪一整個世代	EvanYang	2014.4.3
15	[分享] 以原住民角度從清明節看服貿議題	doglegbow	2014.4.6

資料來源：程晏鈴《你甘有聽到咱唱歌：海峽兩岸服務貿易協議批判政治論述分析》，第 52 － 53 頁。

PTT 運作到現在始終保持著高度自由的討論風氣，使用者可以直接表達他們最真實的情緒，不限議題，只要藉由幾個按鍵和文字，任何人都可以表達個人意見，這樣的自由氛圍，讓 PTT 成為太陽花運動的訊息匯集中心，PTT 也因此被主流媒體視為網路意見重鎮。在 318 反服貿運動之後，PTT 上的訊息，在主流媒體上出現的次數明顯變多了，有時甚至會引領新聞話題，尤其在 2014 年年底的九合一選舉前夕，PTT 議題討論的能見度更是快速上升。

　　其中，首都市長的選情更是 PTT 上的激戰重點，鄉民大量轉貼與討論有關台北市市長選舉的消息，討論火熱的盛況也讓 PTT 裡出現了「網軍」一說。「網軍」一詞，通常指的是一群人有組織的藉由網路傳播內容，並試圖創造有利己方言論的行為，在國際網路戰爭中，許多國家甚至動用國家機器訓練培養網軍。其實，一直以來網路世界都有網軍的存在，只是以前比較多用於商業目的，像是廣告業配文之類，後來，網路也經常出現具有政治目的的網軍。在 2014 年九合一選戰後期，由於網軍議題日熾，主流媒體更是頻頻使用「網軍」字眼，鄉民於是故意 kuso「網軍」諧音「婉君」來代稱，「婉君」一詞於選戰期間意外爆紅，如今也頻繁地被媒體所使用。這些網路熱門用語，源頭幾乎都是來自 PTT，由此可見 PTT 在網路鄉民中的地位。

　　不管從任何角度而言，沒有人能否認 PTT 在過去這短短一、兩年，對社會公民運動，甚至是政治板塊的深遠影響力。誰能想像 20 年來，PTT 可以從一個校園 BBS 站的地下社群，茁壯蓬發成今日鄉民無數、撼動社會改革的龐大網路社群，這是網路世界的台灣奇蹟！曾有媒體分析，太陽花運動是「聚集於 PTT，發酵於臉書，擴散於網路」，而正是因為 PTT 與 Facebook 的相互結合，形成網路世界

一股不容忽視的聲音，最終效應席捲發酵到社會每一個角落，這是 PTT 每一位鄉民、每一位婉君共同產生的無窮力量！■

文／徐乙喬

我是站長也是鄉民

okcool見證PTT飆速十年

圖片來源：okcool 提供

活躍於年輕世代間的「PTT——批踢踢實業坊」，可說是台灣目前最大的網路社群，每天都吸引數百萬的使用者造訪；但你可知道在這樣的空間裡，除了一般使用者（即使用者自稱的鄉民）之外，還有一群默默付出的帳號？他們是「鄉民」，也是「站務人員」；他們沒有薪水，也沒有特別的職位勳章，有的只是一份自我賦予的責任，一份因熱愛 PTT 而生的責任。

　　帳號 okcool，時任 PTT 的板務站長（在 2015 年 1 月已改接任 PTT 之站務總監），在就讀台灣大學時就註冊了 PTT，並從 2003 年 9 月開始接任板務站長，主要協助管理 PTT 裡所有看板相關事務，至今已經超過十年。他看著同時使用 PTT 的鄉民人數從 8,000 多人成長到現在，幾乎同時約莫有 15、6 萬人次上線，見證了 PTT 飆速成長的歷史。問他為什麼會擔任一個志工職務這麼久，他思考了一下說，「雖然它不是一個有薪水的工作，但我覺得它是一件很有意義的事情，也會覺得自己當阿宅沒什麼不好啊！」

　　訪談當天，穿著簡單的格子襯衫與牛仔褲、戴著一副眼鏡的 okcool，與一般年輕人沒什麼不同。他是一名工程師，平常都利用下班後的空閒時間進行看板管理，希望能夠維護 PTT 上自由且多元的討論。但是對於多數 PTT 的使用者來說，okcool 其實是很陌生的角色，知名度不高，因為他不像各個看板裡的板主，是第一線的管理者，唯有在個別板主無法控制看板狀態時，他才會跳出來直接管理。

　　「板主們才是第一線的管理者！」說到如何管理 PTT 時，okcool 這樣回應了我們。然而，他也強調，負責站務管理的站長群責任也相當重大，因為他們必須在任何議題上都保持中立，唯有如此，PTT 才可以成為不同立場的使

用者都自由發聲的地方。由此可見，okcool 很清楚自己身為站長應有的管理態度與界線，更明白一旦他個人有任何偏向的立場，不論是對於 PTT，或者是廣大的使用群眾，都是一種傷害。

因此，當我們問起 okcool 個人是否有特別關心的議題時，他說自己並沒有特別關注的內容，平常多半只是單純瀏覽，鮮少參與討論。「因為我是站方人員，加上大家又認為 PTT 是一個中立的平台，所以這會限制我的立場。我的心中可以有想法，但不能說出來，這是我們站長群的共識，盡量做到不在公開場合表示自己的意見。」他再次重申了身為站長應有的中立性，「而且我知道你們採訪要出書，當然更不能講囉！」他笑著補上了這一句話，幽默地暗示著他受訪的身分只是 PTT 的板務站長。

除了堅持身為站長應有的原則外，okcool 本身也在訪談時展現了他溫和不與人爭的個性，似乎真實世界的他，也像擔任 PTT 站長應有中立態度的延續。正如他所說，「我期待自己以後都可以保持這樣中立的態度，不偏向某一方，任何議題，我都會關注。」

我坐在鍵盤前有用多了！

一直以來都被視為非主流社群平台的 PTT，在 2014 年 3 月爆發的反黑箱服貿運動時引起社會極大注目，因為它快速散播資訊的功能，讓 PTT 頓時成為許多主流媒體追逐新聞的焦點，特別是 PTT 的第一大板——八卦板。回憶起當時的情景，站長最記得的就是「累壞了」的感覺，「那時候好幾天都很累啊！因為白天要上班，晚上又要熬夜守在鍵盤前。」

從 3 月 18 日晚上開始，八卦板便湧入許多相關訊息，

資訊爆量甚至還造成了手機 App 系統異常的情況，讓使用者當下無法在手機上登入 PTT。運動期間，八卦板的豐富訊息帶進了大批使用者，但龐雜的訊息量中，也因為大量的違規文章而讓板上暫時失去了秩序，為了因應緊急狀況，站方不僅宣布進入特別時期，還在隔天緊急開設了服貿板（FuMouDiscuss）供使用，希望藉由分散使用者的分流方式，來維持整個板務的正常運作。

可以想像，站長 okcool 與當時八卦板的板主群在運動期間，花了比平常更多的時間在管理板務，特別是在 3 月 23 日晚上因為突發行政院事件，八卦板再度爆量湧現了大批使用者，隨著現場的緊張情勢發展，八卦板上的違規文章數量也跟著大增，當晚 okcool 幾乎整晚熬夜盯在電腦前。最後，站方更在 24 日當天凌晨將使用者發文門檻調高至上站 2,500 次，實行靜板的措施，這樣的作法確實讓八卦板恢復了冷靜，大幅降低了違規發文的數量。

即便管理的過程中引起不少使用者的反彈，但是身為站方人員，還是必須要以維護板務運作為第一要務。「因為我重視的是訊息的傳遞，不管是正方還是反方，我都希望訊息能夠正常流通，並且不刻意去打壓某一方的評論，這是我該做的事情。」這也是 okcool 為自己角色任務下的最佳註解。

身為主管所有看板事務的站長，okcool 再三強調自己在 PTT 上所扮演的中立角色。問他是否曾實際到現場參與反服貿運動，他直率地回答說：「我坐在鍵盤前有用多了！」事件發生的當下，他認為他的責任在於要讓 PTT 上面的所有訊息能夠順利傳遞，因此他選擇在電腦前面待命，「每次有大事時，也會有幾個人聯絡我，希望我能待在電腦前。」唯有掌控 PTT 的情況，站長才能在發生問題的當下，即時管理板務，以維護所有看板的運作。

在 PTT 當志工「打工」十年，期間 okcool 難免有疲勞挫折、想要離開的時候，但是對 okcool 來說，PTT 不僅是關於過去青春的記憶，現在更是責任的承擔。因此對於離開與否，他有著更深一層的考量，「如果可以的話，我希望我可以繼續貢獻自己的心力。」PTT 對 okcool 而言就像是一個責任，一種認同感！「我會希望這個美好的感覺可以一直留著。」十年參與其中，讓 okcool 與 PTT 更加分不開。

　　從只因為興趣而自願擔任 PTT 棒球相關的板主開始，沒想到轉眼間已經擔任站長超過十年，okcool 仍然堅持著中立管理的原則，「不管如何，我們都不會去阻止任何一方出來說話，即便你是所謂被霸凌的一方，或是少數的那一方。」因為他始終希望，無論多少年過去，PTT 依舊是那個秉持著中立與非商業化承諾、不帶有任何立場，只是真實反應使用者聲音的 PTT。■

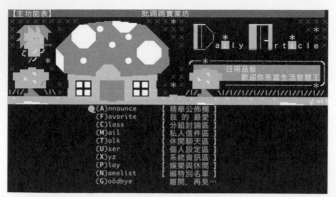

PTT 主要頁面圖（圖片來源：翻拍自 PTT）

文／林安儒

三小時募資693萬

林大涵驚奇發現3621鄉民力量

右者為林大涵，左為募資專案另一團隊成員
林祖儀。（徐乙喬攝影）

一場太陽花運動，幾乎打破了台灣社運史上的所有記錄，也突破了過去社運的所有想像和框架。前後三個多禮拜，有如一場劇情高潮迭起卻超快轉速的奇幻紀錄片；其中，3000 多個網路鄉民在一個啟動訊號後，在三個小時內火速籌集近 700 萬台幣，一起演出了一段驚奇之旅！

這個專案從開始到結束，只花了三個小時的時間，募到 693 萬多元，寫下了台灣募資專案的空前紀錄，成功募資後，除了買下《紐約時報》頭版廣告刊登太陽花運動訴求，也在運動前後期買下台灣主要媒體頭版版面，傳達網路世代年輕人的訴求，令大家見識到台灣公民力量集結爆發的威力。

談起這段在 318 運動中造成轟動的群眾募資計畫，林大涵的語氣中有著藏不住的欣喜和驕傲。炯炯有神的大眼、壯碩的身形，身兼當時 flyingV 募資平台成員以及 PTT 資深鄉民的雙重身分，將群眾集資買廣告發聲的想法與募資平台結合，成為其中重要推手。言談中難掩桀驁不馴的特質，堅毅的神色伴著講起話來略帶急促的節奏，林大涵的個人特質讓人印象深刻。聽他講自己的成長故事，確實很不尋常……

充滿曲折的求學經歷

林大涵的大學路曲折離奇，他曾經歷過被政大退學，重考考上了台大，但依然沒有完成學業，在中途就投入社會開始工作和創業。

他用非常大方坦誠的態度，面對自己的這段過去跟一般人相距甚遠的求學經歷。「在政大被二一退學時，當時系上也有特別詢問過狀況，因為那時我參加系上一些參訪、

博物館等等，課外表現都還不錯。」談起退學的往事，林大涵回憶起來，言談中還是展露他不凡的自信。

後來林大涵選擇了重考，經過半年的重考班和半年的自修，最後考上台大圖書資訊學系。在接近指考的前一個月時，和朋友偶然間參加了當時台大藝術季的閉幕式，深受感動，因此在入學後很快就加入了藝術季的學生籌辦組織，並連續兩年擔任總召和副總召。為了籌集活動的經費，林大涵第一次正式嘗試對外籌資，也因為拉贊助拉到了 Yahoo! 奇摩尋求社群部門的支持與贊助，結識了後來引領他入網路圈的前輩，才打開了他走向群眾集資的領域。

從旁觀到積極投入　洪仲丘事件的啟蒙

除了舉辦活動，大二時林大涵也加入了剛從 Yahoo! 奇摩離開的前輩開設的網路行銷公司，擔任行銷企畫，後來又受到無名小站創辦人林弘全的邀請，加入了募款平台 flyingV 的新創團隊，成了公司創始股東。之後他沒有完成大學學業就離開學校走入職場。林大涵在 flyingV 群眾募資平台中，接觸了各式各樣的社會議題，但他本身一開始卻不特別熱衷參與公共議題，甚至不曾上街頭抗議。一直到 2013 年洪仲丘在軍中被虐死事件發生，當時 flyingV 的辦公室就在青島東路上，803 白衫軍上凱道時，林大涵偶然經過抗爭現場，聽見靜坐者的對話，讓他對於公民參與有了不同體會。

803 現場群眾談論大家各自認知的洪仲丘事件，「你會發現當一群人坐在一起開始討論時，如果有人無法解釋自己為什麼在這裡，就會有人告訴他許多資訊，那個一開始不知道的人就知道了，他就會去找更多人來參與。」那時林大涵在一旁看著群眾討論對話的過程，腦海中留下了深

刻印象，想要在工作的崗位上為公民運動盡一份心力的種子，也在他的心中開始萌芽！於是，到了318運動爆發，許多主流媒體的報導，充斥著「暴民」、「佔領立法院違法」的字眼，鄉民有感媒體報導不能反映社會真實廣大民意，想要團結集資買廣告發聲時，林大涵想要做點事。這時，他的身分不僅是flyingV平台的窗口，他主動在PTT上串聯鄉民集資的想法，開始親身參與群眾運動。

買下《紐約時報》頭版　3,621人寫下的奇蹟

林大涵分析過去經驗說道，絕大多數集資專案都是慢慢由內而外擴散，由一小群核心群體主導逐漸向外一層層感染更多人。但318網路集資這個案子不同，所有參與者在啟動訊號一開始就一鼓作氣一起向前衝，在同一時間參與者都快速認知共同而清楚的目標。「其實PTT上說要集資已經不是第一次了，每一次我都會在下面留言，甚至自己跳下去推。」只是網路上的集資計畫過去往往都無疾而終，但這次完全不一樣，一次就成功到位火速結案。

談到這個集資行動，就不能不提一篇名為〈對不起，不再袖手旁觀了：一位企業主眼中的服貿〉的文章，這是在太陽花運動爆發的第五天，當時鄉民在八卦板上推爆引起廣泛討論及迴響的一篇文章。這篇文章出自一位企業主之手，不同於枱面上站出來的企業界人士大都是挺執政黨、挺《服貿》的立場，這篇文章點出了許多《服貿》的問題，但是，這位企業人士的「敢言」立論，卻無法在主流媒體被看見。於是，PTT鄉民中很快有人提出，「主流媒體不報導，我們就自己花錢買廣告。」讓閱聽大眾看見主流媒體不願報導的聲音。林大涵聽到鄉民提議之後，認同這樣的理念，立刻響應了這個計畫，並且加入了志願者們組成

的集資任務小組，很快的討論分工後，將專案訊息放上了PTT 通知鄉民大眾，在 2013 年 3 月 23 日宣布，第二天 3月 24 日早上九點募款專案正式啟動。

募資專案啟動前的前一夜，是個收假前的星期天，但是，許多人都失眠了！因為當天晚上竟然上演了太陽花運動中最暴力血腥的一幕；當晚，學生攻佔行政院，在行政院前靜坐抗議，在被警方驅離過程中爆發衝突，警察動用暴力鎮壓、學生民眾頭破血流的畫面不斷在網路傳播，社會大眾群情激憤，民怨沸騰，在這樣的社會氛圍下，讓隔天星期一早上啟動的集資專案大爆發，得到網路鄉民熱血響應，募款目標火速達成原本預計買下《蘋果日報》頭版的 150 萬元；後來加碼到 633 萬元，以便多買下紐約時報全版廣告。最後，在短短三個小時內就募到了驚人的 693萬多元結案喊停，讓許多來不及上線捐款的網友大喊可惜，也寫下募資平台公民運動募款的新紀錄。

志工團隊臨時成軍　幾天完成不可能任務

這個專案從一開始的發想、討論到真正完成，不過三、四天的時間，包括設計、內容、與報社談價、刊登，臨時成軍的任務小組就這樣跟時間賽跑、硬著頭皮一鼓作氣完成。林大涵現在談起來，依舊感到不可思議。在這個募資專案過程中，其實還曾出現來自政府部門的壓力。「原本這個集資專案時間可能連三小時都不會有，只有一小時不到，flyingV 自己就要移除這個案子，因為簽約合作的櫃買中心當時受到很大的壓力，也轉而要求平台停止刊登，為了讓專案繼續刊出，甚至還跟當時的老闆直接嗆聲吵架。」儘管有所壓力，但在團隊的體諒和堅持下，最後還是讓專案在集資順利完成後才停下。即使後來因為某些因

素離開了 flyingV，他依然將這個案子視為 flyingV、也是台灣群眾集資史上的重大里程碑。

當時的團隊雖然是臨時成軍，但卻是完完全全的責任制分工，在短短幾個小時內，志願者談好分工方式，從工程師、設計師、中英文翻譯到與國內外廣告窗口的聯絡，在倉促的時間內，每個志工就靠著一份熱情共同完成了這項專案，為的就是希望網路上眾多網友共同的聲音，能夠被更多人看見。「我們希望你拿著這份報紙，把 QR code 掃出來網路上的東西，拿給你的家人或不知道的人一起看。因為我們認為，那時網路聲音比報紙上更加貼近事實真相，我們想讓你看到更貼近現實的東西。」這樣的熱情與努力，使 3,621 位公民與多位不願具名的專案團隊志工，一群陌生人聯手創造了這感動人心的協力合作紀錄，買下台灣四大報與《紐約時報》的全版廣告。

集資計畫帶來的公民覺醒

回顧過去經歷的集資計畫，林大涵說，318 的鄉民集資專案真的很不一樣，「相對其他公民或社會運動相關案子，這件案子的資金運用真的是效率滿分，最後是把每一分錢都用到零，而且大幅擴大刊登廣告規模。」而這個案子能夠把資金運用得如此透徹，林大涵特別感謝團隊中的夥伴、在 PTT 鄉民團被暱稱「鄉長」的林祖儀。林祖儀和各大報談價格，努力地將募到的金額效益極大化，從原本只能夠刊登一次《蘋果日報》跟《紐約時報》，經過妥善規劃與來回和各報社斡旋，最後爭取到同時刊登了《紐約時報》國內與國外版、兩次《蘋果日報》頭版、兩次《自由時報》頭版、一次《大紀元》頭版、一次《聯合報》半版。這些報紙的廣告版面原本都價格不菲，為了表達支持

網路鄉民發聲的心意，包括《自由時報》、《蘋果日報》、《聯合報》、《大紀元》等幾家報紙也在價格上打了善意折扣，讓網友資金運用得淋漓盡致，當時網路甚至喊出「蘋果一塊護民主，自由無價」，這句口號充分展現了媒體廣告降價相挺的情況。其實，在刊登完《紐約時報》頭版廣告後只剩下約 60 萬元，團隊在運動退場當天，就用這些有限經費再刊登了多家報紙廣告。

林大涵說，或許這件事沒有真正直接改變什麼，「但它證明了一群陌生人真的可以為了相同理念、團結做到一些事情。」而且，「如果沒有專案集資這個高張力的練兵機會，運動結束後，臨時任務小組許多成員轉進割闌尾和其他各個社會議題，從 Facebook 活動轉為實體活動，未必會那麼順利。」林大涵認為，這個專案對於運動後續的其他活動有重要的啟發意義，如之後運動紀錄片的拍攝，也是透過群眾集資的方式完成，都讓群眾對於公民運動的參與有了不同的期待，也發現了一種全新的可能。

串聯起生命中參與過的計畫

至於往後的人生目標，林大涵希望能從「才力證明」的角度出發，來打造自己的未來。林大涵認為，現在的社會需要人們去證明自己的才能與影響力，而他自己的特別之處，就在於透過群眾集資、讓提案者從眾多支持者的手中「得到才力證明」，進一步尋求下一階段的資源，實現自己的夢想。而他自己的人生目標，也是不斷在見證許多才力證明的同時，找到屬於自己的位置。

就如同他計畫在 2015 年結婚，而預定的結婚場地是在福山教會。福山教會是之前由他負責的群眾集資計畫完成的，集資計畫中找建築師、找營造廠的過程，林大涵都親

身參與，而最後也真的逐步走向完工，雖然目前因為土地所有權未定而可能有所變動，在那裡結婚仍是他的第一選擇。而結婚的喜帖很可能是之前群眾集資計畫結識的紙雕藝術家，餐點很可能是之前參與過稻田裡的餐桌的食材，林大涵說：「當你的人生中充滿過去完成的事情時，你會覺得很棒！」他也希望在 30 歲之前，讓生活充滿更多自己曾經參與過的事物，享受自己和別人一起創造的成果，實現眾人合力眾志成城的夢想！■

太陽花國際部

文／陳品潔

125人 14國語言
太陽花國際部向世界發聲

4月1日議場內情形，當時國際部設立的看板已變為「International Contact」。（圖片來源：王年愷提供）

「謝謝所有幫助過國際部的人，我們知道的，或我們不知道的，沒有他們讓我們站在巨人的肩膀上，我們做不到這麼多事情。」

這是擔綱太陽花國際部的鄭凱榕，在接受我們採訪時所說的一段話。太陽花運動以台灣立法院議場為核心，向全世界發聲，全球知名國際媒體超過20家報導過這場運動，包含美國 CNN、英國 BBC、日本 NHK、阿拉伯 Al Jazeera、德國 Neue Zürcher Zeitung、法國 Le Monde、阿拉伯半島電視台……，再加上獨立記者，總共超過5、60家外媒陸續發出太陽花運動的新聞報導，成功對政府製造國際輿論壓力。許多人將這份功勞歸於議場內由學生組成的125人、14語翻譯團隊「國際部」，但鄭凱榕這段不居功的話，頗有「要感謝的人太多，那就謝天吧！」那種凡事

國際部初期設立的「翻譯部 Translators」看板。
（圖片來源：王年愷提供）

陳瑞光帶入多本外語辭典進議場，提供成員工作用。（圖片來源：王年愷提供）

感恩的況味。

串聯外語人才
協助議場外媒

2014 年 3 月 18 日夜晚，學生攻入立法院議場內，議場外四周道路也接著被聲援靜坐民眾佔滿，太陽花運動卓然成形，很快引起國內外媒體注意。運動領袖黃國昌發現有許多外媒已進入議場採訪，認為事件既已引發國際社會關注，有必要直接以各國語言向外表達發聲。不過當時場內的學生早各有職責，為了提高這場運動的國際能見度，黃國昌便商請中研院法律所同事黃丞儀協助尋找擅長外語、翻譯的學生進場幫忙。

3 月 23 日星期日深夜，學生持續佔領議場後的第一個週末即將結束，部分靜坐學生轉而攻入行政院，企圖打破僵局，但隔（24）日清晨起，警方動用優勢警力清場，暴力畫面經播送後震驚社會，再度激起群眾不滿情緒，這一幕深化了太陽花運動向外國發聲的必要性。同日，陳瑞光帶著蔡惠伃、簡萱靚、蔡惟安和蔡興水趕赴議場協助外媒翻譯工作。想起當時，黃國昌記憶猶新，「我出來接他們，就在濟南路上。」國際部最初的「五人團隊」就此成形。

當時在中研院法律所擔任研究助理的陳瑞光，正就讀台大法律所碩三，因為外國語言能力傑出，馬上就被找來協

助。他的第一個工作是找到更多認同運動理念的外語、翻譯人才。不過時間緊迫，人要從哪裡找？台大法律系的學生網絡就在此時發揮作用，這五人中就有四人是系友，其中陳瑞光大學時期的學姊蔡惠仔，碩士班轉往師大翻譯所主修英語筆譯，很快就得知這個消息，她相信「這個運動需要我的幫忙」，在使命感鼓舞下，從未有社運經驗的她毅然決然答應進議場協助，還帶來翻譯所學妹簡萱靚一起協助。

「也不知道進去會待多久！」蔡惠仔說，五個人一開始「真的以為工作就是翻譯新聞稿」，但運動決策中心新聞稿的主要對象是國內媒體，訊息偏重即時性，內容難免簡略重複，若篇篇直接翻譯給國際媒體完全行不通。她分析，對外媒發聲時，加入太陽花事件的完整背景脈絡訊息非常必要，「不然他們就只會知道台灣人在抗議，不知道在抗議什麼東西。」

五人團隊進駐議場之初，遠從海外來台進入太陽花運動現場採訪的外國新聞媒體、獨立記者越來越多，也陸續有人介紹外語、翻譯人才給他們，就連遠在國外的台灣留學生們，都紛紛越洋表達關心。

「我們開始想，也許可以把翻譯做成不同的語言，越多越好。」蔡惠仔說，他們靠著議場內不穩定的網路與手機3G訊號，在 Facebook 上「一個一個加人、一個一個牽線」，並主動到 PTT 上招募翻譯志工。規模很快從「五人小組」迅速擴大，大到可用語種分組，形成包含英、日、法、德等語言的「翻譯部」。他們笑稱，日本卡通「哆啦A夢」中的道具「翻譯米糕」（ほん訳コンニャク），吃了就可與不同語言者順暢對話，亦可解譯文字，而翻譯部就像整個太陽花運動的翻譯米糕，可以轉換各種語言。

藉外媒力量 對政府施壓

陳瑞光（前排右一）坐鎮議場內處理外媒相關工作。（圖片來源：王年愷提供）

「有一條線是透過瑞光，請他找一些認同這個運動理念、願意進來協助的人，負責實際翻譯工作與團隊組織。」黃國昌說，針對國際發聲，當時採用雙線並進的策略解決，除了議場內的團隊，「第二條線是找網路媒體中負責外媒的人，借重他們的專業經驗，協助外媒訪問時的協調工作。」

「國內主流媒體最初不太報導太陽花運動，直到國外媒體開始報導，再加上 323 的流血衝突事件，才整個打開了國內外所有媒體關注的焦點。」擔任獨立媒體英日文編譯的鄭凱榕提出她在太陽花運動中對媒體的觀察，「3 月 18 日，已經有第一批衝進立法院的朋友，把自己拍攝現場後製作的公民新聞內容，上傳到美國有線電視新聞網（CNN）的公民新聞網站 iReport。」到了 3 月 20 日，「CNN 亞洲版就是以台灣學生佔領立法院為頭條，大幅報導這個學生佔領運動。」

「這一則新聞是我第一個翻成中文的。」原先在場外工作崗位上支持太陽花運動的她，因擁有豐富 NGO 經歷，在各方人馬招呼下進到議場，加入當時已建置四種語言的翻譯部幫忙。

組織平行合作 加強太陽花運動對外發聲

「進去以後，我們很快知道要做兩件事情。」鄭凱榕說，第一件是「廣開語言」。

她認為至少需要增加西班牙語、阿拉伯語這兩種語言。

因為前者使用人數是全球第三，後者則可引發伊斯蘭世界關注，「可以的話，俄語也應該翻譯，俄羅斯是八大工業國組織（G8）裡很重要的一個國家」，至於其他語言，有能力做多少算多少。結果，「越來越多擅長某種語言的人才，在網路上主動報名幫忙」，西班牙、葡萄牙、阿拉伯、俄、韓、馬來語……等人才陸續加入，蔡惠伃告訴我們。

　　除了要廣開語言翻譯，第二件事情則是不能只當太陽花運動的「翻譯米糕」，而是要成為「外媒的作戰部隊」。他們依據外媒需求製作懶人包，積極邀請外媒專訪，提高運動曝光機會，更決定將自己定位為「國際部」。從「單純翻譯」的角色定位為所有外媒進入議場時的「24 小時外語媒體中心」，主動協助安排外媒進入議場、協助採訪運動人士……等大大小小國際事務。

　　鄭凱榕當時是支持西藏的「自由圖博學聯（Students for a Free Tibet，簡稱 SFT）」台灣分會的常務監事，於是帶入了援藏運動重視國際宣傳的經驗，更直接引進國際媒體網絡資源。她說，三月時 SFT 前執行長正好從紐約來台灣，「非常慷慨地把 SFT 的國際媒體網絡全部給我們」，因此國際部得到一份擁有近 500 個國際媒體的 email 名單，並在 25 日建置了 Gmail 系統和 Facebook 粉絲專頁「Sunflower Movement 太陽花學運」。26 日，國際部就從這管道發出第一份國際新聞稿，並由陳瑞光接受荷蘭廣播電台（NPO）的 Skype 越洋專訪。這是太陽花運動中，佔領國會的台灣學生正式向世界發出的第一道聲音，而這一切，是來自於那份 500 個 email 名單。「我們像是站在巨人的肩膀上」，鄭凱榕用感激的心情，看待幕後許多人對國際部的幫忙。

線上線下合作　網羅各路外語人才

　　因為位置就在議場內主要發言台的左後方，當攝影記者拍攝運動領袖發言時，國際部很容易成為背景入鏡，而畫面上坐滿用筆電工作的國際部成員，其實「只佔整個國際部十分之一」，蔡惠伃解釋，「我們的成員絕大部分都在場外，更多是在海外。」他們主要藉由 Facebook 內部社團處理工作分配，成員會下載新聞稿到自己的電腦，翻譯完畢後再上傳回社團，經過二次校正，完稿後再由管理員上傳至粉絲專頁、外媒 email，透過線上工作共同完成任務。

　　像法文組詹文碩就全程沒有進入議場。從事貿易，在淡江大學法文系兼任講師的他，曾帶著熱包子、暖暖包、礦泉水等物資到濟南路聲援，更參與 23 日佔領行政院，還被警察戴上手銬逮捕，隔日釋放後，他又馬上趕回濟南路現場，守護靜坐學生，但「畢竟每天衝行政院也不是辦法」，詹文碩希望找到支持運動更適合的方式，「這個時候國際部剛好找上我」，他二話不說就答應幫忙法文翻譯工作。

　　在利用 Facebook 線上作業時，詹文碩常固定與另一位成員合作長篇文章，把中文翻譯成法文再相互校正。從五歲起陸續在法國待了 16 年的他，見這位夥伴的新聞稿翻得又快又好，便留言詢問「同學，你的法文很好耶，你在哪裡學的？」結果螢幕另一端傳來五個中文字：「我是法國人。」國際部透過網路，串聯起不同國籍、不同年齡的人，讓他們使用擅長的語言共同合作，關心台灣。

德語組合作模式　留學生、母語人士齊幫忙

　　太陽花運動的國際發聲，可以說是透過有效串聯線上、

線下各種外語專業人才與留學生共同完成。以德語來說，最早被找入議場將德語新聞翻譯成中文、提供決策中心參考的是王年愷（後轉負責英文組），他大學時曾接觸德文，但久未使用，自嘲德文只剩下「幼幼班」程度，他認為德文「要寫得好，非要

太陽花國際部於 2014 年 5 月間辦了四場工作坊，這場陳瑞光找來法文組詹文碩（右一）與德文組 Betty（左一）分享外國媒體接觸經驗，持麥克風者為英文組王年愷。（圖片來源：王年愷提供）

是母語不可」，由於譯出德文有難度，所以他又找來昔日台大外文系同學、後來到德國攻讀劇場碩士的 Betty 幫忙。

從事藝文工作的 Betty 開玩笑說，加入國際部不是正式求職，「沒人跟你坐下來談，問你『一起來佔領好不好？』」因為需求迫切，只要決定願意承擔可能的法律責任就能參與，但每位成員在不同語言的聽、說、讀、寫各種能力難免有落差，「有誰願意做就去做」，其中過程難免辛苦。她說，太陽花運動正值德國假期，當時還有位留德學生返台放假，下飛機後沒回台南老家，反而北上直奔議場幫忙。靠著這位留學生與王年愷、Betty 的齊力合作，終於「拼湊」出第一篇德文新聞稿初稿。

之後又有越來越多留德學生線上加入翻譯，這時的 Betty 便轉型成編輯角色，「翻譯的工作就交給留德學生處理第一稿」，最後當德語區媒體收到新聞稿時，「他們很驚訝台灣學生能寫出如此高水準的德文新聞稿」，Betty 笑著解釋，在第一稿完成後，她會再轉寄稿件給三位德國朋友幫忙校稿，「他們都是很專業的母語人士，而且各個都有『台灣魂』」，非常樂意為台灣付出。

太陽花國際部

與外媒第一線接觸經驗服務到家

交出第一線筆譯工作後，Betty 專責處理工作分配、聯絡外媒，也多次陪同德語區記者進入議場採訪，提供即時雙向口譯及導覽。「他們原本都沒有期待會有人接待他們，這對國際媒體的幫助很大。」她分析，當運動還在進行式時，「你是裡面的人」這件事對記者很重要。Betty 說，雖然積極的外媒記者在國際部不存在的情況下，也會想出辦法採訪到核心人物，但有國際部出面接待，就等於「服務到家」！

Betty 很敬佩德語區記者的敬業態度，她舉例說，瑞士《新蘇黎世報》（*Neue Zürcher Zeitung*）記者經由德國《南德日報》（*Süddeutsche Zeitung*）聯絡上國際部，他在飛到台灣後，「不會只聽我的」，這位德國記者不只是進入立法院議場採訪佔領學生，也與早就安排好的國民黨立委蔡正元、民進黨立委蕭美琴進行訪問，最後一共寫了六篇太陽花運動的深度長篇報導。

330 遊行後，奧地利《維也納日報》（*Wiener Zeitung*）記者告訴他們將在 4 月 14 日來台，當時他們心想「不知道可不可以撐到那時」，結果雖然當天運動已經退場，這位記者還是如期找上門來。原來他們是應馬政府之邀前來。推算日期，早在學生仍佔領議場時，記者就已收到官方的採訪邀請，他顯然立刻設法與在議場內的太陽花國際部聯繫，希望聽取這場運動的兩方不同立場，展現平衡報導的專業態度。

談到國際部對於外媒採訪的實際影響，Betty 解釋，使用外媒熟悉的語言一則可以增加採訪動力，二則可以直接切中媒體需要「現場」的需求。她舉例，主動寫信邀請外媒進到議場，其實意味著「我很真實！我現在就坐在議

會！在佔領議會！你要不要來採訪我？」如此積極邀請，
再加上主動安排外媒進入當時管制森嚴、需領「號碼牌」
才進得去的議場，更直接提供豐富題材，「你要條文我給
你條文，你要歷史我給你歷史，你要花邊我給你花邊」，
國際部對外國媒體的「服務」幾乎設想得面面俱到。

多樣化的新聞題材　促進外媒採訪意願

在那段期間，國際部對外翻譯了哪些新聞稿？部長陳瑞
光在退場之後的工作坊會議中曾說明，國際部剛開始幫最
早進場的「黑色島國青年陣線」以及「公民 1985 行動聯
盟」這兩個主要組織翻譯對外聲明，為了平衡報導，也會
針對總統府官方回應太陽花運動的新聞稿選譯重要內容，
陳瑞光在工作坊中補充說明，「總統府的發言稿很少有重
點，所以我們有時必須被迫跳過一些不太重要的東西。」

而翻譯來源還有一大部分來自各 NGO 組織，如護樹聯
盟、綠盟、媽媽監督核電廠聯盟等外部稿件，接著國際部
更和 Taiwan Watch、One More Story 等國內獨立媒體合作，
翻譯在議場外聲援的「民主香腸阿伯」，和許多靜坐學生
的軟性採訪故事，對國際社會呈現抗爭現場眾生相。「精
確瞄準市場，提供他們比較容易消化的內容」，陳瑞光解
釋，外國讀者其實也喜歡有趣、容易理解的故事，所以翻
譯這類文章，吸引讀者進一步了解整場運動的背景脈絡。

此外，針對法律條文，國際部將民間、行政院兩個版本
的《兩岸協議監督條例草案》翻譯成各國外語，讓國際社
會了解其中不同。英文組組長王年愷分享，「翻譯要看懂
法條草案，這對我衝擊很大。行政院版充斥一堆空泛的文
字，怎麼解讀都可以，明顯感受到政府沒有用心做事，民
間版相對之下嚴謹很多。」

半島電視台訪問實貌。筆記型電腦的畫面即是半島電視台節目主持人、吳叡人、林飛帆就在鏡頭前視訊連線。（圖片來源：王年愷提供）

當時國際部將「民間版」草案的本文交由身在美國的專業律師翻譯，初校後再傳回給王年愷二校，法條釋文由國際部成員共同翻譯。而「行政院版」的本文與釋文則是全部皆由國際部成員翻譯。翻譯過程中，王年愷看出政府做事非常草率，他舉例，行政院版草案中，以法條明文列出「兩岸協議三個月未完成審議，視為通過」，根本是「讓黑箱程序完全合法化的一個草案」！王年愷後來談起這份讓他留下深刻印象的翻譯文件，仍顯得氣憤不已。

半島電視台直播　越洋 live 連線合作經驗

外媒除了直接到現場採訪、製作新聞帶，也會透過 Skype 訪問運動成員，甚至在電視節目上越洋連線直播，直接與議場內對話。

太陽花運動持續到第 15 天，阿拉伯半島電視台（Al Jazeera）就在記者親自到現場採訪後，直播節目《The Stream》線上邀請中研院副研究員吳叡人與林飛帆，及陸委會副主委林祖嘉、中經院副執行長李淳，在議場內針對服貿議題進行正反辯論。

這場直播在台灣時間 4 月 1 日凌晨三點進行，當時鄭凱榕在國際部負責做「雲端場控」，確定「幾點幾分該 on 什麼」、「某某人在哪裡」，她說，因為議場內的通訊不好，

經常互相找不到人，聯繫很困難，還好最後圓滿達成任務。

回想那次半夜的直播，「是個很有趣的合作經驗，年愷找了他的朋友來做英文翻譯、我們接受專訪的地點就在二樓直播部、光纖網路是 g0v 牽進來的，我的工作是把rundown 全部寫出來。」鄭凱榕和其他組織平台合作協調，目標就是使訊息更快速地讓全世界更多人知道。

運動中後期國際媒體曝光驟減　令人失望

各國媒體給予台灣太陽花運動的篇幅及切入視角皆有不同，譬如歐陸的德、法語媒體普遍注重人權價值，日本則有許多獨立記者為了感謝 311 大海嘯後台灣人的幫忙前來採訪，也希望喚起日本年輕一代對政治的熱情。在運動期間，外媒光在網路部分就發出了超過 660 則以上相關報導，顯示一定的國際發聲效果，也肯定了國際部的努力。但是，兼做輿情蒐集的王年愷注意到，可能是台灣的國際能見度不夠高，又或許是有不為人知的理由，外國某些主流媒體後期對太陽花的關注程度讓人失望。從三月底開始，英語系的主要即時性新聞媒體就沒有太陽花運動相關消息露出。

王年愷舉例說，佔領期間 CNN 報導「攻進立法院」、「立法院持續佔領中」、「行政院衝突」共三則，但包含330 遊行在內，之後就沒有再發其他消息，而國家廣播公司（NBC）、哥倫比亞廣播公司（CBS）、美國廣播公司（ABC）、福斯電視台（FOX）等全國性的電視台，則完全沒有在電視上播出太陽花運動相關新聞，只在網站上轉發美聯社（AP）、法新社（AFP）的現成報導。

相對於美國，英國 BBC 從學生 3 月 18 日衝入議場後，

4 月 10 日退場前，小樹與陳瑞光在國際部位置上整理。（圖片來源：黃謙賢提供）

大約每兩天就會有一篇報導，但在 330 遊行後，可能是運動衝突能量降低，就再沒有報導相關新聞。王年愷分析，BBC 駐台北的記者「在 330 之後有進入議場和我們談過」，但之後 BBC 有關台灣的新聞報導，已經是 4 月 3 日，且是從台南發出的「台灣還買得到海豚肉」報導，王年愷覺得沮喪且百思不解，不免猜測記者是否受到某種壓力而調整報導方向。

外媒搶採訪　瑞光忙協調

國際部能做的就是盡可能把握對國際發聲的機會。「安排」、「協調」便成為部長陳瑞光在運動中後期的重要工作。從事日文翻譯業、進場義務協助翻譯的日文組組長小樹回憶，當時一家日媒堅持採訪林飛帆，因為那時已決定出關時間，後續善後工作極多，正在議場外奔波的林飛帆，時間怎麼喬都喬不出來，趕著採訪的日媒在議場內急得跳腳。遇上這種狀況，陳瑞光只得趕緊出面處理，最後雙方協調出在機動「堵人」採訪的方式，終於完成「外媒取得受訪者說法」、「運動進程如規劃進行」、「取得國際媒體版面」這個大家都能接受的結果。

同樣身為國際部總負責人的鄭凱榕說，她主要負責與其他組織平台的合作與協調「海外串聯資源」，譬如當時 PTT 網路鄉民募資刊登《紐約時報》廣告的 4am.tw 網站，就將網站上 Facebook、Twitter 的超連結通往太陽花國際部。另外，直播部（拖鞋直播陣線）也和日本「ニコニコ生放送」網站連結，這些皆有賴於所有組織的共

同協力合作。

而談到由國際部成員實際參與的翻譯工作，鄭凱榕感性地說：「謝謝你，用你所知道的語言，讓台灣在那個時候被看到。」她用這段話，道出對國際部所有成員的感謝。

太陽花橫跨不同世代　價值是唯一關鍵

鄭凱榕回憶，當時任何網路上的按讚或分享，或現實中不經意的詢問，其實都是一個個不知名的節點，互相傳遞著一個個訊息。「不是我們做了什麼，才讓全世界的人看到我們。」鄭凱榕進一步解釋，「是全世界的台灣人，和支持台灣的朋友都動了起來，這股能量一波一波地傳進了議場中央，而我們只是剛好在議場中央，所以我們被看見了。」

很多人認為太陽花是一場由台灣年輕人主導的運動，但鄭凱榕認為不盡如此，應該是說「新的價值去領導一切」，所謂的「太陽花世代」不應用年齡來論斷。她舉例，議場內工作夥伴從 10 幾歲到 60 歲都有，就像幫忙議場內資源回收的「林老師」早已是退休族，「橫跨這麼大的年齡層，唯一團結我們的是價值。」

「那時真的有一種感覺，覺得台灣的歷史巨輪正在轉動，你如果沒有參與其中、盡一分力，你就會被拋在後面，你會後悔。」作為老師，36 歲的詹文碩如此解釋加入這場運動的意義，他說，他平時教學生如何思考，也有不少學生參與關心太陽花，「他們如果經過思考，在做『對的事情』，我覺得老師一定要跟他們在一起，要不然你平常講的都是廢話！」

這場運動象徵台灣新民主世代的來臨，也改變了好多位國際部參與者的人生。

國際部成員人大多沒有公共參與的經驗，小樹說，大家

因為極佳的外語能力，即使在國外工作也不成問題，「在太陽花運動之前，很多人對台灣失望」，想著「我到別的國家去好了，也不是沒有辦法拿到日本、美國、或者其他國家的居留權」，對於政治抱持冷漠態度，但318事件爆發後，她意識到自己「好像應該做些什麼」，「如果我真的不做些什麼的話，台灣就完了！」

詹文碩說，學生不時會曠課，讓他不太知道年輕人在想什麼，「因為關心台灣，有時候會擔心」，過去他所參加的抗議活動，現場多半是中老年人，年輕人好像都沒有動起來。太陽花運動中，年輕人覺醒了「對我們來說，那是一個非常棒的事情，台灣這樣才有希望，追求社會公平正義的任務才有人接棒。」詹文碩說。

在法國教育中成長、直到研究所畢業才返台發展，詹文碩說，法國歷史中的「精彩年代」，是願意為了堅持理念真正付出，甚至犧牲自己的大革命時代，「我覺得這才是法國真正的浪漫！」他認為太陽花運動就像法國大革命，因年輕人出生、成長背景迥異於上一代，「自由民主已經變成基因的一部分」，即使平常很能享樂，「想的都是去哪裡玩、去哪裡吃」，也很少表達政治觀念，但發生事情時，他們會「感覺不對」，立刻有所行動，就像參加革命一樣挺身而出。

「整個運動規模後來完全超出大家的想像」，鄭凱榕這樣說，就連催生國際部成立的黃國昌也始料未及：「後來國際部怎麼會變得那麼龐大，老實講我不知道。如果要歸功的話，應該是要歸功他們團隊組織的努力，那個部分我完全沒有參與，跟我一點關係都沒有！」最初只是單純想找三、五人專門幫外國記者翻譯，最後竟促成多達125人、加計手語共有14種語言的國際部，也進而拉抬了太陽花運動的國際聲勢。

如何前進？國際部的轉型與困境

4 月 10 日，佔領議場的學生確定「轉守為攻，出關播種」。離開議場後，國際部才有了第一次正式聚會，之後又為了延續國際部的能量，在五月陸續開了四場工作坊會議，對於未來如何後續，團隊成員彼此有不同思維。詹文碩說，整場運動「來得太快，我們自己身處其中，需要一些反思、檢討。」

「我們面臨了轉型的大問題，雖然已經退出議場了，可是事情都還在餘波盪漾」，《服貿》、兩岸問題還沒真正解決，「也不知道會不會有下一場抗爭」，蔡惠伃這麼說。

當時國際部成員也激烈討論「如何轉型」，但最後分歧的意見似乎並未取得共識。

鄭凱榕視每次行動為一場戰役，「戰事結束後就要解甲歸田」，運動期間，她就像司令官，很多時候她直接下達工作指令，「我們現在要怎樣怎樣，請直接開始準備。」但她認為，運動結束後，應該「回到民主時代」，聽聽其他夥伴的想法，盡可能地去統整大家的夢想。

她分析，運動期間，每個人都放下手上最重要的事情，也不去質疑我們的目標，「當時幾乎所有人的人生最重要目標，就是希望此事成功，但離開了議場以後，每個人都有了新的人生順序，優先順位開始不一樣了。」

陳瑞光在退場之初希望國際部能繼續往前行，積極聯絡許多平台洽談合作可能、找回成員辦工作坊、招募新成員加入，不過最後面臨「能量遞減」的現實，只能先擱置夢想。後來他轉進島國前進，運用法律專業領域繼續投身公共參與，卻在同年 9 月 15 日意外身亡，留下讓夥伴不捨的最後身影。

瑞光遠去、國際部運作暫歇，但太陽花運動時，這支臨時成軍，卻打出一場漂亮國際輿論戰的 125 人團隊，早已深刻影響彼此的生命經驗，並帶著這份經驗，繼續進入各個組織為台灣努力。或許就像蔡惠伃所說，「我們現在四散各地，但我認為，如果以後再發生類似的事情，雖然這個組織非常的鬆散，那個時候還是會再聚在一起！」因為他們心中都望向同一個遠方，再聚只要一個訊號、一聲召喚。■

上：陳瑞光與其他國際部成員邁出議場。（圖片來源：黃謙賢提供）
下：議場內的太陽花國際部成員於4月10日退場後合影。（圖片來源：陳瑞光媽媽提供）

文／陳品潔

魁北克獨立公投
民　主　洗　禮

加拿大成長經驗啟蒙王年愷社運路

2014 年 4 月 20 日「公投盟兩千天紀念晚會」，王年愷與蔡丁貴在立法院前合影。（圖片來源：王年愷提供）

經歷了太陽花運動中最暴力的一個晚上，他一直在現場，直到隔天 3 月 24 日清晨鎮暴警察的清場行動。雖然心中害怕情緒揮之不去，但他當天依然回到立法院周圍。他在 Facebook 上貼文找人到現場，「因為害怕，希望有人可以一起靜坐」；當時已是議場內國際部五人小組的師大翻譯所學妹蔡惠伃馬上回了訊息：「我現在就在立法院裡，你要不要幫忙做翻譯？」

「我當然說好！」難得等到參與機會，他二話不說一口答應。這封訊息，將長久只在社運外圍聲援的他帶向運動核心。

31 歲的王年愷回憶這段經歷直言，「我沒有想到可以這麼直接參與這場運動。」最初王年愷就如多數年輕人在議場外四周靜坐，3 月 23 日行政院衝突當晚，「我坐在濟南路那邊比較遠的那一側，但已經可以聽得到現場發生什麼事情！」當時，「堅守」就是王年愷和現場所有年輕人展現意志的唯一方式。進入議場擔任國際部英文組組長的王年愷，繼續堅持「堅守」的精神，在議場第一線一守就是整整十天。

太陽花運動前，身兼專業英文筆譯者與大提琴演奏者雙重身分的他，對於台灣社會運動雖然十分關心，卻無法從中找到具體能貢獻的方式。台大外文系畢業、碩士念音樂的王年愷，以榜首之姿考入師大翻譯所博士班，譯有多本書籍，他說，曾有三位出版社編輯讚賞他的作品是他們讀過「最通順的翻譯書」。有著過人的英文筆譯專長，太陽花運動讓性格低調、從未參與社運的他，在當時滿是攝影機與記者的議場內，終於找到自己參與社運最適合的方式。他經常一個人跑到議場內最不起眼的角落，對著電腦埋頭改英文稿件，一改就是三、四小時。

加拿大孕育民主自由意識種子

　　如果只認識王年愷筆譯者與演奏家的身分，那他與社會運動似乎沾不上邊，分析自己今日為什麼如此，他說，兒時在加拿大的成長經歷，對他走入社運有著巨大而潛在影響。

　　王年愷年僅五歲時就跟著任職外貿協會的爸爸外派至加拿大，到了學齡，進入溫哥華當地小學讀書，接受知識啟蒙。他說，期間班上老師兩次罷工，「這在台灣是完全沒有辦法想像的。」到了 1991 年，八歲的王年愷就對民主政治動態發展出敏銳觀察力，他還記得，加拿大卑詩省執政黨社會信用黨（Social Credit）捲入利益醜聞，在同年選舉中，一口氣在省議會掉了 40 席，「幾乎消失了」，王年愷比喻，這感覺就像是國民黨在立委選舉中突然只剩下兩席，選民用選票教訓政客的效應，真的很讓人震驚！

　　在王年愷十歲時，全家人又回到正值民主狂飆年代的台灣，不過當時幾乎是以英語為母語的他，仍心繫加拿大，例如 1995 年魁北克第二次獨立公投，王年愷就記得清清楚楚，「那次的結果是 49 比 50，反對方險勝」，獨立功敗垂成。王年愷解釋，「加拿大本來就是一個比較成熟的民主社會。」魁北克獨立公投、小學教師罷工這些事情，讓他思考，「加拿大人可以這樣去爭取自己權益，在台灣的我們為什麼覺得不可思議？」

　　王年愷回憶，回台灣升上中學後，1996 年經歷台灣第一次民選總統，「中國解放軍在選舉前一個月進行軍事演習，飛彈射到台灣基隆外海，用這種方式來威脅台灣社會，結果反而造成反效果，讓李登輝高票當選。」這是讓他首度有感的台灣政治事件。

　　2001 年王年愷考上台大外文系，從新竹北上獨自生活。台大校園自由自主的校風以及政黨輪替後的社會氛圍，開

啟他腦中對民主自由的思維啟蒙，同時他也開始關注媒體改革議題。王年愷說，他的父母是由客家、外省人所結合，當時他放假回家，開始跟父母討論這些政治社會議題時，家人對他的意見出現分歧對立，後來家人乾脆關掉電視以避開衝突。面對家庭中因政治引發的衝突，王年愷認為，世代差距是造成家人間想法歧異的主要原因。

從小學音樂的王年愷，在外文系畢業後重拾音樂，在北藝大主修大提琴的碩士班期間，TVBS 傳出香港 TVB 母公司即將被中國資金收購的消息，不久後又因 TVBS 報導旅美棒球選手王建民涉及隱私的身世，引發當事人以公開信表達不滿，PTT media-chaos 板網友也號召群眾聲援王建民，「那個時候我們有一票人去包圍 TVBS 八德路總部，抗議 TVBS 中資介入，以及侵犯個人隱私違法新聞道德的報導。」這可說是王年愷第一次參與陳情抗爭運動。

但第一次上街並沒有讓關心民主自由的他留在社運圈，「因為我不知道我到底能做什麼」，王年愷一方面對自己沒能繼續投入感到失望；另一方面，他認為抗議行動的組織、動員成效有限，「那個能量沒有出來」，後來他雖然也陸續參與反核行動、803 白衫軍凱道聲援洪仲丘，「那時還是比較被動，有遊行我才會去參與。」

捍衛言論自由的專業筆譯者

2013 年 6 月馬政府與中國簽署了《兩岸服貿協議》，對於從事筆譯工作的王年愷來說，這引發了他深層的憂慮。他注意到《服貿》對台灣各產業可能帶來的衝擊，就以他最專精的翻譯來說，「翻譯這幾年被中國廉價市場吸掉很多東西。」他皺起眉頭解釋，「因為他們廉價，品質一直都不好，可是這市場絕大多數人只看價錢，要找到那種了

2014 年 6 月底，王年愷代表國際部赴美參加台灣人公共事務會人（FAPA）領袖營，參觀美國國務院時，以英文與官員對話。（圖片來源：王年愷提供）

解品質重要性的人，變得越來越少。」

　　除了削價競爭、不顧翻譯品質的隱憂，他最擔心是《服貿》對台灣民主的傷害。王年愷舉例，台灣翻譯英國作家喬治‧歐威爾（George Orwell）的政治諷刺小說《1984》，在戒嚴時期曾出現十幾個譯本，「它講的是一個極權政府會變成什麼樣子，這可以對應到當時的蔣介石政權，因為做的是一模一樣的事情，所以很多戒嚴時期的譯本就直接把這個部分刪去，然後變成一本純粹只講反共的論述。」這個「在台灣發生，而且還是沒有多久以前」的控制出版、言論現象，讓王年愷質疑，《服貿》可能成為中國箝制台灣言論自由的切入破口，他解釋，「這是為什麼我從《服貿》開始有風聲時，我就一直在關心，想要表達反對的意見。」

　　因此太陽花運動爆發時，王年愷決定再次上街，而後進入議場，加入國際部，終於讓王年愷就此找到關心公共議題的「著力點」。國際部德文組 Betty 說，太陽花運動時，能將中文內容翻成流暢英文稿的人並不多，「最後主力就是少數的三、四個人，而最主要的就是王年愷。」

　　王年愷全心投入運動後，在新竹老家，王媽媽拿著兒子在太陽花運動的英文翻譯給王爸爸看。王年愷說，父母知道他在做什麼後，對他參與社運逐漸接受，「至少是不會反對了。」王媽媽還曾傳一個訊息給他，「雖然我們政治立場不一樣，可是我們還是家人，所以你做什麼，我都會支持。」這讓王年愷十分安慰。

從場內到場外　走入社運核心

與太陽花運動同時，遠雄建設為了大巨蛋工程，和當地的護樹聯盟爆發粗暴移樹爭議，四月底太陽花「出關」後，2017 年的世大運主辦單位派員來台場勘，王年愷自發性花了一個晚上，完整翻譯出護樹聯盟長達 20 多頁的陳情書，「因為我覺得這種東西是需要上版面的」，王年愷說，除了關心像《服貿協議》這類影響層面深廣的議題，他也關心像護樹這樣較少引起社會大眾注意的小眾化議題。

碩士班主修大提琴、身兼樂團演奏的王年愷說，太陽花運動結束後，曾接待過一位來台表演的瑞典木笛演奏家，他很關心太陽花運動和台灣的公民運動。在那天松菸文創園區的演奏會結束後，王年愷主動提起場外有護樹團體在長期抗爭，這位演奏家想多了解情況，但王年愷卻面臨「除了陳情書，沒有什麼英文資料可以給他」的窘境，讓他深感要把議題向國際傳送的障礙。

台灣許多社會運動都缺乏英文資訊，所以針對太陽花國際部的轉型問題，王年愷曾希望能成立翻譯工作室，專做社運主題，但可惜最後並未實現。未來王年愷希望能將外語專業與社運議題結合，讓台灣更多社會運動訊息能大量且有效的向外傳播，爭取國際關注和支持。

身為國際部總負責人之一的鄭凱榕，如此形容夥伴對未來的想法，「最積極、最想做事的人就會繼續下去。」王年愷，無疑就是那群最想做事的人之一，無論未來如何，他都會朝向夢想和目標繼續走下去。■

太陽花國際部

文／陳品潔

夥伴憶瑞光

小王子先回他的星球去了

2014 年 8 月 31 日，陳瑞光於新月橋上短講，這是他第一次領導島國前進志工至新莊連署說明補正《公投法》。（圖片來源：陳瑞光媽媽提供）

太陽花運動退場半年後，9 月 15 日，一個星期一的深夜，一名開車行經北宜公路 46.3 公里處的貨車駕駛發現，一輛機車橫躺路邊但不見騎士，隨即報案。消防人員趕抵後，在路旁九公尺深的溪谷中，找到身受重傷、已失去生命跡象的男子，送往台北市萬芳醫院急救仍不治。隨後，警消清查身分得知，這名年輕男子是太陽花運動核心人物、在運動期間擔任國際部部長的陳瑞光。

這天正是新學期的第一個上課日，台大新聞所「公民新聞」專題課程，正計畫書寫一系列有關太陽花運動與新媒體的採訪報導。這場車禍，讓原本在採訪名單上的陳瑞光缺席了。我們試著從他過去留下的紀錄，以及夥伴眼中的他，去還原呈現這個充滿熱情與浪漫的年輕生命，是如何在他人生最後半年，在夥伴心中留下深刻美好的回憶。

125人團隊合作　打了一場漂亮的媒體仗

時光拉回 2014 年 3 月，26 歲的陳瑞光穿著筆挺襯衫，來回穿梭議場，以流利外語接待國際媒體記者，神采奕奕。由國內外 125 位翻譯、外語專業人才所組成的國際部，在世界各國新聞版面上，大聲疾呼運動訴求，成功製造國際輿論壓力，這場漂亮的媒體仗，就是由陳瑞光帶頭組織！

陳瑞光曾說，國際部希望透過提供外國媒體充足真實的資訊，提高運動的國際能見度，進一步對本國政府施壓，打的是「輿論戰」，「這和總統府的記者會很不同，他們通常不提供外媒發問。」陳瑞光分析，「我們的優勢是非常樂於提供資訊」，就是靠著 24 小時不間斷的翻譯訊息提供及實際安排外媒採訪，太陽花國際部學生才能力抗政府對外的官方說法。

陳瑞光靠著自學，通曉英、日、德、法四種語言，但隨著各種外語翻譯專業人才加入，主修法律的陳瑞光就將每日的翻譯工作交出去，自己負責組織聯繫工作成員，但許多成員都是透過網路工作、散布各地，於是，坐鎮立法院議場內的他，就仰賴大量的網路和手機通訊，來聯絡掌握各組工作進度。

「那段時間瑞光永遠有接不完的電話、回不完的簡訊」，國際部德文組 Betty 回憶，當時她也常打電話請陳瑞光幫忙安排外媒進場採訪，在所有人都是義務幫忙的情況下，「只要我打給他，他都會立刻說，我打給妳！」陳瑞光一心想著幫成員節省花費，卻似乎忘了自己的電話費也無從找人請款補助。但也是因為陳瑞光這樣貼心、為人著想的舉動，很快凝聚起這群來自各方原本多半互不認識、專業而獨立的翻譯者們的信任與默契，進而即時、有效地串聯起場內外的文宣力量。

「媒體戰會是學生運動的關鍵戰役，我們在外媒上要努力爭取版面，提供他們第一手的正確資訊。」陳瑞光在太陽花期間幾乎以議場為家，同樣身為國際部總負責人之一的鄭凱榕說，當時議場內有多組外媒進駐採訪，陳瑞光帶領成員成立外媒中心，幫助他們認識佔領現場及背後的來龍去脈，並找到受訪對象，而這也是外媒來訪時最需要的協助。

一件筆挺襯衫 堅持太陽花對外形象

查閱運動當時的許多影音紀錄，不難看到陳瑞光經常穿著筆挺的白襯衫，這也讓他在穿著輕便 T-shirt 的學生人群裡，顯得特別突出。作為外媒第一線接觸的對象及國內媒體採訪國際部的關鍵人物，他的「招牌襯衫」甚至也曾成

為當時外媒的報導題材。

中研院研究員黃國昌在運動期間，一直關心著議場內每個人的狀況，他也是透過這件襯衫，再次加深對陳瑞光的印象。「一醒來看到一件襯衫掛在那裡，而且襯衫還是燙過的，燙得筆直。」這一幕讓他直覺，「那像是只有法律人會幹的事情，穿得很 professional。」黃國昌認為，那是陳瑞光表達看重自我工作的一種方式。

佔領議場期間，陳瑞光穿著白襯衫參與會議討論。（圖片來源：黃謙賢提供）

「他是我們舞台上的最佳男主角。」具豐富 NGO 經驗的鄭凱榕說，為了讓平行組織間私下的協調工作更加順暢，運動期間所有媒體對國際部成員的專訪邀約，都由陳瑞光負責，而陳瑞光帶頭建立的專業形象也成功行銷了這場運動。

陳瑞光（右一）與妹妹、弟弟的童年俏皮合影。（圖片來源：陳瑞光媽媽提供）

新增公共參與作為人生興趣　陳瑞光的轉變

採訪過程中，國際部夥伴幾乎都認為，太陽花是陳瑞光生涯的重大轉捩點，在太陽花運動前，他並不是個熱衷社會運動的人。如此說來，2014 年 3 月前的陳瑞光到底是什麼樣的人？又是什麼機緣，讓他在人生最後半年沒有留白，加入了這場轟轟烈烈太陽花運動？

陳瑞光來自苗栗竹南，是家中長子，還有一對弟妹。黃國昌這樣形容陳瑞光，「他是自己很努力拚上來的。」

2006 年，他從新竹高中畢業並考上台大法律系，後來繼續研讀台大法研所公法組。太陽花運動發生時，陳瑞光是研三學生，同時在中研院法律所兼任研究助理，協助黃丞儀、蘇彥圖、黃國昌等法律界前輩進行研究。

「在太陽花之前，瑞光本來過著自己的生活，把大部分時間花在法律跟外文這兩個專業上。」黃國昌回想這個跟一般法律系學生「很不一樣」的學弟、學生，「他沒有把他所有的時間跟精力都放在國家考試的準備上，他的興趣太廣。」黃國昌說，「他到很多系去旁聽各式各樣不同的課程，除了外文，還有文學、歷史，甚至包括心理學，他都有濃厚的求知欲。」

Betty 也說，「瑞光當初就非常想讀外文系，他對文學、藝術有很大的嚮往，他喜歡以文會友，熱愛談論知識。」譬如陳瑞光一知道 Betty 認識一位德國歷史研究者，就很興奮地把他研究歷史的課堂報告寄給 Betty，想要馬上討論，這股熱情讓科班出身的 Betty 都不好意思。

2014 年 3 月 17 日，立法委員張慶忠在內政委員會中以 30 秒時間宣布完成《兩岸服貿協議》審查，引發一群學生不滿，進而爆發太陽花運動。「這個政府真的製造太多的議題、太多可以讓我們揮灑的空間！」陳瑞光曾如此批判。

「只要引爆瑞光那個點，他就會突然『啪』一聲去做一件事情。」國際部日文組組長小樹這樣描述陳瑞光。從「只過自己生活」，到積極投入社會運動，夥伴感覺，其中引爆點應該就是那 30 秒事件。

「你可以說，在瑞光本來就已經非常豐富、多采多姿的人生當中，關鍵時刻的公共參與很可能導致未來制度變革，這件事情很吸引他，讓他一頭栽了下去。」黃國昌如此分析陳瑞光人生最後半年的重大轉折。

黃國昌從過去的對話，轉述他所理解的陳瑞光，「在這

一、兩年台灣的民主發展上，瑞光觀察到，要透過現行的法律制度實踐我們所希望的理想，還有一些落差，需要改革工程才能完成。」他進一步解釋，「瑞光感覺，改革可能無法透過靜態的法律論述，需要更動態的行動、實踐，才有辦法達到制度的變革。」

「陳瑞光其實是學者性格比較重的人。」鄭凱榕告訴我們，運動出關後，她與陳瑞光到台大國發所分享太陽花運動經驗，那時陳瑞光針對運動本身是否「反民主」做了簡單的論述。他認為這樣高強度的抗爭需要謹慎處理，「我們不會輕易地認為這樣的運動都是民主的，但困境（指立法院執政黨立委用 30 秒通過《服貿協議》、代議制度的失靈等）確實存在，所以我們才會去佔領立法院。」鄭凱榕說，3 月 30 日超過 50 萬人站上街頭表達訴求，正是陳瑞光、國際部成員與所有關心台灣的人，共同表達實踐新民主價值的決心。

從白領到捆工　陳瑞光與島國前進

太陽花運動退場後，黃國昌籌組「島國前進」，同時邀請陳瑞光一起打拚，瑞光在電話那頭緩緩而堅定地承諾，「我希望為這個理想共同努力。」

陳瑞光於是加入島國前進論述組，主要負責「轉譯」工作。什麼是轉譯？黃國昌解釋，島國前進一方面延續太陽花運動針對黑箱《服貿協議》和制定《兩岸協議監督條例》的訴求，一方面推動公民投票法補正運動。但大多論述是由專家、學者及 NGO 投入，提出法律看法和修正建議，「寫出來的東西很硬」，一般人較無法接受，因此，陳瑞光便負責編寫出社會大眾較能接受的「白話說帖」。

當島國前進在 2014 年 7、8 月忙著做全國巡迴宣講時，

2013 年 2 月，陳瑞光參與傑賽普國際法模擬法庭辯論賽台灣區域賽，並獲「傑出辯士」肯定。（圖片來源：陳瑞光媽媽提供）

陳瑞光於外文辭典上親筆手繪太陽花。（圖片來源：伊野尾うせん提供）

陳瑞光褪去他招牌的筆挺襯衫，改穿工作汗衫「當捆工」，進行一連串民主改革的基礎建設工作，也負責組織志工、協助補強法律專業知識、訓練短講。黃國昌說，陳瑞光全心投入的工作態度，很快贏得了志工對他的信任與尊敬，「很多事情大家都是一起討論、一起做決定，瑞光在島國前進好像找到了一些團體的歸屬感！」

開始另一場壯遊……

2014 年暑假尾聲、太陽花運動退場半年後，陳瑞光忙了島國前進的工作好一陣子，意外卻到來。2014 年 9 月 16 日早晨，媒體大幅報導了他的死訊。

「確定是我們的夥伴陳瑞光嗎？」這是小樹接到數通關心電話的第一反應。電腦前，國際部英文組組長王年愷一看到網路消息，馬上趕赴醫院，希望能見他最後一面，但陳瑞光遺體當時已在太平間，「瑞光的爸媽連夜從苗栗北上，那時正前往北宜公路招魂，之後隨即帶瑞光回竹南。」夥伴們回想當時，都不敢想像瑞光父母喪子的悲愴。

陳瑞光的死訊震撼了社運界。可能是台灣過去幾十年白色恐怖的陰影還在，「有很多的社運前輩提出疑問，瑞光的死，會不會有陰謀在裡面？」從 2012 年開始，台灣的

社會運動不斷地高張，同時間也發生好幾件意外，鄭凱榕說，「比較擔心陰謀論的朋友揣想，陳瑞光有點知名度，但相較之下沒有那麼多人看著他，會不會是因為這樣才選擇對他下手……」鄭凱榕轉述周遭某些前輩與夥伴的猜測，但這些疑惑至今沒有得到清晰的解答。

「誰會想到一個年輕生命就這樣結束，而他又是這麼有才華的一個人！」王年愷對意外事件充滿不解。鄭凱榕說，「許多朋友一直想知道，為什麼他會在非週末時一個人騎著摩托車到北宜公路去？」瑞光的死，在所有人心中留下一團迷霧。

9 月 28 日，島國前進的夥伴為瑞光在台北籌辦了一場追思會，黃國昌說，陳瑞光在島國前進帶領的志工，幾乎承擔了追思會所有主要的工作內容，「可以看得出來，那些志工對瑞光真的很有感情！」

「只要還可以呼吸，我就會繼續做！」陳瑞光曾如此回應外界對於國際部是否繼續進行公共參與的疑惑。「他的終極目標是推動民主相關改革，因此瑞光關注非常多有關台灣民主法治在運作上的問題，以及改變這些問題的可行方式。」黃國昌說，「陳瑞光期待台灣能產生新的政治力量，成為未來世代的重要參政平台。」陳瑞光已經無法參與的夢想，正由其他太陽花夥伴一步步努力實現中。

「他就像是我們的小王子！」鄭凱榕說，只是「小王子先回他的星球去了。」陳瑞光的人生最後，正忙著島國前進的全國巡迴，當時他曾說自己「在台灣各地壯遊」。陳瑞光的離開或許是另一場壯遊的開始，從他留下的紀錄及夥伴的轉述中，我們看見一個期待改變台灣未來的年輕人，從太陽花運動中覺醒、茁壯，並付諸行動。

陳瑞光缺席了我們預定的採訪，但他為自己、為太陽花運動以及台灣民主發展的努力，夥伴們永遠不會遺忘。■

文／蕭汎如、許雅婷

跨　國　串　聯
無時差聲援太陽花

旅外台人好想為台灣做些什麼！

美國德州「海外 330 行動」。（圖片來源：石牧民提供）

318 運動佔領國會議場 24 天，但是運動者並不孤單。遠在海外各大城市的台灣人，透過網路心繫 318 運動，與台灣同步掌握運動現場。就在台北 50 萬人參與 330 大遊行之際，海外台灣人也發起名為「捍衛台灣民主！三月三十海外台人站出來」的全球聲援行動，從東京、倫敦、米蘭，以至於紐約、多倫多、雪梨等各大城市，都有台灣人手持標語、集會演講、歌唱來支持太陽花運動，旅外台人超過三萬人走上街頭，環繞全球跨越時差聲援太陽花，將台灣反對黑箱服貿的聲音傳遞到國際社會！

在這一天，全世界各地許多地方，包括台灣有 50 萬人，陸續不斷傳唱著許多會讓台灣人落淚的旋律。從早年的〈美麗島〉，到近年年輕人愛唱、被暱稱為社運主題曲的

〈晚安台灣〉，還有因為太陽花而生的〈島嶼天光〉，以及就在前一年為了聲援洪仲丘而讓台灣人耳熟能詳、來自音樂劇《悲慘世界》〈Do You Hear the People Sing〉的台語版〈你甘唔聽到咱的歌〉。這些旋律，貫穿不同世代、不同事件，卻指向一個共同的情感，就是台灣人對自身這塊土地的認同和保護它的決心。

為何互不認識、散居不同時差的各國台灣人，能在那段極短時間連結，共同參與一場接力聲援行動？這個世代才有、跨越國界、無遠弗屆的網路通訊網絡，顯然是問題的答案！而海外台灣人基於何種動機、如何聯繫擴張網絡、開展出什麼行動策略與關注議題？各國各地呈現的多元樣貌，形成一張豐富瑰麗的拼圖。

遠距之外的焦慮感　激發跨國聲援動機

318 運動初期，台灣海外留學生透過 Facebook 創建了「海外留學生聲援台灣反服貿運動」粉絲專頁，成為海外各行動組織資訊匯聚的重要平台。

從 3 月 18 至 30 日短短 12 天，分散於世界各地的海外台灣人透過網路力量，號召各國台人能自主發起、就地響應聲援台灣反服貿運動，並於 2014 年 3 月 30 日擴大串聯舉辦「捍衛台灣民主！三月三十海外台人站出來！」（本文簡稱「海外 330 行動」）。該行動能夠號召到近 20 個國家、50 個城市響應，仰賴事前各國的海外台人透過 Facebook、Skype 聯繫，以及使用 Google Hangouts 召開會議一起分享資源與經驗，始得以跨越地理時區的重重障礙。

分散在海外各地的台人，因應海外各國的文化背景與社會風俗，各自採取獨具特色的表達方式，例如，義大利留學生在象徵對當權者挑釁與質疑的米蘭「中指廣場」，施

放紅色氣球表達憤怒；日本東京 330 團隊於代代木公園舉辦聲援行動，以「青空教室」的宣講形式，聲援台灣反服貿運動。

原本我們猜想，海外各國的聲援行動負責人，在台灣可能都曾有組織社會運動的相關經驗。但在採訪後，我們驚訝地發現，原來這次參與「海外 330 行動」的人，絕大多數都算是社運素人。即使有些人過去在台灣曾以參與者角色走上街頭，但大部分的人都是在這次 318 運動期間，才第一次正式加入組織運動的行列。

究竟是什麼原因，讓身在遙遠的異國、原本可能只透過鍵盤關心國家大事的一群年輕人，決定挺身而出呢？米蘭總召席蕊婷說道：「就是因為我們不能回家、不能到現場，雖然我們很想到，卻基於現實無法到場。」正是這種對家國故土濃切的感情、恐懼失去自身根本的焦灼，強化了身處異域台人心中「必須為台灣做些什麼」的決心；同樣的情感也展現在澳洲區的副總召 Oddis 身上。他說，「我人不在台灣，我什麼忙都幫不上。」而海外聲援是他覺得自己唯一可以為台灣做的事情。

曾參與 2012 年反媒體壟斷運動的日本召集人林彥瑜認為，這次 318 運動的外圍參與者不同於過去的運動參與者，不再只是透過最低門檻的「拍聲援照」方式來表達支持，「30 秒通過《服貿協議》爭議」喚醒更多人的台灣意識，並且延伸出更多討論空間、促成各種運動組織組成。318 運動結束後，後續仍有割闌尾計畫、沃草、島國前進……等社會組織承接運動力量、延續早已萌發的公民意識。

3 月 30 日當天，世界各國的海外台人響應「海外 330行動」，但真正可貴的是，318 運動期間，世界各地的台人自發性地舉辦串聯聲援台灣的各種行動，以及 318 運動

過後，各地「海外330行動」團隊的轉型。例如，英國地區的團隊轉型成「倫敦講臺」、澳洲地區則是成立「島國連線」部落格、日本「拿山瑪谷」讀書會等，延續這股「想繼續為台灣做些什麼」的勇氣。

「在英台灣學生反黑箱服貿總部」粉絲頁開張

回想起那緊湊繁忙的短短12天籌備過程，3月30日「捍衛民主！三月三十海外台人站出來！」總召謝璇自嘲說，「我可能就是腦子燒壞了吧！」憑藉著一股不願意服輸、想要做些什麼的動力，從來沒有參與過社運組織的她，從 Facebook 上接收到台灣發生攻佔立法院事件的當下，立刻與友人商討該如何行動。

他們在最短的時間內成立了「SAVE TAIWAN！FIGHT FOR DEMOCRACY！在英台灣學生反黑箱服貿總部」粉絲專頁，擬定「想讓更多人知道」的核心策略，將訊息公布在英國來自台灣海外留學生的 Facebook 社團，號召有志一同的夥伴響應。他們所擬定的第一個對外行動，就是於 3 月 21 日在倫敦大學學院（University College London）發傳單。英國素以抗爭聲援行動的頻繁聞名世界，無論是罷課、停工等，是常見的地景，謝璇認為，「英國人對於社會運動是非常有 sense 的」，因此，喚起更多人的注意遂成為他們首要的目標。

而後，謝璇透過友人牽線，英國地區與德國柏林、日本率先聯絡上，並與就讀日本早稻田大學政治經濟學部的林彥瑜所成立的「海外留學生聲援台灣反服貿運動」粉絲專頁共同合作，號召世界各地有志一同的夥伴響應。隨著串聯規模逐漸向外擴散、參與的國家和城市數目不斷增加，原先底定由倫敦與柏林兩地同步進行的聲援活動，擴

大變成「海外330行動」。而謝璇遂成為「海外330行動」總召，負責與各國（或是城市）的代表總召協商。

英國倫敦當地，在「海外330行動」當天，約有700多人參與。3月30日過後，這股力量並未隨著串聯活動的落幕而消失，第一個公開活動，是在六月時舉行的「公民意識與政治參與——專家學者座談會」。接下來，英國團隊成立了名為「倫敦講臺」（Formosa Salon）的團隊，將關心台灣議題的熱度延伸，曾經討論過文萌樓、國道收費員等議題，而這個團隊至今仍持續運作。

在倫敦大學學院的串聯聲援活動。（圖片來源：翻攝自謝璇Facebook）

倫敦講臺邀請台灣以及英國當地重要學者共同參與公民意識與政治參與—專家學者座談會。（圖片來源：翻攝自 SAVE TAIWAN！FIGHT FOR DEMOCRACY！在英台灣學生反黑箱服貿總部的 Facebook 粉絲專頁）

善用網路宣傳　澳洲號召 2,000 人聲援

澳洲區的狀況非常特別，不同於其他國家都是以單一（或是少數）城市做為代表，並且各自運作的方式串聯，澳洲地區除了內部的九大城市之外，還有彙整各大城市意見的總部。擔任澳洲區總部的副總召的 Oddis，正是負責對外代表澳洲地區參與全球會議的重要人物。

「海外330行動」算是 Oddis 第一次參與社會運動的經驗，當時，他看到謝璇發布在「海外留學生聲援台灣反服貿運動」的貼文，立刻自願擔任坎培拉地區的總召，希望自己能夠為台灣做些什麼。後來隨著澳洲區響應串聯活動

城市數目的擴大，為了方便與全球接軌，他們產生了兩個層次的組織結構：一個對外的總部代表澳洲地區，另一個則是澳洲內部的九大城市。

秉持著堅守反對黑箱服貿的中心價值，澳洲區內部非常重視民主程序。雖然組織內部分成了兩個層次，但是，「沒有那種說『總部決定怎樣，先跟某一個城市商量完後，再讓其他城市跟進』的情況，不會有這種事。」Oddis 堅決地說。在決定一起做某件事情之前，一定會取得全部人的同意。

澳洲區最值得注意的是，他們非常善於使用網路媒介作為宣傳。例如，考量到「海外 330 行動」當日，可能有人無法趕至九大城市響應，於是，他們同時利用 Facebook 成立活動串聯，表達「如果你無法出席，請貼你的照片支持」的理念，讓想要支援的民眾跨越地理藩籬。

在「海外 330 行動」期間，澳洲區粗略估計約有超過 2,000 人參加，參與者包含台灣留學生、背包客、當地的華僑以及澳洲人。Oddis 特別指出，由於澳洲本地的年輕人對於政治議題極度冷感，也鮮少走上街頭抗爭，因此 3 月 30 日當天有個久居澳洲的台僑老先生來參加集會時，居然當場感動得哭了出來。這位老先生說：「我今天真的非常驕傲自己是台灣人，因為這邊的年輕人從來不敢為政治發聲！」旅外多年，他終於再也不會因為自己的國家而自卑。

對於「海外 330 行動」澳洲區這個團隊來說，它的核心理念是：「守護我們共同的未來！」而成員也正在為這件事情努力，希望可以成為澳洲地區台灣人發聲的窗口。在 318 運動結束後，澳洲團隊彙整成員的想法，決定了團隊的方向。目前的澳洲區，尚有在運轉的城市組織，匯聚成「島國連線」，專門撰寫台灣、紐西蘭與澳洲的政策分

析，以及翻譯三國時事。

拿山瑪谷東京讀書會 logo，設計者：Toshi Chen。拿山瑪谷來自泰雅族語「我的家」。（圖片來源：翻攝自海外留學生聲援台灣反服貿運動 Facebook）

長期深耕台灣意識

3 月 18 日得知台灣反服貿消息不久，日本留學生就透過 Facebook 將分散於日本東京、京都、名古屋、福岡等地的聲援串聯起來組成「日本團隊」。318 運動發生之初，日本團隊除了透過拍聲援照表達對台灣反服貿運動的支持外，他們更花了很多心力在一般人沒注意到的投書、翻譯上面。

日本東京「海外 330 行動」。（圖片來源：林彥瑜提供）

19 日，就讀日本早稻田大學政治經濟學部的林彥瑜在 Facebook 成立「海外留學生聲援台灣反服貿運動」粉絲專頁，並積極聯繫海外其他國家（例如英、美等國）台灣留學生；短短兩天時間，接著於 3 月 20 日，日本就對外發出聲援台灣反服貿運動的聲明稿。

林彥瑜提到，在日本的台灣留學生，近年有許多年輕一代主導的行動與組織，加強台灣對日本社會議題的認識，這樣的組織與人脈同時也在 318 聲援運動中扮演重要角色。像是 2012 年由京都大學碩、博士生組成的「島弧黑潮」Facebook 粉絲專頁，就是透過把日本的政治、環境等社會議題轉譯成中文，分享在網路平台上，期許更多台灣人能夠了解日本現況，協助台日民間交流和相互了解。

3 月 30 日「捍衛台灣民主！三月三十海外台人站出來！」，日本東京、京都、福岡三地都有串聯聲援活動，

海外330行動

三地共有 900 人聚集參與。東京地區（ 總召早稻田大學何時宜 ），選在代代木公園舉辦自主性宣講，吸引許多台僑長輩以及台灣留日學生參加；京都地區（總召京都大學魏培軒），則在京都大學教室透過簡報說明整個「反服貿運動」事件經過，在活動最後大合唱日本版的〈Do You Hear the People Sing〉；福岡地區（ 總召早稻田大學林紀全 ），則以討論形式舉辦聲援活動。

當時在日本東京、大阪、福岡三地辦事處，日本團隊都公開對我政府在日代表處遞交聲明稿以表達對「30 秒通過服貿」的抗議。一方面，日本團隊希望可以直接和政府相關單位聯繫，另外，他們希望透過婉轉的方式向政府單位轉達，海外還是有台灣人在持續監督台灣政府。林彥瑜認為，「當時這樣一個聲明稿的連署行動，的確可以喚起海外台人的台灣意識，讓更多人加入聲援行列。」

雖然「海外 330 行動」當天，日本地區參與聲援的人數眾多達 900 人，場面盛大讓人振奮，但日本團隊的目標並不僅止於此，他們真正想做的是，長期深耕在日台人的台灣意識。

於是 4 月 7 日，林彥瑜便和東京 330 總召何時宜商討，每週四晚上在早稻田大學開始舉辦「拿山瑪谷東京讀書會」。至今讀書會討論過的主題眾多，包含反核、漢娜鄂蘭、公平正義等。讀書會每週都至少吸引 20 至 30 人到場參與，參與者除了有特地從東京郊區來的台灣人，也包含中國留學生，所以當討論到有關中國和台灣關係時，出現相當精彩的辯論。

在連結彼此、傳播訊息的新媒體上，除了使用 Facebook，由於日本當地人習慣使用 Twitter，東京團隊也會透過 Twitter 轉發「反服貿運動」訊息，另外，Gmail 信箱，更是東京團隊整理工作人員活動名單的重要管道。

後來留學歸國的日本召集人林彥瑜提到，對過去日本老一輩致力台獨運動的長輩而言，在努力一輩子之後，能夠看到年輕世代這麼有台灣意識，他們的心裡其實是相當欣慰。318 運動後，之前的日本團隊轉型為讀書會的方式持續運作，繼續在日本深根台人的台灣意識。

僑界及同鄉會支持　在美國延續台灣民主香火

3 月 30 日「捍衛台灣民主！三月三十海外台人站出來！」活動，全美由東至西岸共 16 個地區加入串聯聲援行列。美國窗口聯繫人、也是於美中時間 3 月 22 日早上，發起至駐休士頓台北經濟文化辦事處示威遊行的德州召集人石牧民表示，台人社會運動在美國的最大特色，就是得到很多台灣僑界和同鄉會的支持。

石牧民提到，美國台灣僑界具有長久持續關切台灣前途的歷史淵源，1979 年 1 月 1 日在中華民國和美國正式斷交後，許多在美台人擔心台灣在美國會變得沒有地位、無法發聲，於是組成台灣人公共事務會（FAPA），就是顯著的例證。FAPA 持續在美國國會進行遊說，讓美國國會議員能夠了解台美關係的重要，以利推動對台灣有利的法案。

318 運動期間，美國德州的第一個示威遊行，於 22 日早上在德州駐休士頓台北經濟文化辦事處舉行，包含來自奧斯汀、達拉斯、休士頓還有鄰近的台灣僑界和學生共 120 人左右參加。石牧民表示，除了 Facebook 粉絲專頁宣傳，透過美國地區僑界和同鄉會的人際網絡，更吸引到許多年長的台灣僑胞一同來參與。

位處美國西岸德州的石牧民，在 22 日成立抗議活動的 Facebook 粉絲專頁的隔天，就聯絡上在美國東部的賓州台

灣留學生，順利開啟美國內部第一個連結點。不久，美國又聯絡上日本、英國等國，正式加入「海外留學生聲援台灣反服貿運動」行列。

石牧民表示，美國地區聲援台灣反服貿運動，各地都有屬於自己的獨特風格。例如，在紐約主修設計的台灣留學生，以曼哈頓天際線、布魯克林大橋圖樣設計 logo。除此之外，美國各地也以 Google Document 分享活動紀錄，把各地的聲援行動，分享給在美其他區域的台灣留學生，提升整體在美的台灣留學生士氣。

「海外 330 行動」當天，全美透過 Facebook 和 Google Hangouts 串聯聲援台灣反服貿，從東岸至西岸的 16 個地區，包括紐約、波士頓、賓州、華盛頓特區、北卡羅萊納州、匹茲堡、密西根州、芝加哥、德州、西雅圖、聖地牙哥、洛杉磯、舊金山、南加州、聖路易、奧勒岡州，參加人數相當可觀，光是在德州就有 300 至 350 人於行動當日作出響應。而美國更有許多台灣留學生雖未加入聲援專頁，但仍自發在各城市發起聲援行動。

「海外 330 行動」結束後，美國各地串聯聲援陸續轉型成討論會等形式，例如紐約和波士頓「哲學星期五」、紐澤西「小海臺」、北卡德罕「北卡草根論壇」、安娜堡「美麗島前進」、西雅圖「iTaiwan」等。

而美國僑界更透過 Facebook 粉絲專頁成立「海外臺灣青年陣線」（Overseas Taiwanese for Democracy），持續關心公共議題，像是環保、同志運動、各國社會制度辯論等，希望藉此強化台灣人民的公民意識，並延續海外台人推動台灣民主的薪火。

結合線上與線下網絡
德國法蘭克福動員兩個世代台灣人

3月18至24日期間，德國海外台人收到台灣反服貿運動消息後，各地陸續自主性舉辦拍照會聲援，例如不萊梅（Bremen）、卡

330 法蘭克福行動組 logo。（圖片來源：翻攝自海外留學生聲援台灣反服貿運動 Facebook）

爾斯魯厄（Karlsruhe）、斯圖嘉特（Stuttgart）等地。

「捍衛台灣民主！三月三十海外台人站出來！」當天，德國法蘭克福共計達 300 多人聚集參與，且參與者來自四面八方，包含德國西部的科隆、杜賽道夫；中部的海德堡；南部的弗萊堡杜賓根等。

有趣的是，法蘭克福 330 團隊的八名核心幹部，其實分散就讀於德國西邊的不同學校，包含吉森大學、亞琛工業大學、波恩大學、科隆音樂學院等，所以當時法蘭克福 330 團隊內部幾乎全仰賴 Skype 線上開會、利用 Google Drive 匯聚分享資料。

為何聲援地點最後選在法蘭克福呢？ 330 法蘭克福行動組現任總召、也是當時音樂組組長吳秉宥表示，當時法蘭克福團隊的人力資源，剛好分散於德國西部幾個大城市內，但考量到方便其他偏南邊城市的台灣人，像是慕尼黑等地的海外台人，能一同到場參與串聯聲援活動，才選定德國中部偏西眾多人潮聚集、交通便捷的法蘭克福。

3月 30 日當天，法蘭克福能號召到好幾百人參與，吳秉宥

德國法蘭克福「海外330行動」。（圖片來源：330法蘭克福行動組提供）

認為，除了透過Facebook宣傳，吸引德國各地台灣留學生及海外台人的主動參與，重要的還有德國僑界在人際網絡上的協助，動員了上一世代的僑民。

「海外330行動」當天，法蘭克福現場除了有中、英、德短講演說、音樂演奏外，現場也播放〈晚安台灣〉、〈島嶼天光〉等多首社運代表歌曲，並大合唱德語版、台語版的〈Do You Hear the People Sing〉。

318運動後，法蘭克福團隊正式更名「330法蘭克福行動組」，並改成文化活動的公開表達方式，希望透過中立不帶成見的展示，激發觀眾更多的思考空間。陸續舉辦的活動，包含座談會、攝影展（《邊地微光》台灣社會運動紀實）、德國巡迴特映會（《太陽，不遠》紀錄片）等。

330法蘭克福行動組所有公開的藝文活動主題，不局限於318運動，更廣泛包含各種社會議題，例如土地正義（苗栗大埔事件、航空城等）、環境爭議（護樹、環評開發等）、世代爭議（洪仲丘事件、318運動等）。

另外，該團隊也努力把每次舉辦文化相關活動的各種相片、影片、文字等紀錄，統統彙整起來。未來，等所有活動資料蒐集齊全後，他們期望至德國博物館做更大的特展活動，將這些台灣社會運動做完整呈現。

2014年3月30日「捍衛台灣民主！三月三十海外台人站出來！」海外各地留學生與僑民透過網路新科技，打破時空限制，號召到共計將近20個國家、50個城市參與，

甚至形成一個龐大的隱形人力網絡。

由於時間、人力有限，我們採訪了五國國家的參與者，未能將散居所有國家及城市的台人串聯聲援行動完整呈現，只能選取幾個地區個案，試圖描繪參與者與「海外330行動」的部分樣貌。我們認為，318運動激起全球台灣人聲援浪潮，遍地開花的國際發聲行動，其可貴的意義在於青年世代強烈展現了台灣認同以及捍衛民主價值的決心，而且他們具備運用新科技連結的能力以及為美好未來努力的行動與能量。

誠如澳洲區的副總召Oddis所言，「個體在龐大的結構之下，其實是自由、可以有所作為的，這就是一個很大的改變！」Oddis相信，未來會有越來越多的台灣年輕世代，勇敢站出來表達自己的看法，為台灣前途做更大的努力。

「海外330行動」，不會僅是歷史扉頁上的曇花一現，因為火苗已經燃起，這一世代的年輕人透過網路科技串聯，已快速形成龐大的隱形人力網絡，而且陸續不斷有新血加入。

318運動過後，年輕世代接續前輩們積蓄的能量，陸續轉化成各式海外組織與網絡，例如讀書會、倫敦講臺、文化活動與獨立媒體等運作，持續為台灣作出努力。相信這些勇氣和精神，會在海外代代相傳，成為太陽花世代年輕人的共同記憶。■

海外330行動

文／蕭汎如

倫敦地鐵的焦慮記憶

318引爆衝動不羈的謝璇

謝璇友人幫她畫的肖像（圖片來源：謝璇提供）

2014 年秋天，在台灣見到謝璇，她甫自英國倫敦大學學院（University College London）電影藝術研究系學成歸國。在 318 運動期間，她擔任「捍衛台灣民主！三月三十海外台人站出來！」的總召。聽她靜靜回想，講到三月中在海外聽到台灣立法院發生驚天動地的反服貿運動時，第一時間擠在沒有訊號的倫敦地下鐵情緒焦急到幾乎要崩潰，那個滿腔熱血、衝動不羈的謝璇又回來了！

謝璇不諱言，到英國念書前，對於眾多社會議題，她都只是一個用鍵盤關心的單純網友，鮮少到現場參與，「從鍵盤關心到實際參與，需要一個重要的契機，這個契機可以說完完全全是因為 318」。

不論R.O.C或是台灣　靈魂中永遠的印記

成長於四季如夏的屏東，謝璇形容，「屏東就像是一個被拋棄的地方」，距離宇宙的中心很遙遠，許多外界的資訊與衝擊都無法傳達到這裡，加上家中的氣氛也是根深柢固的保守思想，在高中以前，她並沒有對於政治參與表達出明顯的興趣。一直到了就讀中央大學中文系時期，謝璇參加了「酷兒與女性文化研究社」，一年一度的同志大遊行遂成了她親身實踐社會參與的開始。

來到英國念書的謝璇，對於國家認同的歸屬感瞬時變得非常強烈，「當你知道在國際上你自己的國家竟然還不是一個國家之後，那種脆弱感真的令人傷心。」謝璇頓了頓、接著說，「後來我們身邊的留學生朋友都變得比較『敏感』，過去寫明信片的時候，還會在台灣後面括號（R.O.C），現在我都不想寫了，只寫台灣。一方面是我不爽寫，一方面是 R.O.C 沒有人看得懂，外國人也不知道這是什麼，但『R.O.C 卻像個鬼魂一樣附身在我們身

上』。」

　　正是這一份對於台灣土地濃厚的感情，謝璇才會在 318
運動時期不顧一切挺身而出，即使並沒有獲得家人全力支
持，謝璇說，她的母親算是外省第二代，更是「沉默」的
資深 689（馬英九 2012 年當選總統的得票數，網路以此
稱呼支持國民黨的泛藍選民）。她回憶過去，「其實出國
前我並沒有表現出特別強烈的政治參與意圖，通常都是裝
死！」究因於家中濃厚的保守政治氛圍，她一直沒有機會
表達自己的想法，在倫敦得知 318 學生佔領立法院事件的
當晚，她與朋友在聽地下樂團表演，一收到這個訊息，她
第一個直覺就是，「無論如何，我們一定要做些什麼！」

　　那天晚上對謝璇來說，是非常難忘的一夜，「知道台灣
發生反服貿運動的當下，心情非常崩潰、非常焦慮，聽完
之後就覺得不行、不行、不行、不行！怎麼會這樣？」在
回家的地鐵上，因為倫敦地鐵在非常深的地底下，訊號非
常糟糕，手機一直顯示沒有訊號，讓她那段在地底的時間
非常焦慮，「沒有網路不知道該怎麼辦，因為很想要知道
消息，非常的急。」雖然她在 318 運動之前，完全沒有組
織社會運動的實際經驗，但她還是在最短的時間內，找到
了有經驗的朋友研擬對策，並且迅速地採取了行動。

　　這就是衝動的謝璇、滿腔熱情的謝璇、狂放不羈的謝
璇，在最慌亂的當下凝聚力量，「我喔！可能就是腦子燒
壞了！」她笑著解析當時的自己。

Facebook重度焦慮症　　家中壓力烏雲罩頂

　　身為「捍衛台灣民主！三月三十海外台人站出來！」
行動的總召，當時謝璇除了體力上極疲累，精神上更是
備受煎熬，「我那時根本就得了 Facebook 重度焦慮症！」

每五分鐘就要滑一下 Facebook 確認各國夥伴狀況、隨時有緊急的事要處理，謝璇說，那段時間她都不太敢睡覺，因為怕會錯過很多最新的狀況。還好日本的時差剛好與英國互補，「我睡覺的時候，他們就剛好是白天」，可以兩邊接力。

謝璇與家中的關係一直維持著一種奇妙的平衡。謝璇說，即使在 330 之前就有關注母親的公開 Facebook 動態（沒有加好友），發覺母親總是轉貼「年輕人要想清楚啊！議會是人民的啊！要還給人民啊！」的相關文章，她的反應頂多就是獨自翻翻白眼就結束，並沒有特別想去溝通。可能也是因為身處海外的緣故，天高皇帝遠，她也不若在台灣時介意家庭的影響。

然而，在 3 月 30 日「捍衛台灣民主！三月三十海外台人站出來！」運動結束的當晚，疲倦至極的謝璇回家之後連澡也沒洗便倒頭大睡，這時突然看到母親傳給了她一則訊息，「好了！你們小孩子可以回家了，該表達的都表達了，就不要吵了！」身心俱疲的謝璇此時再也無法忍耐，不顧一切地立刻撥打越洋電話回家，想要跟母親表達心聲，卻惹來一場腥風血雨的漫天爭吵。

父親的支持與鼓勵 「不要想太多！」

就在謝璇與家中關係降至冰點的時候，謝璇的父親站出來對她說，「我已經老了，沒有力氣去改變社會，沒有力氣再想要做驚天動地的事了。」父親鼓勵謝璇，如果覺得是對的，就去做，「不要想太多！」

當被問到，離開台灣的一年多期間，恰巧經歷了 318 運動的洗禮，台灣的氛圍對於她而言有什麼不一樣？謝璇認為，目前的台灣政治氛圍正在改變，備戰 2016 年，各種

不同黨籍、背景的立委參選人紛紛嶄露頭角，跳脫藍綠二元思維，就是一個很好的開始。謝璇期許，未來能夠看見更多基層政治參與的力量，「這不是什麼藍天綠地各種變天的說法，而是真正感人的價值展現。」318 運動讓謝璇經歷了無法預期的英倫之旅，回到台灣，不斷親身感受太陽花後續效應正在改變台灣，讓倫敦那段熱血激動、不眠不休的日子，成為謝璇在英國最美好的記憶！■

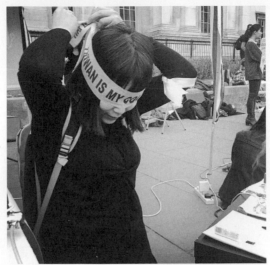

330 當天，在倫敦大學學院，正在綁標語布條的謝璇。（圖片來源：謝璇提供）

海外330行動

文／許雅婷

走上街頭

政治系女孩才開始理解政治

林彥瑜在日本早稻田大學發
起海外台人連署核四公投。
（圖片來源：林彥瑜提供）

2012 年 3 月她為了「士林王家文林苑都更案」第一次走上街頭，還是台大政治系大三學生；當年 11 月，她參與街頭運動更加投入，在反媒體壟斷行動中，由學生發起的「反媒體巨獸青年聯盟」擔任行政組組長。時隔一年半，時空推移，當時人在日本的她依舊心繫台灣，創立了 318「海外留學生聲援台灣反服貿運動」Facebook 粉絲專頁。她是林彥瑜，一個眉目清秀、帶著書卷氣，給人溫暖感覺的女孩！

318 反黑箱服貿運動發生之際，海外台人聲援行動在世界各地遍地開花，各國台人獨立架設的聲援平台陸續出現。當時就讀日本早稻田大學政治經濟學部的林彥瑜，憑藉過去的社運經驗，第一時間就透過 Facebook 創立「海外留學生聲援台灣反服貿運動」，從最早的日本、英國、美國，甚至遠至俄羅斯，後來德國、法國等歐洲國家的台人組織也都陸續加入，成為海外台人資訊匯聚的重要平台之一。

318 人在日本異鄉　心繫台灣

在學生佔領立法院的那個晚上，適逢日本春假，林彥瑜正在奈良的深山農家打工。「當晚，幾乎我生活圈所有好朋友的 Facebook 動態，都是立法院議場的消息，我非常擔心，只想立刻飛回台灣！」言談中流露出她當時身處異鄉，心繫台灣內心焦急慌亂的情緒。

佔領立法院的第一線學生，很多是林彥瑜在 2012 年 9 月「反媒體壟斷運動」時認識的好夥伴。隔天 19 日，她與在日本的友人就開始寫聲明稿召集大家連署，第一時間快手快腳的有所反應，日本地區在 318 運動最早的聲明稿在 3 月 20 日就對外發出，短短幾天，在日台人連署人數

超過千人。

「324 清晨爆發行政院鎮壓事件之前，外媒報導的機率很低」，由於過去兩年多的社運經驗，林彥瑜知道，海外抗議運動如果只靠「比 YA」拍聲援照，能幫助的力量將相當有限。於是，她在 Facebook 送出想串聯海外聲援台灣 318 的念頭，接著從東京、關西等地開始，原本分散日本各地的聲援行動，就這樣逐漸串聯。

同時，「運動相關的英語內容，應該要投書到國際媒體」，林彥瑜意識到只在日本聲援台灣是不夠的，於是，她開始聯繫在美國、英國留學的朋友，希望團結世界各國台灣人的力量。就這樣，一開始從身邊認識的朋友、再到朋友的朋友，最後連結許多不認識的朋友，就這樣一波波向外傳遞，海外聲援力量快速擴大。

說到快速傳播訊息的媒介、新媒體的使用，太陽花的海外串聯和之前 2012 年台灣的反媒體壟斷運動，都是透過 Facebook。由於過去在反媒體壟斷時擔任行政組組長的經驗，林彥瑜對於網路操作相當熟稔；對她來說，最大的困難是，各國有心參與的台灣人彼此互相都不認識。

「守護台灣的心，證明一切」，當各地真的串起線來，林彥瑜也發現，其實在各國的台灣人，都同時有想串聯國際、聲援台灣的這個想法。她謙虛地說，「我只是剛好透過 Facebook 粉絲專頁，在第一時間把大家的這個想法給串起來而已。」

324 行政院鎮壓學生事件，引起國際媒體注意，也拉高了海外聲援的層級。3 月 30 日「捍衛台灣民主！三月三十海外台人站出來！日本場」聲援行動結束，林彥瑜從關西回到東京，4 月 7 日便和東京 330 總召何時宜討論，要在早稻田大學開始在每週四舉辦讀書會，希望藉由讀書會的運作，深耕在日台人的台灣意識。

感動群眾力量　啟蒙社會運動

在 318 運動中，林彥瑜以「海外留學生聲援台灣反服貿運動」Facebook 粉絲專頁，成功串聯了許多海外台人，在短短幾天，這個粉絲專頁就迅速獲得上千個網友支持。而她對社會議題的的熱情，淵源可以追溯到 2012 年為了聲援士林文林苑案，第一次走上街頭，群眾力量的凝聚力鼓舞了她年輕富正義感的內在能量。

2012 年 3 月 28 日，她還記得是一個星期三的凌晨，聽到抗爭多時不願搬遷的士林王家被拆掉的消息，她不停的想問，「這真的是台灣嗎？」政府不符合程序、正義，就硬是拆掉別人的房子，在她的認知裡，應該只有集權國家才會發生這種事。

士林王家被強拆後的第一天晚上，她與關心的朋友一起到拆除現場，她看到周圍前來聲援但互不認識的群眾，圍著圈一起做道具、討論抗議口號，街頭群眾的群聚力量，讓她心中除了憤怒，也體會到了感動。

過去林彥瑜就認為，政治系的學術菁英主義訓練，會讓政治系學生不自覺「由上往下」看這個社會，並自以為比別人了解這個社會。直到自己到抗爭現場，她才更清楚意識到，「如果沒有走向街頭，你怎麼會知道這個社會真正需要的是什麼？」

隔天，她為士林苑強拆案製作了英文聲援影片《Forced Demolishment of Civilian Residence by Taiwanese Government on March 28, 2012》，得到網路點播率 27,000 人次的鼓舞，這是當時堪稱「社運素人」的林彥瑜走向社會運動的啟蒙。

走上街頭參與　理解真正的「政治」

受到士林文林苑事件的啟發，2012 年 5 月林彥瑜投身台大學生自治選舉，順利當選社科院學生代表，讓她開始累積公共參與的經驗。同年九月，她上街參加反對旺中集團收購中嘉系統台將造成垂直壟斷的「901 反媒體壟斷大遊行」，當時，她還只是一個參與者；11 月，傳出壹傳媒黎智英簽約售予旺中案，「反媒體巨獸青年聯盟」繼續展開抗爭，她成為決策小組的成員之一，正式加入社運組織。

挺身而出走上街頭，讓林彥瑜對政治有了不一樣的理解。這時的她終於知道，過去三年在學校課堂修課，就算拿到好成績，對政治系學生而言，是沒有太大意義的，只有透過實際參與，才能認識「真正」的政治。

從 2010 年起，林彥瑜就連續三年參與由中國、台灣兩岸大學生組成的純學生營隊「啟鳴兩岸探索計畫」，藉由實際在中國、香港當地進行公民調查計畫，了解當地社會議題的脈絡。其中，有件事讓林彥瑜印象深刻。原本當年是在深圳及香港兩地舉辦活動，前五天營隊活動（包括公民調查等）在深圳、後三天在香港舉辦論壇；不過在中國深圳舉辦活動時，原本營隊有影像和文字紀錄，但後來籌辦營隊的學生工作人員感受到會有被約談的壓力，就全數刪除了。這讓當時的她了解到中國當局「言論管制」現況，也讓她清楚知道中國、台灣是兩個完全不一樣的國家。甚至就因為感受到約談的壓力，營隊從去年就改成只在香港舉辦。她與該營隊夥伴後來在台大也開始進行由「台大 sino 啟鳴社」主辦的讀書會，試圖透過閱讀討論來有系統地理解「中國」。

「我們家是不折不扣的鐵藍。」林彥瑜說，她在 2012

年投入社會運動後，曾和父母大吵一架。但是，讓人驚訝的是，過了一年多，在318運動期間，由於就讀社工系大四的妹妹，耐心平和的反覆溝通後，讓父母了解反對服貿的理由，後來媽媽竟然同意妹妹在安全的前提下上街聲援，甚至讓妹妹到立法院抗議現場守夜。林彥瑜認為，對於政治，父母比過去更加開放了，這個鐵藍家庭竟然有這麼大的改變，令人驚奇！

318新的意義　更重要的是「過程」

「很高興大家現在能夠在開放自由、而且以台灣為主體意識前提下，來討論及思考台灣社會的問題。」318後，走在台大校園，隨處可以看到學生腳踏車、背包上面的「反核」布條、「暴民」貼紙；對林彥瑜而言，這樣的校園氛圍是美好的。

當時，日本海外在客觀條件緊繃的情況下，林彥瑜發起國際聲援串聯後，持續每週主辦讀書會，驅使她的最大動力是什麼？她笑說，「在海外很孤單，一學期28個學分的課業壓力非常重，加上又要寫論文，好險還有一個讀書會的力量支持我撐下去。」

對林彥瑜而言，318的參與，最重要的是，「一個人在參與過程中的啟蒙，還有政治社會化的過程」，這也是她喜歡辦讀書會的原因。林彥瑜認為，今天一個人可能因為參加了一場讀書會，甚至因為讀了一些東西，從此開啟完全不一樣的人生。對她來說，更重要的還有「一個人在參與過程中的成長，以及思考人生的意義」。

採訪尾聲，這個外表溫文的女孩，以堅定的語氣說出過去兩年多來參與社運，心中一路追隨的那些基本價值。■

海外330行動

文／蕭汎如

天生叛逆的Oddis

找尋真相的 V 怪客

圖片來源：Oddis 提供

「喂、喂？你聽得到嗎？」「可以，可以，這樣清楚多了！」一陣手忙腳亂，透過 Google Hangouts 的力量，我們終於得以開啟這距離 7,362 多公里遠、橫跨三個時區的線上訪談。即使現代科技讓我們打破時間和空間的限制，然而，那模模糊糊的影像、斷斷續續的語音，卻不斷的提醒著我們，彼此身處的地理環境、距離是如此的遙遠！

遠端視訊鏡頭前的 Oddis 理著俐落的平頭，身上隨興的穿著背心，他叫做蔡榮峰，目前住在澳洲坎培拉，畢業於澳洲國立國家大學戰略及外交雙碩士。在太陽花運動期間，他對內身兼坎培拉市總召、澳洲區總部的副總召，對外則代表澳洲地區參與全球各地區的聯繫會議。不同於其他國家大部分以單一城市做為代表，以各自運作的方式串聯，澳洲地區除了內部的九大城市之外，還有彙整各大城市意見的總部。

在聯絡全球事項、召開線上會議時，雖然會議並不若正式的組織擁有一定的章程，但大學時期就讀政大外交系的 Oddis 回憶，「開會司儀通常都是我啦！」因為外交系的相關訓練，他主動負責議事規則、發言順序與時間控制，讓各個國家代表開會時更有效率，而且擁有平等的發聲機會。對 Oddis 來說，這是值得他投入的事情，而他對於想做的事情，總有義無反顧的熱情與毅力。

反覆在心中辯證　勇敢追逐真實

其實，Oddis 的求學之路並不若一般人平穩，他總是在體制內不斷的衝撞，在每一個階段，持續地自省，「這樣有更接近真相了嗎？」而為了更接近心中的真相、為了尋求真理，他會一直找尋。這樣的思維可能和他的家庭背景

有關，因為父母開放式的教育理念，從小 Oddis 就有自己去找答案的習慣。而他找尋答案的管道非常多元，在過程當中亦會反覆的辯證。

念高雄中學時，原本準備考第三類組理工醫學類科系的 Oddis 發現了自己對歷史的興趣，尤其是台灣史。但是，考慮到家人的期望，即使他不斷表明自己的熱情，但爸媽總是回應他「你在三類念得好好的就不要亂轉」。於是，Oddis 暗自擬定計畫，他還是繼續留在第三類組，但是他只研讀他有興趣的科目，在報考大學時，他自做決定，沒有報考物理跟化學考試。想當然耳，這個叛逆的舉動，他的爸媽完全措手不及，而 Oddis 也如願進入了——世新大學廣告系就讀。

那時，Oddis 最想要做的事情，就是透過行銷的力量，讓台灣能夠被世界看見，讓台灣在世界上的形象更鮮明。然而，2002 年發生的一起事件，大大的衝擊了他。

那時台灣政府招待我們少數的邦交國、非洲塞內加爾足球隊來台北參加友誼賽，全部的費用都由我方支出，但是卻因球員召妓醜聞鬧得滿城風雨。更過分的是，塞內加爾其實已經偷偷與中國往來，在 2005 年時與台灣正式斷交。「當時我們還幫他們建機場跑道等等，簡直就是被騙了！」Oddis 無奈的說，從此事件之後，他學到了一件很重要的事情，在一個表面的太平盛世之下，很難看到「真相」。

曾於清末民初在巴黎和會上替中國大大出一口氣的知名外交家顧維鈞，是 Oddis 欣賞的典範。他希望自己也可以遵循政府體系的路線，來改變台灣的國際地位，即使台灣是個小國，也能夠在國際上獲得正義的對待。然而，有一天他忽然靈光乍現，真正能夠避免戰爭的方法，不只是單純依靠以和為貴的外交手腕，而是「別人不敢跟你發動戰

爭」。至此，主要目的是避免戰爭的外交領域，就再也無法滿足他的求知慾，似乎還有另外一半的「真相」，是他尚未認知的。因此，為了尋求知識的完整，他轉身投入「戰略」領域，遠赴澳洲攻讀戰略及外交雙碩士。

轉化青年參與力量　化身作家筆耕不輟

318 運動期間曾經參與過的澳洲區社運組織，在 Oddis 的努力整合之下，已經轉型成「島國連線」，它是一個專門刊登分析台灣、澳洲以及紐西蘭時事的翻譯網站。會因此命名的原因，是由於不論台灣、紐西蘭或是澳洲，三者都是島國，這是三者間互相很強的連結。至於 Oddis，則參加「菜市場政治學」與「故事，寫給所有人的歷史」，這兩個年輕世代組成的網路部落格寫作團隊，另外，他也持續的經營「島國連線」的專欄文章，希望可以把青年參與的力量轉化成文字，讓更多人看到。

Oddis 在台灣時並不曾實際參與社會運動，多是在鍵盤前關心，然而，太陽花運動爆發，他卻一反常態，自願擔任澳洲區坎培拉的總召，希望能夠做點什麼事情。他形容，就像電影《V 怪客》當中的主角 V 怪客，誕生在一個既成的社會結構當中，一直到了對照組出現，他才開始覺醒，不停的追索真相，從系統當中不斷的反思與自省，並且努力改變現狀。他自覺自己的覺醒就像 V 怪客！

究竟是什麼原因，讓 Oddis 擁有不斷自我省思的特質呢？這得從他的家族歷史談起。他的家族原本根於嘉義，非常熱衷於政治參與，從日治時期開始，就會金援不同意識形態的候選人。然而，在國民政府遷台時，卻因此惹禍上身。家族在往南遷徙的過程當中，又遭逢變故、散盡家財，於是，讓 Oddis 家族的政治意識形態，從當年金援支

持黨外候選人到現在成為民進黨的堅強鐵桿。但是，Oddis 從來不是因循守舊的人，他在政治上的思維並不是理所當然的承接家族的立場，或許正如他所說，「我就是反叛嘛！」他必須自己找答案。這樣的個性，讓他在人生的逆旅上，永遠渴求真相。

台灣人要更重視台灣人　薪火傳遞世代力量

分析台灣的政治現狀和未來，Oddis 認為九合一選舉結果，代表的意義並非僅是藍天變綠地，「畢竟許多地方變綠地是「賭爛票」，很多人其實只是不想投給藍而已。」他說，「這是選民生不生氣的是非題而已！」除此之外，他認為，中國共產黨的勢力已經不知不覺的深入台灣地方政治版圖，還在爭吵藍綠的台灣人，其實最不該忽視的就是中國對台灣的統戰問題。

Oddis 期許「島國連線」的專欄，能夠成為未來台灣年輕一代投身社會參與的示範，他非常希望能夠將相關的經驗薪火相傳，讓後代站在他們的肩膀上，讓年輕人更強壯。他說，我們夥伴們有一個共識，「如果國際社會不重視我們，起碼我們台灣人要重視自己。」遠距連線的最後，他停頓了一下說，「台灣人要更重視台灣人！」這也是太陽花暫歇，但他到現在仍然筆耕不輟的主要動力。■

坎培拉「海外 330 行動」。（圖片來源：Oddis 提供）

海外330行動

文／許雅婷

我不想當個只能說謝謝的那個人

對石牧民而言，從事台灣文學研究是深邃的凝視。少年時接受的教育叫他眺望實際上不存在的土地，覺醒後，不禁以補救的心情凝視他所關切的。（圖片來源：石牧民提供）

「我享受了台灣民主、言論自由的美好，但這背後的代價，卻是由眼前這個女生和她的家庭承受，這個代價更是這個女生一輩子無法抹平的傷痛。」他娓娓道出，這一輩子對他影響巨大、意義深遠的一次特別經驗。

他，石牧民，37 歲，美國德州大學奧斯汀分校亞洲研究系台灣研究博士生。318 期間，擔任美國窗口聯絡人，也是美國德州地區最早發起於 3 月 22 日駐休士頓台北經濟文化辦事處前示威遊行的德州召集人。

講到石牧民這個意義深遠的特別經驗，要回溯到 2009 年。當時，他取得美國紐約哥倫比亞大學中國文學碩士後回到台灣，曾在誠品書店的台北站前店工作。某天晚上，一位年輕女孩拿了一本書來結帳，站在櫃枱後面的石牧民第一眼就認出，她是台灣民主鬥士鄭南榕的女兒鄭竹梅。她在父親鄭南榕 1989 年為爭取完全的言論自由而自焚時，還只是個小女孩。

石牧民對過去犧牲奮鬥、貢獻台灣民主的前輩，心中一直都有一份虧欠，其中，民主烈士鄭南榕當然是絕不可忘的歷史人物，所以，每年他都會特別關注鄭南榕自焚紀念日活動，自然也對鄭南榕的家庭背景相當熟悉。因此，當親眼見到鄭南榕遺孤鄭竹梅站在眼前，對石牧民產生非常大的衝擊。

當時，心中激動莫名的他，只能以一個店員的身分，向她說聲「謝謝」。那一聲「謝謝」，在石牧民心中有著難以承受的重量。「我不想當一個只能說一聲謝謝的那個人」，那樣的經驗，讓石牧民內心暗暗決定，只要有機會一定要站出來為台灣做些什麼。

由於原生家庭對公共參與鼓勵的開明態度，石牧民早在 1997 年大二時，就首次走上街頭，參加人本教育基金會等 130 個民間團體，為維護台灣社會治安發起的「504 悼

曉燕，為台灣而走」運動。

過去享受野百合成果　現在應該要做些什麼？

接著，他陸續關心包含教育改革、廢除死刑、同志婚姻平權，以及大埔事件等社會議題。但一直到 2014 年 3 月太陽花運動，石牧民才從過去單純的參與者，正式加入籌劃活動行列。

身為「六年級生」的石牧民，年紀介於參與 1990 年 3 月野百合運動的五年級世代，和 2014 年 3 月太陽花運動七、八年級世代的中間，讓他對台灣民主進程有更深的感觸。

「我們這個世代的人，其實沒有很深的社會運動經驗。」石牧民說，六年級世代在青少年成長過程中，台灣正處於從威權體制轉型到民主體制的過渡期，加上享受到 1990 年野百合運動帶來的成果，對他們的成長而言，台灣就是在一路往民主化前進的道路上。

2000 年，石牧民 23 歲大學畢業那年，歷經台灣政治史上第一次政黨輪替，民進黨候選人陳水扁當選總統，代表台灣又朝民主之路邁進一大步。他認為，嚴格來說，當時的人似乎覺得民主大業已經取得成果，不知道還有什麼需要去抗爭。

他感慨地說，「直到 2014 年太陽花運動，很多我們這個世代的人，才突然意識到，我們其實並沒有在台灣民主化和許多社會議題上盡到我們該盡的責任。」

韓國友人一句話　敲開心中不同啟發

318 台灣學生佔領立法院，當時人在美國德州奧斯汀求

學的石牧民，第一時間就透過朋友 Facebook 動態牆上所轉貼的新聞得知此消息。對他來說，這是台灣史無前例的事，所以不由自主地就開始去關心。

「如果我是你們，早就去抗議了！」身邊韓國朋友的一句話，對過去曾參與社運活動，卻不曾有策劃經驗的他有了不同啟發。石牧民認為，相較於台灣，韓國人尤其是大學生，對社會運動抱持更為支持的觀點，難怪韓國朋友對台灣 318 會有上述的感慨！

於是，3 月 18 日（美國時間），在台灣抗議學生與群眾已經佔領了立法院議場，立法院外也已聚集大批人群前來伸援。石牧民第一時間首先聯繫奧斯汀及休士頓台灣同鄉會，並在 Facebook 上成立抗議活動粉絲專頁，召集大家於 22 日那個週末，前往駐休士頓台北經濟文化辦事處舉辦抗議。隔天，透過 Facebook 粉絲專頁，他聯絡到美國東岸的賓州台灣學生，順利開啟美國第一個連結點。

不久，美國又聯繫到日本、英國等其他國家，正式加入「海外留學生聲援台灣反服貿運動」行列。接著，由石牧民負責成立美國地區 Facebook 粉絲專頁，並擔任內外窗口的聯繫人。

我來自台灣　台灣是我的家鄉

「我很希望告訴別人，我是台灣人」，來自家庭對政治議題開明的石牧民，早在 2007 年，到美國紐約哥倫比亞大學攻讀中國文學碩士時，就對台灣的國家認同有很深的歸屬感。

石牧民回憶，當時碩士論文研究的是中國明代章回小說《金瓶梅》，寫作過程中雖然發現有很多值得研究的地方，但他突然意識到，「它和我的生命完全沒有連結，它所產

3 月 30 日，石牧民在美國德州參與示威抗議遊行活動。（圖片來源：石牧民提供）

生的文化背景，不是我扎根的土壤。」

於是，石牧民開始思考什麼才是他一輩子會想要做的事情，所以後來他在 2011 年申請博士班時，決定轉而研究台灣文學。

石牧民這樣的感觸，其實也和他的童年成長經驗有關。由於過去黨國教育影響，所以在他十幾歲時曾說，「我立志要當一個堂堂正正的中國人」，沒想到卻引來二舅嚴厲糾正：「你是台灣人，不是中國人。」

當時內心不以為然的石牧民，在大學參加人本教育發起的 504 運動後，逐漸讓他走向上覺醒的過程，更知道台灣意識的重要。

在石牧民童年成長的過程中，統獨爭論盤據台灣國家前途的辯論，2000 年後，激化為所謂「藍綠問題」。經歷 318 反黑箱服貿運動，他相信台灣作為一個國家的概念，現在已非常穩固地扎根在現代年輕人心中，不需要再辯論，更沒有猶豫的空間。

2014 年年底的 1129 選舉結果，更讓石牧民確信台灣政治可以突破藍綠框架。他認為，台灣政局關鍵不在「藍綠和解」，而在持續深刻、在地化的社會及文化論述。

相較於之前的世代，石牧民認為，這個世代的年輕人，對台灣的國家認同相當清楚，像是現在有很多由台灣年輕學生所發起和推動的修改憲法運動等，這些都能讓整個國家的運作發展更完整。

因為這次反黑箱服貿的美國串聯聲援活動，石牧民認

識了很多過去長期在美國為台灣事務奔走的前輩,他這才發現,原來每一代都有人不斷在為台灣這片土地付出奮鬥,更讓他體悟到要將這份使命傳承下去。

回台教書　將對台灣的愛延續下去

這次 318 運動,石牧民認為,網路新媒體的使用,確實加快當時資訊流通,但它並不是社會運動成敗的決定性角色。他認為,過去 60、70 年代致力台灣民主運動的前輩,即使當時沒有發達的網路,他們一樣善用他們掌握的資源來為台灣人發聲,所以關鍵是心中那份「初衷」。

318 運動結束後,他加入美國僑界創立的「海外臺灣青年陣線」Facebook 粉絲專頁運作成員,協助轉發各國關注社會議題的論述,例如環保、同志運動等,藉此把心中那份對台灣土地的關心延續下去。 未來,石牧民希望在美國拿到學位後能回到台灣教書,將心中那份關注社會議題的使命感,去影響、感染他的學生,啟發他們每個人都能成為關心台灣這片土地的公民。■

國家圖書館出版品預行編目 (CIP) 資料

我是公民也是媒體：太陽花與新媒體實踐
/ 洪貞玲主編 . -- 初版 . --
台北市：網路與書出版：大塊文化發行 , 2015.05
320 面 ; 14.5 X 21.5 公分 . -- (Hermes ; 14)
ISBN 978-986-6841-64-4(平裝)

1. 網路媒體　　　　　2. 社會運動

541.83029　　　　104005391